DORIS BAUMANN **Nordische Hunde**

Nordische Jagdhunde
Japanische Spitze
Nordische Hütehunde
Schlittenhunde

3., völlig überarbeitete Auflage
71 Farbfotos
10 Zeichnungen

VERLAG
EUGEN
ULMER

Die Deutsche Bibliothek – CIP-Einheitsaufnahme

**Baumann, Doris:**
Nordische Hunde : nordische Jagdhunde, japanische Spitze, nordische Hütehunde, Schlittenhunde / Doris Baumann. - 3., völlig überarb. Aufl. - Stuttgart : Ulmer, 1999
   ISBN 3-8001-7440-5

© 1984, 1999 Eugen Ulmer GmbH & Co.
Wollgrasweg 41, 70599 Stuttgart (Hohenheim)
Printed in Germany
Lektorat: Dr. Nadja Kneissler
Satz/DTP: KL-Grafik, München
Druck und Bindung: Friedrich Pustet, Regensburg

# Inhaltsverzeichnis

# Vorwort

Dem Verlag Eugen Ulmer ist die Herausgabe eines Buches für »Nordische Hunde« zu verdanken. Wohl gibt es schon einige Veröffentlichungen, jedoch kann über diese hochinteressanten Hunderassen, deren Verbreitung im mittleren Europa verhältnismäßig neueren Datums ist, gar nicht genug geschrieben werden. Es gibt auf unserer Erde kaum eine Hunderasse, die es in der Leistung unter härtesten Bedingungen in Schnee und Eis nur annähernd mit den Nordischen Hunden aufnehmen kann und dies alles bei fast unglaublicher Anspruchslosigkeit. Diese Nordischen Hunde sind verknüpft mit den großen Namen von Polarforschern, die ohne sie ihre geradezu abenteuerlichen Expeditionen nie hätten unternehmen können. Geradezu faszinierend ist die Beschreibung der Schlittenhundearbeit und der sportlichen Rennen in diesem Buch.

Zu den nordischen Hunderassen gehören, außer verschiedenen Hütehunderassen, auch die spezifischen nordischen Jagdhunde. Jedes Land hat eine eigene, auf das heimische Wild und seinen Lebensraum eingestellte Art des Jagens, wie dies besonderes für die Elchjagd zutrifft. Es galt also Rassen zu züchten, die den besonderen Aufgaben gewachsen sind, was den nordischen Ländern optimal gelungen ist.

Die Autorin befasst sich darüber hinaus mit der Anatomie und dem Bewegungsablauf, der Statik und Dynamik der Nordischen Hunde sowie mit der Erziehung, Ernährung als auch mit den Krankheiten und mancherlei Wissenswertem über Rassehunde im allgemeinen. Für jeden, der sich mit der Haltung und Zucht von Nordischen Hunden interessiert, ist das Buch durch seine erschöpfende Behandlung des Stoffes eine Fundgrube, aus der selbst ›alte Hasen‹ noch etwas lernen können.

Die nordischen Rassen haben, unterstützt durch eine hervorragende, gut geleitete Organisation, eine ungeahnte Verbreitung in Mitteleuropa gefunden, zu deren geradezu triumphalen Weiterentwicklung das Buch von Doris Baumann ein wichtiger Beitrag sein möge.

*Dr. Robert Bandel*
*Ehrenpräsident des Verbandes*
*für das Deutsche Hundewesen*

# Vorwort zur dritten Auflage

Herr Dr. Bandel hatte seinerzeit die Freundlichkeit, mit einem Vorwort die 1. Auflage Nordische Hunde zu begleiten. Niemand konnte damals ahnen, welch rasanten Aufschwung die in diesem Buch beschriebenen Rassen nehmen würden – freilich nicht alle, denn einige sind bis heute nur in einzelnen Exemplaren in Deutschland vertreten.

Besonders die Schlittenhundrassen – allen voran der Siberian Husky – sind jedem Hundefan mittlerweile vertraut. Zum einen durch die Schlittenhunderennen, aber auch durch ihre Präsenz auf Hundeausstellungen. Es bleibt zu wünschen, dass keine dieser ursprünglichen Rassen ihrer attraktiven Erscheinung wegen zum Modehund wird und dass sie ihrer Herkunft und ihrem ursprünglichen Verwendungszweck entsprechend Anerkennung und Anhänger finden.

*Doris Baumann*

# Herkunft und Merkmale der Nordischen Hunde

Die Haustierforschung ist zu der Erkenntnis gelangt, dass nur der Wolf Vorfahre des Haushundes war. Außer zahlreichen Vergleichen unter Hinzuziehung und Auswertung von Knochenfunden stellte man fest, dass sowohl Wolf als auch Hund die gleichen Chromosomenzahl aufweisen, was u. a. gegen die früher vertretene Theorie spricht, der Schakal sei der Ahnherr der Haushunde.

Wann genau und wie der Wolf zum Haushund wurde, kann nur vermutet werden; sichere Anhaltspunkte gibt es nicht. Wohl aber bestätigen Knochenfunde aus der mittleren Steinzeit 9000–5000 v. Chr. zumindest den Aufenthalt des Hundes in der Nähe des mitteleuropäischen Menschen. Sicher nutzten die Jäger dieser Zeit bereits die Vorzüge eines Hundes bei der Jagd. Im Orient nimmt man Funden zufolge eine Haltung von Hunden bereits 12000–10000 v. Chr. an. Aus einer schlanken, kurzhaarigen Wolfsform resultiert der Windhund.

Der Ende der Jungsteinzeit/Anfang der Bronzezeit (2000 v. Chr.) existente sogenannte Torfhund dürfte schon als enger Begleiter des Menschen anzusehen sein und vielleicht lebte er sogar mit im Pfahlhaus seines Herrn.

▬ *Ein Fächergespann aus Grönlandshunden.*

Die Domestikation der Hunde bzw. Hunderassen bis in unsere Zeit machte eine sehr lange Entwicklungsphase durch und besonders in den Zwerg-Hunderassen lässt sich der Vorfahre Wolf nur noch schwer erkennen.

Anders ist es bei den in den Taiga- und Tundraregionen im Norden des europäischen und amerikanischen Kontinents sowie den nördlichen Arktisgebieten beheimateten und als Zugtiere, Jagdhelfer und Hüter der Rentierherden dienenden ›Nordischen Hunden‹, auch mitunter Polar- oder Nordlandhunde genannt. Von allen Hunderassen kommen sie in ihrem Aussehen dem Wolf am nächsten.

Die Rassegeschichte der Nordischen Hunde ist bei den meisten Varietäten sehr jung, denn erst in den letzten Jahrzehnten setzte eine systematische Zucht nach festgelegtem Standard ein. In manchen Ursprungsländern unterliegt die Zucht Nordischer Hunde nicht den modernen Rassekriterien und sie können von daher auch nicht als Rassen angesehen werden; sie stellen allenfalls Schläge in räumlich begrenzten Gebieten dar.

»Eine Hunderasse ist eine Gruppe von Hunde-Individuen, die durch gerichtete menschliche Selektion im Hinblick auf ein gestelltes Endziel (Standard) in Bezug auf Farbe, Körperbau, Leistungsfähigkeit und

In diesen Siberian Huskies ist der Vorfahre Wolf deutlich erkennbar.

Psyche während mehrerer registrierter Generationen gezüchtet worden sind, wobei am Ende für viele Merkmale Reinerbigkeit (Homozygotie) erreicht werden soll, so dass sich die Rassenangehörigen durch den gemeinsamen Besitz bestimmter Eigenschaften von den anderen Artgenossen unterscheiden und diese Eigenschaften mit ziemlicher Sicherheit auf ihre unter gleichen Bedingungen aufwachsenden Nachkommen vererben.«

Das Land, respektive die Nation, welche erstmals nach diesen Gesichtspunkten eine Rasse züchtet und vorausgehend den Rassestandard festlegt, gilt als das Stammland der betreffenden Rasse. Manchmal können Ursprungs- und Stammland identisch sein, wie es bei einigen Nordischen Hunden zutrifft (z. B.

Lundehund, Finnenspitz, Karelischer Bärenhund).

Die Ahnen der heute in den klimatisch gemäßigteren Zonen bekannten Nordischen Hunde wurden weitgehend geprägt durch extreme Umweltbedingungen in Bezug auf ihr Äußeres (Haarkleid), wie auch der Verwendungszweck und das enge Zusammenleben mit den Menschen und das gegenseitige ›Aufeinander-angewiesen-sein‹ ganz typische Wesensmerkmale schufen.

Zum Überleben war ein Anpassen an die langen, kalten Winter, die viel Schnee brachten, nötig. Die allen Nordischen Hunden eigene Beschaffenheit des Felles mit dichtem Unterhaar erlaubt ihnen ein Dasein in extremer Kälte. Die buschige Rute ist wie geschaffen, den Hund abzudecken, wenn er sich ruhend im Schnee einschneien lässt. In den kurzen, aber verhältnismäßig heißen Sommern in Nordkanada und Alaska wirft der dort lebende Nordische Hund einen Teil seines Pelzes ab; auch hier passt er sich den klimatischen Verhältnissen an. Sein wahres Element findet der Hund des Nordens jedoch in den Eiswüsten der Arktis und den baumlosen Kältesteppen jenseits der arktischen Waldgrenze, der Tundra.

> Das sehr ähnliche Äußere, insbesondere die hervorstechenden Merkmale wie Stehohr, über dem Rücken getragene Rute und die charakteristische Beschaffenheit des Felles rechtfertigen es, alle Nordischen Hunde als einheitliche Gruppe zu betrachten, bei der nur durch die verschiedenen Verwendungsarten Untergruppen entstanden sind. Gleichzeitig unterscheiden sich alle Nordischen Hunde deutlich im Aussehen von anderen Hunderassen.

Das kompakte Gebäude der meist mittelgroßen Hunde im Rechteckformat weist auf ihre Robustheit und Widerstandsfähigkeit hin. Typisch für alle Rassen ist die Beschaffenheit des Felles, das aus dichter, feiner Unterwolle und härterem, geradem Grannenhaar besteht und den Nordischen Hund gegenüber der Unbill von Schnee, Eis und Kälte unempfindlich macht. Die natürlichen, nicht sehr großen Stehohren sind auch an den Innenseiten behaart. Trockene Bemuskelung, gute Winkelung der Läufe mit oft auch auf der Unterseite behaarten Pfoten zeichnen die Gliedmaßen aus. Die Rute

reicht in Ruhestellung bis zu den Sprunggelenken; sie wird von fast allen Rassen als buschige Fahne mehr oder weniger über den Rücken gerollt getragen. Bei manchen Nordischen Hunden sind die Lidspalten der Augen mandelförmig und schräg eingesetzt. Die für die Rassengruppe des Wolfstyps beschriebene Kopfform ist für Nordische Hunde zutreffend: horizontale Pyramidenform, Ohren gewöhnlich gerade, Schnauze lang und spitz; die Lippen sind klein und gepresst, die Oberlippen reichen nur bis zum unteren Zahnfleisch.

## Die verschiedenen Rassen

Von der Verwendung und vom Einsatz her ist es nicht möglich, starre Grenzen zwischen den einzelnen Rassen zu ziehen. So ist sowohl den nordischen Jagdhunden als auch den Schlittenhunden eine tief verwurzelte Jagdleidenschaft eigen und vermutlich war der Nordische Hund schon Jagdgehilfe, bevor er vor einen Schlitten gespannt wurde. Andererseits verwenden die Eskimos ihre Schlittenhunde nicht ausschließlich als Transport- bzw. Zugtiere. Durch das Kappen eines Zugstranges lässt sich der Schlittenhund bei der Bären- oder Rentierjagd zum Verfolgen und Stellen des Wildes einsetzen. Ganz anders gelagert ist die Funktion der sogenannten Hüterassen. Wahrscheinlich wurde ihnen durch systematische Selektion und Zuchtauswahl die für die anderen nordischen Rassen sprichwörtliche Jagdleidenschaft weggezüchtet.

Ihren besonderen Fähigkeiten entsprechend kann man die Nordischen Hunde in drei Hauptgruppen einteilen.

## 1. Nordische Jagdhunderassen

- Elchhunde (Norwegischer Elch-hund, Jämthund und Schwarzer Norwegischer Elchhund)
- Karelischer Bärenhund
- Lundehund
- Finnenspitz
- Norrbottenspets
- Jagdlaika-Rassen
- Japanische Spitze (Akita Inu, Hok-kaido Ken, Kai Inu, Kishuh Inu, Shikoku Inu, Shiba Inu, Kyushu, Nippon Inu, Shika)

## 2. Schlittenhunde

- Alaskan Malamute
- Siberian Husky
- Samojede
- Eskimo-Hunde (Grönlandshund und Kanadischer Eskimohund)
- Nordöstlicher Schlittenhund der Sowjetunion

## 3. Hütehunde

- Lappländer Rentierhund (Lapin-porokoira)
- Finnischer Lapphund (Lapinkoira)
- Schwedischer Lapphund (Lappen-spitz)
- Islandhund
- Västgötaspets
- Norwegischer Buhund
- Nordrussischer Samojeden Laika.

Bei einigen Rassen stößt man vielfach auf die Mitbezeichnung ›Spitz‹. Dies ist nicht nur verwirrend, sondern auch irre-führend, denn mit der Gruppe der echten Spitze hat kein Nordischer Hund etwas zu tun. Die Bezeichnung bezieht sich wohl mehr auf die spitze Schnauze und die

Spitzohren. So tragen der Finnenspitz und der Norrbottenspets als nordische Jagd-hunde ihren Namen zu Unrecht.

Dem flüchtigen Betrachter kann aller-dings eine gewisse Ähnlichkeit beider Rassengruppen nicht entgehen. Aber nicht nur durch ihre Herkunft, sondern vielmehr wegen ganz charakteristischer Wesensmerkmale unterscheiden sich die Spitze von den Nordischen Hunden. So gilt der Nordische Hund als nicht wildrein; er hat im allgemeinen nur mäßig ausge-prägte Wachhundeigenschaften im Sinne von Verteidigung ihm anvertrauten Besit-zes; er bellt kaum und ist ausgesprochen freundlich gegenüber den Menschen.

Gerade das Gegenteil trifft auf den Spitz zu: Er ist außerordentlich bellfreudig, misstrauisch gegenüber Fremden und ist kaum jemals geneigt zu jagen.

Dennoch sind aber Spitzartige in die Gruppe der Nordischen Hunde integriert worden, die streng genommen dort nicht hingehören. Möglicherweise handelt es sich um Bindeglieder zwischen echten Spitzrassen und Nordischen Hunden.

Dem Islandhund beispielsweise werden zwar Wachhundeigenschaften attestiert, aber auch eine Veranlagung zur Jagd, so dass man ihn von daher wohl noch als Nordischen betrachten kann.

Der Vöstgötaspets hingegen entspricht schon von seinem Äußeren her so gar nicht dem Bild eines Nordischen Hundes. Mit seinen 33–40 cm Widerristhöhe fällt der kleine, wachsame schwedische Schä-ferspitz von seinen doch wenigstens mit-telgroßen Verwandten zumindest größen-mäßig ab.

Auch der Norwegische Buhund passt nicht recht in die Gruppe der Nordischen Hunde.

Bei der weiteren Zunahme nordischer Hunderassen in unseren Breitengraden wäre daher wohl doch zu diskutieren, ob die Hütehunde generell als eigenständige Gruppe – außerhalb der Nordischen Jagd- und Schlittenhunde – nicht eine ihrem Wesen und ihren Eigenschaften gemäße Betreuung finden sollten.

Die gleichen Überlegungen müssten auch für den Akita Inu angestellt werden. Zusammen mit dem Nippon Inu, dem Shiba und Ainou gehört er den japanischen Spitzen an. Vor über 300 Jahren fand er Verwendung als Kampfhund, später setzte man ihn bei der Jagd auf Rot- und Schwarzwild ein und last not least auch als Lastenzieher. Der Akita Inu kann als einziger unter den Nordischen Hunden, denen er hierzulande zugeordnet wird, nicht zuletzt wegen der ihm noch innewohnenden Kampfeslust uneingeschränkt zum Schutz- und Wachhund ausgebildet werden.

*Erfrischen in der See.*

# Klassifizierung durch die FCI

Anlässlich der Generalversammlung der FCI im Jahre 1987 wurde nach einer über viele Jahren geführte Diskussion die Gruppeneinteilung der Hunderassen neu geregelt. Während bisher den Gruppen 5 und 6 die Laufhunde zugeordnet waren, sind nach der neuen Nomenklatur die Laufhundrassen in der Gruppe 6 zusammengefasst; in der Gruppe 5 findet man die Nordischen Schlitten-, Jagd-, Wach- und Hütehunde, europäische und asiatische Spitze und den Urtyp.

## FCI-Klassifizierung

Gruppe 5:

Sektion 1  Nordische Schlittenhunde (Grönlandshunde, Samojeden, Alaskan Malamute, Siberian Husky)

Sektion 2  Nordische Jagdhunde (Norw. Elchhund, Lundehund, Laiki, Jämthund, Norbottenspets, Karel. Bärenhund, Finnenspitz)

Sektion 3  Nordische Wach- und Hütehunde (Islandhund, Norw. Buhund, Schwedischer Lapphund, Västgötaspets, Finnischer Lapphund, Lapinporokoira)

Sektion 4  Europäische Spitze

Sektion 5  Asiatische Spitze und verwandte Rassen (Akita Inu, Hokkaido Ken, Kai, Kishu, Shiba Inu, Shikoku)

Sektion 6  Urtyp

# Wesensmerkmale und Verwendung

Nordische Hunde zeigen eine auffallende Freundlichkeit gegenüber Menschen, die aus ihrer ursprünglichen Beschäftigung im Dienste des Menschen herrührt. Der hohe rauhe Norden bietet noch heute die Bedingungen, unter denen einstmals Freundschaft und Zusammenarbeit zwischen Mensch und Hund entstanden sein könnten. Die Grundlage dieser Beziehung beruht auf dem Bedürfnis von gegenseitiger Hilfe. Der Mensch machte sich die Eigenschaften des Hundes zunutze und bot ihm dafür Nahrung und Schutz. Eine menschliche Existenz wäre in weiten Teilen der Arktis auch heute noch im Zeitalter der fast totalen Mechanisierung und Motorisierung ohne den Nordischen Hund nicht möglich. Die Lebensbedingungen in diesen nördlichen Gebieten sind für Mensch und Tier äußerst hart und haben den Hund geprägt, der als zäh, ausdauernd und anspruchslos gilt. Nur die Widerstandsfähigsten haben eine Überlebenschance.

Die enge Bindung an den Menschen ist auch den Nordischen Hunden, die nunmehr in weniger rauhen Zonen gehalten und gezüchtet werden, noch eigen, d. h. die Bindung an die Menschen schlechthin,

denn ein Einmannhund, der nur auf einen Herrn fixiert ist und an ihm hängt, ist der Nordische Hund nicht. Das heißt nicht, dass er sich beim Anblick seines Herrn nicht freudig zeigt, aber eben nur so freudig, wie man den ›Rudelführer Mensch‹ begrüßt: distanziert und reserviert. Der Nordische Hund ist seinem Herrn nicht in ›abgöttischer Liebe‹ ergeben; er akzeptiert ihn, und wenn gewisse Umstände einen Besitzerwechsel notwendig machen, passt er sich relativ schnell an sein neues soziales Umfeld an. Er liebt die Selbständigkeit und Unabhängigkeit, was er in ausgedehnten Ausflügen, wenn er von der Leine losgelassen und ihm ›freie Bahn‹ gewährt wird, mit einem großen Erkundungsbedürfnis – um nicht zu sagen Neugierde – kund tut.

Daraus kann und soll aber nicht gefolgert werden, dass Nordische Hunde von vornherein tun und lassen dürfen, was sie mögen, da sie in ihrer Ursprünglichkeit nicht wie andere Hunderassen zum Gehorsam erziehbar seien. Der Nordische Hund ist nicht Untertan seines Herrn; er ist ganz sicher schwerer zu lenken als andere Hunde. Aber, und das sei ausdrücklich festgestellt, er ist einer Erziehung zugänglich, die ein Leben miteinander sicher erfreulicher und erträglicher gestaltet. Nur ist von seiten des Erziehers außerordent-

*Huskies im Training.*

lich viel Einfühlungsvermögen und Eingehen auf das Wesen des Nordischen Hundes erforderlich und unendlich viel Geduld, wenn er versucht, seinen Kopf durchzusetzen. ›Chef‹ muss letztendlich immer der Mensch bleiben.

Das wache Interesse an der Umgebung und ein stark ausgeprägtes Aktivitätsbedürfnis können durch eine sinnvolle Arbeit, bei der der Nordische Hund ganz in seinem Element aufgeht, gelenkt werden.

> Die älteste Art für den Hund, dem Menschen zu dienen, war wohl die des Helfers bei der Jagd. Vorwiegend in der Taiga, dem Waldgürtel der nördlichen Hemisphäre, findet der nordische Jagdhund sein ursprüngliches Betätigungsfeld.

Alle nordischen Jagdhunde jagen auf die gleiche Weise. Völlig selbständig spüren sie das Wild auf, verfolgen es, um schließlich das Stellen dem nachfolgenden Jäger durch Bellen mitzuteilen.

Man unterscheidet die Jagd mit dem freien Hund (Los-Hund) und die mit angeleintem Hund (Band-Hund). Erstere ist vergleichbar mit dem Brackieren. Das Wild wird vom Hund gesucht und lautlos verfolgt. Diese Arbeit verrichtet er mit hoher Nase, da er auch den Gesichts- und Gehörsinn einsetzt. Wie schon erwähnt, gibt der nordische Jagdhund erst Laut, wenn das Wild gestellt ist bzw. das Federwild ›aufgebaumt‹ hat. Entzieht sich das Wild durch die Flucht, beginnt die Arbeit wieder von neuem. Der Jäger folgt dem Hund möglichst geräuschlos gegen den Wind. Die Entfernung zwischen Hund und Jäger darf nie so groß werden, dass der Jäger möglicherweise das Wild vor dem Hund aufscheucht.

Bei der zweiten Art, wobei der Hund zunächst angeleint ist, bringt ihn der Jäger auf Schussweite an das gesuchte Wild heran, ohne dass dieses aufgeschreckt wird. Diese Methode wird meist in freiem Gelände praktiziert, wo das Wild schon auf größere Entfernung ausgemacht werden kann.

Dass ein gestellter Elch oder anderes Großwild nicht immer geduldig auf den herbeieilenden Jäger und dessen Schuss wartet und sein Heil und mögliche Rettung im Angriff gegen den Hund sucht, kann zu harten Kämpfen führen, die der Hund bestehen muss. Schon daraus lässt sich folgern, dass von jeher nur die stärksten, kräftigsten und wehrhaftesten Hunde ihrer Aufgabe gewachsen waren und die Auslese ausschließlich unter diesen Gesichtspunkten erfolgte.

Den Hund vor einen Schlitten zu spannen war sicher anfangs Mittel zum Zweck. Hunde wurden sowohl als Helfer bei der Jagd auf Robben und Eisbären eingesetzt als auch, um die erlegte Beute mittels Schlitten zur Siedlung zu transportieren. Nomadenvölker waren auf Schlittenhunde angewiesen, um ihre Habe mitführen zu können.

Das Einspannen vor einen Schlitten ist ein Umsetzen des Aktivitätsbedürfnisses auf eine Weise, die dem Nordischen Hund bei seinem Drang nach vorn entgegenkommt.

Wenn auch in weiten Gebieten des arktischen Raumes der Motorschlitten den Schlittenhund zu verdrängen droht, so ist beispielsweise in Grönland, das kaum ein Straßennetz besitzt und von einer besonders zerklüfteten Oberflächenbeschaffen-

■ *Winter und Schnee: Da fühlen sich Schlittenhunde so richtig wohl.*

heit gekennzeichnet ist, der Schlittenhund auch heute noch unentbehrlicher Helfer des Menschen. Vielerorts dient er jedoch in der Tat nur noch als Touristenattraktion.

## Ersatzbeschäftigungen

Um den Nordischen Hund nicht psychisch und physisch verkümmern zu lassen, muss ihm eine artgerechte Beschäftigung geboten werden. Dies geschieht in den skandinavischen Ländern und der Sowjetunion für den nordischen Jagdhund wie eh und je im Einsatz bei der Jagd auf Großwild wie Elch, Hirsch, Reh und Bär sowie auf Kleinsäuger und für die speziellen Rassen bietet sich die Jagd auf Flugwild an.

Für die Besitzer Nordischer Jagdhunde besteht die Möglichkeit mit ihren Hunden an den Jagdprüfungen
■ Jagdeignungsprüfung
■ Wildspurprüfung
■ Schweißprüfung
■ Bring-, Verlorenbring- und
■ Verlorensuchprüfung sowie an Sonderprüfungen für Bringtreue und Stöbern teilzunehmen.
Darüber hinaus kann hierzulande für den Nordischen Jagdhund eine Ausbildung zum Fährtenhund erfolgen.

Auch die Aufgabe eines »Pack-Hundes« anlässlich ausgedehnter Ausflüge und Wanderungen übernehmen sowohl Nordische Jagdhunde als auch die Schlittenhunde gerne. Das Hürdenspringen bietet ebenso eine willkommene Ab-

▬ *Huskies vor dem Fahrrad – eine sinnvolle Beschäftigung.*

▬ *Bergwandern mit Huskies: Begeistert ziehen sie die bepackte Pulka.*

wechslung und mit ein wenig Überlegung lassen sich noch andere Beschäftigungsarten finden. So kann man den Hund als Katastrophen- und Rettungshund ausbilden; eine ›verkehrssichere Begleithundeprüfung‹ kann absolviert werden, und sowohl für Schlitten- als auch Jagdhunde wird gelegentlich ein Lawinenhunde-Kurs veranstaltet. Der Besitzer eines Schlittenhundes sieht sich mit solchen Problemen einer Ersatzbeschäftigung nicht konfrontiert. Ihm und seinem Hund steht die sportliche Arbeit mit dem Hundeschlitten, der Pulka oder in den Sommermonaten mit dem Rollwagen offen. Allenfalls das Laufen am Fahrrad kann dem Bewegungsbedürfnis des Schlittenhundes entgegenkommen, wenn der Besitzer so gar keine weitergehenden sportlichen Ambitionen hegt.

Es bleibt jedem Besitzer eines Schlittenhundes unbenommen, ob er seinen Hund in einen Schlitten spannt oder gar Rennen mit ihm bestreitet. Um ihn jedoch in seiner Ursprünglichkeit zu erhalten, sollte ihm sein eigentliches Betätigungsfeld, nämlich das Ziehen einer Last – allein oder im Team – nicht beschnitten werden. Durch vielfältige Wettbewerbe werden die Besitzer Nordischer Hunde zur sinnvollen Betätigung mit ihren Hunden ermuntert. So gibt es einen Jagd- und Hütehunde-Wettbewerb, einen Leithundewettbewerb, eine Lastenziehveranstaltung und schließlich erfolgt die Präsentation der Champions, das heißt der Hunde, die im abgelaufenen Jahr den Titel Internationaler Champion, Deutscher Champion, VDH-Champion oder den Titel des Clubsiegers errungen haben.

# Die Nordischen Hunde und ihre Standards

Das Land, welches erstmals den Standard einer Rasse festlegt, gilt als Stammland und muss – wie schon erwähnt – nicht identisch mit dem Herkunftsland sein. Sofern die betreffende Nation Mitglied der FCI (Fédération Internationale Cynologique mit Sitz in Brüssel) ist, bedarf es der Anerkennung des Standards durch diese und er ist fortan bindend für alle Mitgliedsländer. Aber auch ein Standard, der von einem nicht der FCI angehörenden Land festgelegt wurde, kann durch eine Standardkommission der FCI nach vorheriger Prüfung als verbindlich erklärt werden.

Das Stammland gibt gewissermaßen die Urschrift des Rassestandards heraus, den alle Länder, die sich der Zucht und Haltung der betreffenden Rasse annehmen, akzeptieren.

Nun ist ein Standard nicht etwa starr und für alle Zeiten unveränderbar festgelegt. Er kann zum Beispiel eine Änderung erfahren, wenn die Konsolidierung einer Rasse höher zu steckende Zuchtziele rechtfertigt. Das kann sowohl anatomische Verbesserungen bewirken als auch auf bestimmte farbliche Vorstellungen ausgerichtet sein. Bei noch geringer Zuchtbasis sind mitunter Konzessionen notwendig und möglich, deren Abbau nach und nach angestrebt werden muss, so dass entsprechende Änderungen im Standard notwendig werden. Diese sowie etwaige Ergänzungen treten nach erfolgter Genehmigung durch die zuständigen überwachenden Gremien in Kraft.

Der Rassestandard umfasst die vollständige Beschreibung der typischen anatomischen und Wesensmerkmale. Für die Mitglieder der FCI gilt die einheitliche Form der Standardisierung, bei der die Beurteilung nach folgenden Positionen erfolgt:

1. allgemeinen Angaben über Gesamterscheinung, Fähigkeiten und Verwendung
2. Beschreibung der Einzelteile auch in Längs- und Querprofil:
2.1. Kopf: Schädel, Stirn, Fang (einschließlich Nase, Gebiss), Augen, Ohren, Hals
2.2. Rumpf: Rücken, Lende, Kruppe, Brust, Bauch (einschließlich Flanken), Rute
2.3. Vorder- und Hintergliedmaßen, Durchbildung und Stellung der einzelnen Abschnitte
2.4. Haarkleid: Haarart, Farbe (einschließlich Abzeichen)
3. Fehler
4. Gründe für Disqualifizierung
5. Wesensbeschreibung des Rüden und der Hündin
6. Charakteristik von Junghunden
7. Durchschnittliche, evtl. ideale Körpermaße (Widerristhöhe, Gewicht).

Diese Punkte gelten auch als Beurteilungskriterien für die Richter auf Ausstellungen.

Die mit den nachfolgenden Standards angegebene Jahreszahl der Anerkennung bezieht sich auf den jeweils letzten, von der Standardkommission der FCI für gültig erklärten Standard mit der FCI-Standard-Nummer. Auch das Stammland der Rasse ist jeweils ersichtlich. Wo keine diesbezüglichen Angaben erfolgen, fand eine offizielle Anerkennung der Rasse durch die FCI noch nicht – oder nicht mehr – statt.

# Nordische Jagdhunde

In Skandinavien, wo noch heute wie eh und je der Elch gejagt wird, ist die Heimat der Elchhunde, die dort in verschiedenen Typen vorkommen. Von der FCI anerkannt sind der Jämthund als größter Elchhund, der Norwegische Elchhund und der sehr seltene Schwarze Norwegische Elchhund. Erst 1982 wurde der Standard des Schwedischen Grauhundes – wegen seiner Identität mit dem Norwegischen Elchhund – außer Kraft gesetzt, da es nur eine Frage des Geburtslandes war, ob es sich um den Norwegischen oder Schwedischen Elchhund handelte.

Elchhunde sind ausdauernde, schnelle, selbständig arbeitende Jagdhelfer. In Skandinavien dienen sie vorwiegend den Elchjägern zum Aufstöbern und Stellen des Elchs; aber auch bei der Jagd auf Hasen, Auer- und Birkwild finden sie Verwendung. In den USA setzt man Elchhunde auch auf den Waschbär, den Luchs und sogar auf den gefährlichen Puma an.

Im Wesentlichen erfolgt der Einsatz auf zweierlei Weise. Entweder wird der Hund an einer langen Leine geführt, um so, vor dem Jäger lautlos laufend, das Wild auszumachen oder er verfolgt dieses frei laufend und stellt es schließlich bellend, bis der Jäger herankommt. Manchmal muss sich der Elchhund der Angriffe des Wildes mit aller Kraft erwehren, was ihn dank seines Mutes und seiner stetigen Einsatzbereitschaft kein Zögern kostet.

## Jämthund

Obwohl die Ahnen des Großen Schwedischen Elchhundes, wie der Jämthund auch genannt wird, seit Menschengedenken im nordskandinavischen Raum als Helfer bei der Jagd auf Elch und anderes Großwild eingesetzt worden sind, gilt er erst nach seiner Anerkennung durch den schwedischen Kennel-Klub im Jahre 1946 als echte und eigenständige Hunderasse. Eigentlich verdankt der Jämthund seine Existenz einigen schwedischen Jägern aus Jämtland, die sich heftig weigerten, sich anderer Elchhunde bei der Jagd zu bedienen. Sie hielten den Großen Schwedischen Elchhund für den besten Elchjagd-Helfer und heute gehört der Jämthund zu den zahlenmäßig am stärksten vertretenen Rassen in Schweden.

Der Jämthund mißt 10 cm mehr als der Norwegische Elchhund. Er wirkt dadurch nicht nur mächtiger, sondern auch geschmeidiger und eleganter in seinen Proportionen. Für den Jämthund typisch sind die hellen Markierungen auf Schnauze, Wange und Kehle.

*Norwegischer Elchhund.*

### Standard Jämthund

*(anerkannt vom Svenska Kennelklubben 1953; genehmigt durch die FCI im Mai 1980 – FCI-Nr. 042):*

**Allgemeines Erscheinungsbild:** Großer, rechteckiger, gut proportionierter Spitztyp, trocken, kräftig aber geschmeidig und von guter Standfestigkeit. Der Hund soll energisch und mutig sein, gleichzeitig aber besonnen. Der Körper darf nicht zu lang aber auch nicht zu plump wirken.

**Kopf:** Kopf trocken, lang und verhältnismäßig breit zwischen den Augen. Schädel leicht gewölbt. Stirnabsatz deutlich, aber nicht zu stark ausgeprägt. Wangen flach. Die Schnauze soll vom Stop bis zur Nase etwas kürzer sein als die Distanz vom Stop zum Hinterhauptbein. Schnauze gegen die Nase zu sich gleichmäßig verjüngend. Von der Seite oder von oben gesehen darf sie aber nicht zu spitz wirken. Nasenrücken gerade, breit und kräftig mit breitem Nasenspiegel. Dicht anliegende Lefzen.

▬ *Jämthund-Porträt.*

**Augen:** Leicht oval, braun. Ausdruck aufmerksam, aber besonnen. Die Augen sollen nicht vorstehen.

**Ohren:** Hoch angesetzt, steif aufrecht getragen, spitz und beweglich. Die Höhe der Ohren soll etwas mehr betragen als die Basisbreite. Die Innenseite der Ohren ist reich behaart.

**Gebiss:** Scherengebiss.

**Hals:** Lang, trocken, kräftig und stolz getragen.

**Rumpf:** Kräftig und trocken, etwas länger als hoch. Rücken gerade und vom Widerrist zur Kruppe leicht abfallend. Breite, gut entwickelte Lendenpartie. Kruppe breit, leicht abfallend. Brust tief und gut gerundet. Bauch leicht aufgezogen.

**Vorderläufe:** Läufe trocken, gerade und kräftig. Schulterblätter lang und schräggestellt; Ellbogen dicht am Körper anliegend.

**Hinterläufe:** Von hinten gesehen parallel verlaufend, von der Seite gesehen deutliche Winkelung in Knie und Sprunggelenk.

**Pfoten:** Kräftig, leicht oval, nach vorne gerichtet, mit gut schließenden Zehen.

**Rute:** Hoch angesetzt, mittellang und durchwegs gleich dick. Gut geringelt, über oder nahe der Rücken-Mittellinie getragen. Dicht, aber ohne Fahne.

**Behaarung:** Satt anliegendes, dichtes Deckhaar mit kurzer, weicher, vorzugsweise cremefarbener Unterwolle. An Kopf und Vorderseite der Vorderläufe ist das Haar kurz und glatt, an Brust, Hals, Rute, Rückseite der Vorderläufe und Schenkel Rückseite etwas länger.

**Farbe:** Dunkel- oder hellgrau. Charakteristisch für den Jämthund sind hellgraue oder cremefarbene Partien an Schnauze, Wangen und Kehle. Die gleiche Färbung soll vorhanden sein an Bauch, Läufen und Ruten-Unterseite.

**Größe:** Rüden: 58–63 cm; Hündinnen: 53–58 cm.

Jede Abweichung von den beschriebenen Positionen muss als Fehler bewertet werden. Je ausgeprägter die Abweichung, desto gravierender der Fehler.

## Norwegischer Elchhund

Berichten zufolge wurden bereits 1877 15 Norwegische Elchhunde anlässlich der ersten Hundeausstellung in Norwegen vorgeführt. Nach der frühen Aufstellung des Standards gilt der Norwegische Elchhund seit dieser Zeit als echte anerkannte Rasse in Norwegen, deren Züchtung nach eben diesem Standard betrieben wurde. Noch heute wirkt der Norwegische Elchhund sowohl von seinem Äußeren als auch vom Wesen her sehr ursprünglich und natürlich. Nach wahrer Elchhunde-Manier wittert er auf weite Strecken den Elch oder sonstiges Wild, wobei Augen, Ohren und Nase zugleich eingesetzt werden.

Wenn dem Norwegischen Elchhund seinem Wesen entsprechendes Verständnis entgegengebracht wird – wobei wichtig ist, ihm begreiflich zu machen, was man von ihm verlangt –, kann er auch für Nichtjäger ein angenehmer Hausgenosse sein. Würde und Zurückhaltung, verbunden mit wachem Interesse für alles Neue und seine Umgebung, zeichnen ihn als Haushund aus, der zwar nicht angreifend, aber aufmerksam und bellend Haus und Familie verteidigt.

> Der intelligente Norwegische Elchhund führt Befehle seines Herrn gerne aus, wenn sie ihm verständlich vermittelt werden.

■ *Norwegischer Elchhund.*

■■■ **Standard Norwegischer Elchhund Grau**

*(anerkannt vom Schwedischen Kennel Klub 1952, von der FCI 1966 als Grauhund – ab 1982 nur noch einheitlich als Norwegischer Elchhund von der FCI registriert – FCI-Nr. 242 (Standard überarbeitet 1996))*

**Allgemeines Erscheinungsbild:** Der Norwegische Elchhund hat einen kompakten und vergleichsweise kurzen Körper, ein reiches, dickes, aber nicht struppiges Fell und Stehohren. Die Rute ist über dem Rücken gut eingerollt.

**Kopf und Schädel:** Zwischen den Ohren breit; Stirn und Hinterhaupt sind leicht gerundet; der Stop ist deutlich, aber nicht zu stark betont. Der mäßig lange Fang ist am Ansatz breiter und verjüngt sich allmählich – gleich ob von der Seite oder von oben betrachtet –, ohne spitz zu werden. Der Nasenrücken ist gerade, die Kiefer kräftig mit gut anliegenden Lippen.

**Augen:** Nicht hervortretend, braun und so dunkel wie möglich. Mit freiem, furchtlosem und freundlichem Ausdruck.

**Ohren:** Hoch angesetzt, fest und aufrecht, etwas länger als ihre Breite am Ansatz, sehr beweglich und spitz.

**Hals:** Mittellang, fest, muskulös und gut getragen.

**Körper:** Der Rücken ist breit und vom Hals bis zur Rute gerade, kurz in der Lendenpartie. Die Brust ist breit und tief mit gut gerundeten Rippen. Muskulöse Lenden. Wenig aufgezogener Bauch.

**Gliedmaßen:**

**Vorderhand:** Feste, kräftige, gerade Gliedmaßen mit starken Knochen. Ellenbogen gut anliegend.

**Hinterhand:** Von hinten gesehen Hinterläufe und Hintermittelfuß senkrecht gestellt. Die hinteren Gliedmaßen dürfen keine Afterkrallen tragen.

**Pfoten:** Kompakte, ovale, nicht ausgedrehte Pfoten. Eng aneinanderliegende Zehen. Feste, starke Krallen.

**Rute:** Hoch angesetzt, über dem Rücken eng eingerollt, aber nicht seitwärts getragen. Dickes und dichtes Haar.

**Haarkleid:**

**Haar:** Dick, reich, rauh, wetterfest; kurz an Kopf und an der Vorderseite der Gliedmaßen; am längsten auf Brust, Hals, Hinterbacken, an der Rückseite der Vordergliedmaßen und an der Unterseite der Rute. Es besteht aus einem langen und rauhen Deckhaar mit dunklen Spitzen und hellem, wolligem Unterhaar.

Um Hals und Brust bildet das Haar eine Art Kragen, der den Hund in Verbindung mit den Stehohren, den energisch blickenden Augen und der eingerollten Rute zu einer einzigartigen Erscheinung macht.

**Farbe:** Grau in verschiedenen Nuancen, schwarze Spitzen am langen Deckhaar; an Brust, Bauch, Gliedmaßen und Unterseite der Rute ist das Haar heller. Jede deutliche Abweichung von der grauen Farbe ist höchst unerwünscht und zu helle oder zu dunkle Nuancen müssen vermieden werden. Ebenso unerwünscht sind ausgeprägte Abzeichen auf Gliedmaßen und Pfoten.

**Größe:** Schulterhöhe: 52 cm für Rüden, 49 cm für Hündinnen.

**Fehler:** Jede Abweichung von den vorgenannten Punkten muss als Fehler angesehen werden, dessen Bewertung in genauem Verhältnis zum Grad der Abweichung stehen sollte.

**N.B.:** Rüden müssen zwei offensichtlich normal entwickelt Hoden aufweisen, die sich vollständig im Hodensack befinden.

## Schwarzer Norwegischer Elchhund

Dieser nordische Jagdhund stellt zwar eine der ältesten, bereits 1877 offiziell anerkannten Rassen dar, aber seine Verbreitung ist heute selbst in Skandinavien selten, was auch auf sein Stammland Norwegen zutrifft. Außerhalb Skandinaviens ist die Rasse so gut wie unbekannt. Er gilt als noch etwas unabhängiger und selbständiger als die anderen Elchhunde. Nicht zuletzt durch das dicht anliegende, schwarze Haar wirkt sein Körper feiner, leichter und weniger kompakt als der des Grauen Norwegischen Elchhundes.

### Standard Norwegischer Elchhund Schwarz

*(Von der FCI genehmigt 1982 – FCI-Nr. 268 – überarbeitet 1996)*

**Allgemeines Erscheinungsbild:** Ein typischer Spitz, etwas kleiner als der Durchschnitt, leicht gebaut, mit kurzem, kompaktem Körper und dichtem, nicht struppigem Haar. Spitze Ohren. Rute über dem Rücken eingerollt. Energisch und ohne Furcht.

**Kopf:** Trocken und eher leicht; zwischen den Ohren verhältnismäßig breit. Er ist kegelförmig und verjüngt sich zur Nase hin. Schädel nahezu flach. Deutlicher, aber nicht abrupter Stop. Der eher kurze Fang verjüngt sich sowohl von oben als auch von der Seite betrachtet. Gerader Nasenrücken. Anliegende Lefzen.

**Ohren:** Hoch angesetzt, aufrecht, etwas länger als die Breite am Ansatz, sehr beweglich und spitz (nicht abgerundet). Beim aufmerksamen Hund neigen sich die Ohren nach vorne, beim ruhenden Hund können sie nach hinten gelegt sein.

**Augen:** Nicht hervortretend. Braun, vorzugsweise dunkel. Mit energischem, furchtlosem Blick.

**Hals:** Mittellang, fest, ohne lose Haut und gut getragen.

**Körper:** Kräftig und kurz, aber eher leicht. Tiefe Brust mit gut hervortretenden Rippen. Gerader Rücken. Gut entwickelte Lenden. Gerade Kruppe. Abdomen ein wenig aufgezogen.

**Gliedmaßen:** Fest, kräftig, senkrecht und gerade. Ellenbogen weder ein- noch ausgedreht. Hintere Gliedmaßen wenig gewinkelt. Von hinten betrachtet senkrecht gestellt.

**Pfoten:** Eher klein, oval, kompakt und nicht ausgedreht. Vorzugsweise ohne Afterkrallen.

**Rute:** Hoch angesetzt, kurz, dick; mit dickem, dichtem Haar, aber ohne Fahne. Gut über dem Rücken eingerollt, nicht jedoch seitwärts getragen. Eine natürliche Kurzrute ist fehlerhaft, aber kein Disqualifikationsgrund.

**Haarkleid:**

**Haar:** Dicht und rauh, aber am Körper anliegend; kurz auf dem Kopf und an der Vorderseite der Gliedmaßen; länger an der Vorderseite des Halses, an der Unterseite der Brust, an der Hinterseite der Gliedmaßen und an der Unterseite der Rute. Es besteht aus einem rauhen und recht langen Deckhaar und einer weichen, wolligen, schwarzen Unterwolle.

**Farbe:** Glänzend schwarz. Ein wenig weiß kann auf Brust, Vordergliedmaßen und Pfoten toleriert werden.

**Idealgröße:** 47 cm für Rüden, 44 cm für Hündinnen.

**Fehler:** Jede Abweichung von den vorgenannten Punkten muss als Fehler angesehen werden, dessen Bewertung in genauem Verhältnis zum Grad der Abweichung stehen sollte.

**N.B.:** Rüden müssen zwei offensichtlich normal entwickelte Hoden aufweisen, die sich vollständig im Hodensack befinden.

## Karelischer Bärenhund

Nach den Angehörigen eines finnischen Volksstammes wird der Karelische Bärenhund benannt. Sicher hat auch dieses Volk vor vielen hundert Jahren diesen nordischen Jagdhund, der seinen Namen trägt, zum Jagen auf Bären benutzt. Das war zumindest die ursprüngliche Funktion des Karelischen Bärenhundes. Aber auch bei der Jagd auf Elch, Hirsch, Luchs und Wolf sowie auf Schwarzwild ist der Karelier ein nimmermüder Helfer. Seine gewaltigen Kräfte sind ihm bei möglichen Angriffen der Gegner nützlich. Wie es

auch anderen nordischen Jagdhunden eigen ist, verfolgt der Karelische Bärenhund selbständig seine Beute und gibt erst dann Laut, wenn er dem Jäger signalisieren will, dass er das Tier gestellt hat. Er ist also ein ›schweigender Jäger‹, was ganz besonders wichtig ist, damit das Beutetier nicht vorzeitig gewarnt und zur rettenden Flucht veranlasst wird.

Relativ spät setzte die eigentliche Rassenbetreuung des Karelischen Bärenhundes in Finnland ein, nämlich in den zwanziger Jahren. Ab 1935 ist eine registrierte Reinzucht zu verfolgen, die allerdings unter den Kriegseinwirkungen litt und mit wenigen verbliebenen Exemplaren neu aufgebaut werden musste. 1946 schließlich anerkannte auch die FCI offiziell den Karelischen Bärenhund.

Karelische Bärenhunde mit Ausstellungskarriere können alljährlich in Finnland an einem ›Elchverbell‹-Wettbewerb teilnehmen. Zur Auslese der 13 besten Hunde sind die Suchzeit, Fährtenverfolgung, Bellstärke und -dauer, Schussgelegenheit für den Jäger und überhaupt das Verhalten des Hundes während der Jagd maßgebend. Diese ausgewählten ›Besten‹ stellen die Teilnehmer an der jährlichen Wahl zum ›Elchkönig‹ Finnlands.

Hierzulande ist eine Betätigung für den Karelischen Bärenhund in der ursprünglichen Form nicht gegeben. Dass diese geballte Kraft aber nach möglichst artgerechter Beschäftigung verlangt, sollte sich jeder Besitzer eines solchen Hundes vergegenwärtigen. Die Arbeit als Fährtenhund, eventuell sogar Lawinenhund, kann zwar nur eine Ersatzbeschäftigung sein,

ebenso wie die Arbeit im Breitensport; sie muss aber angestrebt werden, um dem Tatendrang des Karelischen Bärenhundes wenigstens insoweit zu entsprechen.

▬ **Standard Karelischer Bärenhund (Karjalankarhukoira)**
*(anerkannt vom finnischen und schwedischen Kennelklub 1950, genehmigt durch die FCI 1972 - FCI-Nr. 48 – überarbeitet 1994)*

**Allgemeines Erscheinungsbild:** Hund von mittlerer Größe und robuster, kräftiger Gestalt. Ein wenig länger als hoch. Mit dichter Behaarung und aufrecht stehenden Ohren.

**Verhalten – Wesen:** Von natürlicher Ausgeglichenheit, ein wenig in sich gekehrt (unzugänglich), beherzt, mutig. Seine präzise arbeitenden Sinne, insbesondere sein Geruchssinn, erlauben den Gebrauch bei der Jagd auf Hochwild.

**Kopf:** Von vorne besehen ist er dreieckig, die Stirn und die Wangen relativ breit. Die Stirn ist ein wenig gewölbt, der Stop ausgeprägt, aber nicht abrupt abfallend. Die Augenbrauenbogen sind gering entwickelt. Der Fang ist tief und verschmälert sich nur wenig bis zur Nasenspitze. Der Nasenrücken ist vorzugsweise gerade. Der schwarze Nasenspiegel ist kräftig entwickelt. Die Lefzen sind dünn und gut geschlossen

**Gebiss:** Die Schneidezähne bilden ein Scherengebiss.

**Augen:** Relativ klein und braun. Der Ausdruck ist lebhaft, oft voller Feuer.

**Ohren:** Stehohren von mittlerer Größe mit leicht abgerundeten Spitzen.

**Hals:** Stark, von mittlerer Länge, gewölbt und von dichtem Haar bedeckt.

▬ *Karelischer Bärenhund.*

**Vordere Gliedmaßen:** Kräftig. Die Schultern sind relativ schräg und muskulös. Die Ellbogen sind gerade nach hinten ausgerichtet. Die Unterarme sind gerade, das geschmeidige Vorderfußwurzelgelenk ist nur leicht abgewinkelt.

**Rumpf:** Kräftig. Rücken gerade und geschmeidig. Die Rückenmuskulatur ist gut entwickelt. Die geräumige Brust reicht bis etwa in Ellbogenhöhe herab. Die Kruppe ist breit und leicht geneigt. Die Bauchlinie steigt sanft an.

**Hintere Gliedmaßen:** Kräftig und muskulös. Von hinten besehen sind sie gerade und parallel. Die Vorderseite der hinteren Gliedmaßen verläuft harmonisch gerundet. Der Oberschenkel ist breit. Der Sprunggelenkswinkel ist mäßig ausgeprägt.

**Pfoten:** Die Vorderpfoten sind geschlossen, gut gewölbt und ziemlich rund. Die Hinterpfoten sind geschlossen und ein wenig länger und flacher als die Vorderpfoten.

**Rute:** Sie ist hoch angesetzt, von mittlerer Länge, bogenförmig über dem Rücken gebogen, so dass die Rutenspitze die Flanke seitwärts oder auf dem Rücken berührt.

**Haarkleid:** Das Deckhaar fühlt sich steif und hart an. Länger an Hals, Rücken und hinter den Oberschenkeln. Die Unterwolle ist weich und dicht.

**Farbe:** Schwarz oder von einer annähernd mattbraunen Farbe, die vom Durchscheinen der gewöhnlich rotbraunen Unterwolle herrührt.

Vorzugsweise mit deutlich umgrenzten weißen Flecken oder Abzeichen an Kopf, Hals, Brust, Bauch und Gliedmaßen. Die rein schwarze Färbung ist ebenfalls zulässig.

▬ *Schwarzer Norwegischer Elchhund.*

■ *Der Karelische Bärenhund ist bekannt als „schweigender Jäger".*

■ *Karelischer Bärenhund.*

**Größe:** Die ideale Widerristgröße beträgt: für Rüden 57 cm, für Hündinnen 52 cm. Zulässige Abweichung: +/– 3 cm.

**Zulässige, aber unerwünschte Eigenschaften:**

Afterkrallen. Weißes Fell mit schwarzen und wolfsfarbene Flecken. Grauschwarzes Fell, hervorgerufen durch die Einmengung von grauen (wolfsfarbenen) Haaren in die schwarzen Haare.

**Fehler:** Schwächlicher Knochenbau. Schmaler Schädel. Spitzer Fang. Fledermausohren. Stark gewölbte Stirn. Augen hell und mit etwas Blau. Lose Haut am Hals. Zu weit herabreichende Brust, tonnenförmige Brust. Steile Schultern. Steile Sprunggelenke und flachen Pfoten. Gewelltes Haar. Gerade Rute, Peitschenrute, Säbelrute. Unzulässige Farben. Gefährliche, menschenbezogenen Aggressivität. Zu kurze oder zu hohe Gliedmaßen, welche den Hund entweder zu lang oder zu kurz erscheinen lassen.

**Wichtige Proportionen:** Das Verhältnis von Rumpflänge zu Widerristhöhe liegt bei 10–9,7 zu 9,8; d. h. dass der Hund etwa 2–3 % länger als hoch ist. Wegen der hosenbildenden langen Haare an den Hinterläufen erscheint der Hund oft ein wenig länger als hoch.

**N.B.:** Die Rüden müssen zwei augenscheinlich normale und völlig ins Skrotum abgestiegene Hoden aufweisen.

## Finnenspitz

Der Suomenpystykorva, wie das ›finnische Spitzohr‹ heißt, wird als der finnische Nationalhund betrachtet. Auch hier führt die Namensbezeichnung ›Spitz‹ zu Verwirrungen, denn bei dem kleinen, lebhaften Finnenspitz handelt es sich um eine echte nordische Jagdhunderasse. Seiner geringen Größe gemäß findet er hauptsächlich Verwendung bei der Jagd auf Federwild, besonders auf Birk- und Auerwild.

Angeleint begleitet er den Jäger in das Revier und der Leine entledigt, spürt er in großem Bogen den Jäger umkreisend, lautlos das Flugwild auf. Erst dann gibt er durch lautes Bellen dem Jäger seinen Standort kund.

Diese Art zu jagen – lautlos, Verbellen erst nach Auffinden des Wildes – ist eigentümlich für die nordischen Jagdhunde, und allein schon aus diesem Grund kann und darf der Finnenspitz nicht unter die Kategorie der Spitzrassen eingruppiert werden.

Die zu Beginn des vorigen Jahrhunderts aufgestellten Rassemerkmale für den Finnenspitz haben im Laufe der Zeit sicher einige Veränderungen erfahren, bis schließlich in den zwanziger Jahren dieses Jahrhunderts die eigentliche Hochzucht nach festgelegtem Standard ihren Aufschwung nahm.

In Finnland finden jedes Jahr Wettbewerbe zur Ermittlung des sogenannten ›Bellkönigs‹ statt.

Wenn der Finnenspitz in heutiger Zeit auch als liebenswerter Haus- oder Begleithund gehalten wird, so legt er – wie alle nordischen Jagdhunde – seinen Drang nach ausgedehnten Erkundungsausflügen nicht ab. Das steckt nun einmal tief verwurzelt in ihm und muss von seinem Herrn mit ruhiger Gelassenheit toleriert werden.

### Standard Finnenspitz (Suomen Pystykorva)

*(anerkannt vom finnischen Kennel-Klub 1963, genehmigt durch die FCI 1967 – FCI-Nr. 496)*

**Gesamterscheinung:** Körper sozusagen quadratisch. Widerristhöhe und Körperlänge bei Rüden 44–50 cm, bei Hündinnen 39–45 cm. Kühnes Auftreten. Die ganze Erscheinung, besonders die Augen, Ohren und Rute, zeigen Lebhaftigkeit an. Bezeichnend für den Finnenspitz sind seine Jagdleidenschaft, Mut und Anhänglichkeit. Der Finnenspitz wird verwendet, um geschossenes Federwild (Vögel) aufzuspüren.

**Kopf:** Mittelgroß und trocken, Stirn leicht gewölbt, ausgeprägter Stop. Fang schmal und trocken, sowohl von oben als auch von der Seite gesehen spitz zulaufend. Nase pechschwarz. Lefzen straff anliegend und dünn. Ohren aufrecht und sehr spitz, fein in ihrer Beschaffenheit und überaus beweglich. Augen von mittlerer Größe, mit lebhaftem Ausdruck, vorzugsweise dunkel.

**Hals:** Muskulös, bei Rüden ziemlich kurz wirkend (zufolge der dichten Behaarung), bei Hündinnen von mittlerer Länge.

**Rücken:** Straff und gerade.

**Brust:** Tief.

**Bauch:** Leicht aufgezogen.

**Schultern:** Relativ gerade.

**Extremitäten:** Vorderläufe stark und gerade. Hinterläufe stark. Winkelung verhältnismäßig gerade. Pfoten vorzugsweise rund.

**Rute:** Verläuft in kräftigem Bogen, von der Wurzel aus vorwärts, abwärts und rückwärts, dann dicht gegen den Schenkel gepresst. Schwanzspitze bis Mitte Schenkel reichend. Ausgestreckt reicht die Rute bis zum Sprunggelenk.

**Behaarung:** An Kopf und Läufen, ausgenommen deren Rückseite, kurz und dicht. Am Körper etwas länger, halb oder ganz aufgerichtet. Am Hals und Rücken steifer. Der äußere Mantel ist an den Schultern, im Besonderen bei Rüden, beträchtlich

— *Finnenspitze.*

länger und grober. Auf der Rückseite der Läufe ist das Haar lang und dicht, ebenso an der Rute. Die Unterwolle ist kurz, weich und dicht und von heller Farbe.
**Farbe:** Über dem Rücken rötlich-braun oder gelblich-rot, vorzugsweise kräftige, leuchtende Farbe. Das Haar an der Innenseite der Ohren, an Wangen, Schnauzen-Unterseite, Bauch, Innenseite der Läufe, Rückseite der Schenkel sowie Unterseite der Rute in hellerer Schattierung. Weiße Markierung an den Pfoten sowie ein schmaler weißer Bruststreifen können zugelassen werden, ebenso einige schwarze Haare an den Lefzen und vereinzelt Haare mit schwarzen Spitzen entlang des Rückens.
**Fehler:** Fleischiger Kopf. Grober Fang. Nach vorn verlaufende, einen scharfen Winkel bildende Ohren. Auseinander oder gegeneinander verlaufende Ohrspitzen.

Nach hinten getragene Ohren. Schlaffe Ohrspitzen oder langes Haar in den Ohren. Gelbe oder zu tief liegende Augen. Einwärts gedrehte Ellbogen. Zu weiche Fesseln. Hängende oder zu stark gerollte Rute.
Langes, weiches oder zu kurzes, zu anliegendes, gewelltes oder gelocktes Haar. Schmutzige Farbe, vor allem deutlich abgegrenzte Unterschiede zwischen den Farben. Entstellende Afterklauen.

## Norrbottenspets

Der lebhafte und stets aufmerksame Norrbottenspets ist benannt nach einer schwedischen Region gleichen Namens, die an Finnland grenzt. Das Küstenland Norrbottens und die Flusstäler sind fruchtbar und eine alte Kulturlandschaft; das Hinterland dagegen ist eine Einöde mit ausgedehnten

Waldungen und Mooren. Hier soll der Norrbottenspets erstmals gezüchtet worden sein und seinen Einsatz bei der Jagd auf Federwild gefunden haben.

Alles was bezüglich der Art des Jagens und über das Verhalten allgemein sowie das Temperament des Finnenspitzes gesagt wurde, trifft auch für den Norrbottenspets zu.

Ab 1948 wurde der Norrbottenspets im Register des Schwedischen Kennel-Clubs nicht mehr geführt. Nachdem aber wieder ein Exemplar auf einer Ausstellung gezeigt wurde, erlebte der Norrbottenspets infolge intensiver Suche nach weiteren Tieren eine ungeahnte Renaissance, so dass die Rasse 1967 wieder offiziell anerkannt werden konnte.

Die Zahl der Eintragungen bestätigt die ständig wachsende Beliebtheit des ›Pohjanpystykorva‹, wie der muntere Norrbottenspets in Finnland heißt, der sich nicht nur als ›Vogelhund‹, sondern auch vorzüglich als Wach- und Hütehund eignet.

### ▬ Standard Norrbottenspets
*(genehmigt durch die FCI 1981 – FCI-Nr. 276a)*

**Gesamterscheinung:** Kleiner, quadratischer, gedrungener Spitz, trocken und kräftig bemuskelt. Der Hund ist von sehr guter Gestalt, mit hochgetragenem Kopf und im Wesen furchtlos. Die geschlechtsgebundenen Unterschiede im Körperbau sollen gut ausgeprägt sein.

▬ *Der Norrbottenspets ist benannt nach einer schwedischen Region gleichen Namens.*

*Kopfporträt des Norrbottenspets.*

Als Jagdhund muss der Norrbottenspets aufmerksam und draufgängerisch sein, den Eindruck eines munteren, aktiven, freundlichen und selbstbewussten Hundes vermittelnd.

Der ideale Hund gibt den Eindruck eines typischen, kleinen Spitzes, wach- und aufmerksam, von harmonischem Bau und gutem Wesen.

**Kopf:** Trocken, kräftig, gut geformt, keilförmig sowohl von oben wie von der Seite gesehen. Der Fang ist von mäßiger Länge, scharf zugespitzt. Seine Länge entspricht der Hälfte derjenigen des Kopfes oder liegt etwas darunter.

Der Hirnschädel ist mäßig breit, der Stop gut, doch mäßig markiert, die Stirn leicht gewölbt und der Hinterkopf mäßig flach. Die Augenbögen sind gut ausgeprägt und der Nasenrücken gerade. Der Nasenschwamm ist schwarz, die Lippen dünn, trocken und eng anliegend.

**Gebiss:** Scherengebiss mit gut entwickelten Zähnen.

**Augen:** Mäßig groß, glänzend, mit ruhigem, energischem Blick. Dunkelbraun, mandelförmig und schräg liegend.

**Ohren:** Hoch angesetzt, in der Größe etwas über dem Durchschnitt und steif stehend. Die obere Kante ist leicht abgerundet.

**Hals:** Mäßig lang, trocken und muskulös, leicht gewölbt, hoch getragen.

**Rumpf:** Rücken kurz, kräftig, muskulös und federnd. Von der Seite gesehen, erscheint die Rückenlinie über dem Widerrist leicht abfallend und geht anschließend in eine Gerade über. Lenden kurz und breit. Kruppe mäßig lang und breit, leicht abfallend und gut bemuskelt. Brust mäßig tief und lang, mit gut entwickelten hinteren Rippen. Von vorne gesehen, erscheint der Brustkorb oval mit gut entwickelter Vorderbrust. Front von normaler Breite. Von der Seite gesehen, reicht der tiefste Teil des Rippenkorbes bis knapp unterhalb des Ellbogens und geht sanft in die Bauchlinie über. Bauch mäßig aufgezogen.

Die Rumpftiefe (Distanz zwischen dem höchsten Punkt des Widerrists und dem tiefstliegenden Brustteil) entspricht etwa der Hälfte der gesamten Widerristhöhe.

**Vor- und Hinterhand:** Schulterblatt lang und breit, mit gut entwickelter Schulterblattgräte und Muskulatur. Eng dem Brustkorb anliegend und angemessen schräg gestellt.

Der Oberarm ist von gleicher Länge wie das Schulterblatt, kräftig, gut dem Brustkorb anliegend, doch eine freie Aktion erlaubend und mit der Schulterblattgräte einen ausgeprägten Winkel bildend. Die Ellbogen sind nach hinten gerichtet. Unterarm gerade, mit kräftigen Knochen, trockener, doch elastischer Muskulatur.

Vordermittelfußgelenk und Vordermittelfuß kräftig. Der Unterarm bildet mit dem Vordermittelfuß eine gerade Linie. Von der Seite gesehen, erscheint der Vordermittelfuß leicht schräg gestellt.

Die Vorderpfoten sind klein, fest, geradeaus nach vorne gerichtet, gut gewölbt und geschlossen, mit gut entwickelten kräftigen Sohlen.

Kruppe von angemessener Länge, breit und kräftig, leicht abfallend.

Die Schenkel sind in der Länge gut proportioniert und bilden mit dem Becken einen geraden Winkel. Kräftig bemuskelt. Kniegelenk kräftig.

Der Unterschenkel bildet einen ausgeprägten Winkel mit dem Oberschenkel. Das Sprunggelenk ist sowohl von vorne wie von der Seite gesehen kräftig. Der Hintermittelfuß ist trocken, elastisch und eher lang.

Hinterpfoten wie Vorderpfoten. Geradeaus gerichtet.

Von hinten gesehen sind die Hinterläufe parallel gestellt.

**Rute:** Angemessen hoch angesetzt, in einem ziemlich hohen Bogen getragen, locker gerollt, wobei die Spitze die Oberschenkelseite berührt. In der Länge reicht die Rute nicht über das Sprunggelenk. Rutenlosigkeit ist nicht gestattet.

**Gangwerk:** Der Norrbottenspets zeigt sowohl im Galopp wie im Trab einen flüssigen, regelmäßigen Gang, mit großer Stoßkraft und viel Boden bedeckend. Die Rückenlinie bleibt dabei stabil. Die Hinterläufe müssen in der Aktion parallel bleiben.

**Haar:** Hart, kurz, gerade und eher eng anliegend, mit feiner und dichter Unterwolle. Nasenrücken, Oberkopf, Ohren und Vorderseite der Läufe sind kurz behaart.

Am Hals, an der Hinterseite der Schenkel und der unteren Seite der Rute ist das Haar länger.

**Farben:** Alle Farben sind zulässig. Die ideale Farbe ist weiß mit gelben oder rotbraunen Abzeichen.

**Größe:** Ideale Widerristhöhe: Rüden 45 cm, Hündinnen 42 cm.

Jede Abweichung der vorgehenden Beschreibung ist als Fehler zu bewerten, dessen Schwere gemäß dem Grad seiner Ausgesprochenheit beurteilt werden soll.

## Lundehund

Der kleine, temperamentvolle Lundehund, auch Norwegischer Vogelhund genannt, wird – wie die meisten Nordischen Hunde – seinem ursprünglichen Verwendungszweck heute nicht mehr zugeführt. Früher wurde er an Norwegens Küsten zur Jagd auf Papageientaucher (auf norwegisch = Lundevögel) angesetzt, was jetzt verboten ist. Er lebte damals ausschließlich auf den Inseln Vaeröy und Röst. Bei der Vogeljagd kam dem Lundehund eine kuriose anatomische Beschaffenheit zugute, die ihn in die Lage versetzte, an den steilen Küsten zu klettern und sich gewissermaßen festzuhalten. Als einziger Hund, nicht nur unter den nordischen Rassen, sondern unter den Hunden überhaupt, verfügt er anstelle der üblichen vier Zehen seinerseits über je fünf voll ausgebildete Zehen und eine zusätzliche Afterkralle. Auch das Schultergelenk des Lundehundes ist beweglicher als bei anderen Hunden.

Der Papageientaucher brütet nicht direkt im Fels; vielmehr baut er eine Höhle in die Grasnarbe, die bis zu 1 m tief sein kann. In diese Höhle legt er seine Eier ab, brütet und zieht darin die Jungen auf. Um in eine solche Brutstätte zu kriechen, muss der Lundehund schon sehr wendig sein. Dabei setzt er, bei der besonderen Beschaffenheit des Ohrknorpels, eine weitere, ihm eigene Funktion in Gang, nämlich das Verschließen des Gehörgangs. Das Eindringen von Schmutz und Wasser wird dadurch verhindert.

Meistens überbringt der Lundehund seinem Herrn die Vögel unversehrt; aber auch angeschossene und verletzte Papageientaucher apportiert er.

Der Bestand an Lundehunden ging stark zurück, als man begann, die Papageientaucher mit Netzen zu fangen. Nur durch das Eingreifen einiger Idealisten war es möglich, die Rasse vor dem völligen Aussterben zu bewahren. Als 1943 der Norwegische Kennelclub den Lundehund offiziell anerkannte, betrug der gesamte Bestand im Lande nur 60 Tiere. Deshalb herrschte auch lange Zeit Ausfuhrverbot für diese Rasse, um das relativ knappe Zuchtpotential nicht zu beschneiden. Dieses Verbot konnte inzwischen aufgehoben werden, und der Lundehund ist auch in anderen Ländern, zwar – wie eingangs erwähnt – nicht mehr als Vogelfänger, so aber doch als temperamentvoller und aufmerksamer Haushund bekannt geworden.

▬▬▬ **Standard Norwegischer Lundehund**
*(anerkannt vom Norwegischen Kennel-Klub 1976, genehmigt durch die FCI 1980 – FCI-Nr. 265)*

**Allgemeine Erscheinung:** Der Norwegische Lundehund ist ein Hund vom Spitz-Typ, von rechteckigem Format, klein, relativ leicht, mit deutlichem Geschlechtsgepräge. Kräftige Läufe mit mindestens 6 Zehen an jeder Pfote, wovon mindestens deren 5 an der Vorderpfote und deren 4 an der Hinterpfote effektiv auftreten, also den Hund abstützen sollen. Die Rute wird ringelförmig oder leicht gerollt über dem Rücken oder auch hängend getragen. Von aufmerksamem, energischem und lebhaftem Temperament.

**Größe:** Rüden 35–38 cm, Hündinnen 32–35 cm.

**Gewicht:** Rüden ca. 7 kg, Hündinnen ca. 6 kg. Ein Hund, der das angegebene Höchstmaß erreicht, soll einem in der Qualität ebenbürtigen Hund nicht vorgezogen werden.

**Kopf:** Trocken, von mittlerer Breite, keilförmig. Schädeldecke leicht gewölbt, obere Augenbogen vorstehend. Deutlicher, aber nicht zu ausgeprägter Stop. Keilförmiger Schnauzenteil von mittlerer Länge, Nasenrücken leicht konvex. Vorzugsweise Scherengebiss. Zangengebiss und mäßiger Vorbiss sind nicht zu bestrafen. Das beidseitige Fehlen von Prämolaren in beiden Kiefern ist stark verbreitet.

**Augen:** Augen leicht schräggestellt, nicht vorstehend. Die Iris ist gelblichbraun und die Augen-Pupille ist von einem schmalen oder auch breiteren dunkelbraunen Ring umgeben.

**Ohren:** Dreieckige Ohren von mittlerer Größe, breit an der Basis, aufrecht getragen und sehr beweglich. Sie haben die besondere Eigenheit, dass der Knorpel rund um die Ohröffnung zusammengezogen und das äußere Ohr in seltsamer Weise zusammengefaltet und verdreht werden kann (nach rückwärts oder rechtwinklig aufwärts), so dass der Gehörgang verschlossen wird.

**Hals:** Trocken, von mittlerer Länge, relativ kräftig und mit reichem Kragen versehen.

Rumpf: Rechteckig. Kräftiger, gerader Rücken, nur schwach abfallende Kruppe. Langgezogener Brustkorb von mittlerer Breite, verhältnismäßig tief und geräumig, nicht fassförmig. Bauchlinie aufgezogen.
**Rute:** Hoch angesetzt, halblang, dicht behaart, jedoch keine Fahne. Ringelförmig oder leicht gerollt über dem Rücken oder auch hängend getragen. Sie soll nicht in der Art des Norwegischen Buhundes oder des Norwegischen Elchhundes gerollt sein. Die Schwanzspitze soll nicht zu stark seitlich oder zur Flanke hinunter gehen. Wenn beispielsweise Gerüche oder Geräusche die Aufmerksamkeit des Hundes erregen, so wird die Rute hängend oder leicht nach rückwärts gebogen getragen.
**Vorderläufe:** Nicht stark gewinkelt. Unterarm gerade. Ovale, leicht nach auswärts gedrehte Pfoten mit mindestens 6 Zehen, wovon deren 5 effektiv auftreten, also den Hund abstützen sollen. 8 Ballen an jeder Pfote.

■ *Typisch für den Lundehund sind die sechs Zehen an den Vorderläufen.*

Der inwendige Daumen-Komplex besteht aus einer dreiteiligen und einer zweiteiligen Zehe mit dazugehörendem Sehnen- und Muskel-Apparat und verleiht der Pfote ein sehr kräftiges Aussehen.
**Hinterläufe:** Mäßig gewinkelt, kräftig, mit muskulösen Ober- und Unterschenkeln. Ovale, nach auswärts gedrehte Pfoten mit mindestens 6 Zehen, wovon deren 4 effektiv auftreten, also den Hund abstützen sollen. 7 Fußballen, da die mittlere große und die zwischen Zehe 0 und 1 liegende Balle zu einer einzigen zusammengewachsen sind.
Die Mittelballe scheint dadurch nach hinten verlängert. Wenn der Hund normal auf ebener Fläche steht, wird das Gewicht normalerweise von den Zehenballen getragen. Die Stellung der Hinterläufe ist etwas eng.
**Gang:** Leicht und federnd. Bewegung der Vorderläufe mit der eigenartigen, charakteristischen Drehung. Der Bewegungsablauf der Hinterhand erfolgt parallel.
**Behaarung:** Weiche Unterwolle. Dichter und rauher äußerer Mantel. Haar kurz am Kopf und an den Vorderseiten der Läufe. Reichere Behaarung an Hals und Schenkel-Rückseiten. Dichte Behaarung der Rute, jedoch keine Fahne.
**Farbe:** Rotbraun bis falb mit mehr oder minder schwarzen Haarspitzen, schwarz oder grau, alle mit weißen Abzeichen oder weiß mit dunklen Abzeichen. Der voll ausgewachsene Hund weist im Deckhaar üblicherweise mehr schwarze Farbe auf als der Junghund.

## Jagdlaika-Rassen

Als im Jahre 1957 die russische Raumkapsel Sputnik in die Erdumlaufbahn startete, hatte sie das erste für eine solche Reise ausgewählte Lebewesen an Bord, nämlich eine Laika-Hündin gleichen Namens. Durch dieses bewegende Ereignis wurde die breite Öffentlichkeit weltweit auf die Existenz einer bis dahin in Westeuropa weitgehend unbekannten Hunderasse aufmerksam.

Die Kynologen der Sowjetunion unterscheiden seit 1947 vier Jagdlaikarassen: Russisch-Europäischer, Russisch-Finnischer (Karelischer), Westsibirischer und Ostsibirischer Laika, die seit 1980 auch die FCI – bis auf eine Ausnahme – anerkennt.

Die Rassebezeichnung Laika leitet sich ab von lajatj, d. h. bellen. Das Bellen oder besser Verbellen nach lautlosem und selbständigem Aufstöbern, Verfolgen und Stellen des Wildes, kennzeichnet die Laikarassen als echte nordische Jagdhunde. Sie finden Einsatz bei der Jagd auf kleinere Pelztiere wie Marder, Hermelin, Zobel, gelegentlich aber auch auf Bären, Rot- und Schwarzwild und die kleineren Varietäten auf Federwild.

In großen Zuchtanlagen werden in der Sowjetunion die verschiedenen Laika-Rassen speziell auf ihren Verwendungszweck hin gezüchtet. Die einzelnen Rassen unterscheiden sich im wesentlichen durch die unterschiedliche Größe und das Ursprungsgebiet voneinander, wobei der Russisch-Finnische (Karelische) Laika die kleinste der Varietäten darstellt. Er gilt als besonders passionierter Helfer bei der Jagd, wird aber auch als Hüte- und sogar als Zughund verwendet.

In seinem Aussehen ähnelt der Russisch-Finnische Laika sehr dem Finnenspitz.

**Kopf:** Keilförmig mit schmalem Schädel und kurzem Fang.

**Ohren:** Dreieckig, ziemlich klein und aufrecht getragen.
**Augen:** Dunkel, etwas schräggestellt.
**Rumpf:** Quadratisch.
**Rute:** Fest gerollt und buschig.
**Haar:** Ficht und dick.
**Farbe:** Gelb bis rehfarben in verschiedenen Schattierungen.
**Größe:** Rüde: 42–48 cm, Hündin: 40–46 cm.
**Gewicht:** Rüde: 17–21 kg, Hündin: 15–19 kg.
An dieser Stelle sei darauf verwiesen, dass zwei andere Laika-Rassen – der Nordöstliche Zuglaika bei den Schlittenhunden bzw. der Russische Samojeden-Laika (Nenezker Laika) – unter die Hüterassen einzugruppieren sind.

### Standard Westsibirischer Laika
*(genehmigt durch FCI 1980 – FCI-Nr. 306)*

Diese Rasse wurde durch Kreuzung der untereinander nahe verwandten Chanteisker und Mansijsker Laika-Schläge und auch der Hunde der russischen Jäger des Nord-Urals und West-Sibiriens geformt. Außer der heimatlichen Ortsherde in den Gebieten der Jagdindustrie ist diese Rasse weit in der mittleren Zone Russlands verbreitet, wo es eine hohe Anzahl der Tiere dieser Rasse gibt; sie wird auch in den großen Zuchtanstalten gezüchtet. In einer Reihe von Jagdgebieten gibt es spezielle Zuchten des Westsibirischen Laika.

**Gesamterscheinung:** Trockene Konstitution, mittelgroß, Widerristhöhe liegt bei den Rüden zwischen 54–60 cm, bei den Hündinnen 52–58 cm. Index Länge zur Höhe beim Rüden 103–107, bei den Hündinnen 104–108.

**Typ des Verhaltens:** Ausgeglichen, lebhaft.

**Typische Bewegung:** Kurzer Trab wechselnd mit Galopp.

**Haarfarbe:** verschieden: weiß, Pfeffer-Salz, rot und grau in allen Schattierungen. Schwarze Farbe ist zugelassen, auch Gescheckte und mit Platten derselben Farben.

**Haarkleid:** Harte Grannenhaare und gut entwickeltes Unterhaar. Deckhaare gerade, grob. Dank dem stark entwickelten und lichten Unterhaar ist es etwas abstehend und scheint reich aus. An Kopf, Ohren und an den Vorderseiten der Gliedmaßen ist das Haar kurz. An Widerrist, Hals, Schultern und an den hinteren Seiten der Gliedmaßen ist das Haar länger und bildet am Jochbein den Backenbart, am Hals den Kragen und an den hinteren Seiten der Gliedmaßen kleine Fahnen.

**Skelett:** Gut entwickelt, aber nicht massiv und nicht grob. Muskulatur kräftig, gut entwickelt.

**Kopf:** Trocken, in der Form ähnelt er dem gleichschenkligen Dreieck. Der Fang ist lang, zugespitzt. Der Übergang von der Gehirnpartie zum Fang ist allmählich, wenig erkennbar. Die Lefzen sind trocken, gut anliegend. Die Ohren sind stehend, hoch angesetzt, zugespitzt.

**Augen:** Oval, schräg gestellt, von dunkler Farbe.

**Gebiss:** Weiß, groß; Scherengebiss.

**Hals:** Muskelig, trocken, Widerrist stark betont.

**Brust:** Gut entwickelt.

**Rumpf:** Rücken stark, gerade; die Lenden kurz, elastisch. Kruppe breit, muskulös, leicht abfallend. Bauch leicht aufgezogen. Vordere Gliedmaßen: Mit muskulösen,

■ *Der Westsibirische Laika wurde durch Kreuzung verschiedener Laika-Schläge eigens für den russischen Jäger geschaffen.*

 *Westsibirischer Laika, Porträt.*

schräg gestellten Schultern, Läufe lang. Mittelfuß nicht lang, leicht geneigt.

**Hintere Gliedmaßen:** Muskulös, kräftig, mit gut ausgeprägter Winkelung der Sprunggelenke.

**Pfoten:** Oval, gewölbt, mit geschlossenen Zehen. Afterkrallen sollen entfernt werden.

**Rute:** Stark geringelt, wird über den Rücken oder über die Keulen getragen.

**Standard Russisch-Europäischer Laika**

*(genehmigt durch FCI 1980 – FCI-Nr. 304)*

Er wurde aus den Jagd-Laiki der nördlichen Zone Russlands gezüchtet. In der Gegenwart kommt die Rasse außer ihren Hauptverbreitungsgebieten in großer Menge in der mittleren und zentralen Zone Russlands vor. Im Laufe vieler Jahre wurde sie in Großzuchtanlagen gezüchtet.

**Gesamterscheinung:** Trockene, kräftige Konstitution. Mittelgroß. Widerristhöhe bei den Rüden: 52–58 cm, bei den Hünd-innen: 50–56 cm. Länge zur Höhe-Verhältnis Index (= Rumpflänge × 100/Widerristhöhe): beim Rüden 100–103, bei den Hündinnen 100–105.

**Typ des Verhaltens:** Lebhaft.

**Typische Bewegungen:** Galopp wechselnd mit kurzem Trab.

**Farbe:** Verschieden: schwarz, grau, weiß, Pfeffer-Salz, dunkelfarbig mit weißen Flecken, weiß mit dunklen Flecken. Starke Sprenkelung an den Gliedmaßen und rote Haarfarbe sind unerwünscht.

**Haar:** Hart, gerade, mit gut entwickeltem Unterhaar. An Kopf und Ohren ist es kurz, eng anliegend. An Hals, Widerrist und an den Schultern ist das Haar länger und bildet am Jochbein den Backenbart und den am Hals abstehenden Kragen. Von vorne sind die Gliedmaßen mit glattem, eng anliegendem Haar bedeckt, von hinten ist es länger, bildet aber keine Fahnen.

**Skelett:** Kräftig, die Muskulatur ist gut entwickelt. Die Haut ist dick, ohne Falten.

**Kopf:** Nicht groß, in der Form nähert er sich dem gleicharmigen Dreieck. Der Fang ist trocken, zugespitzt, mit eng anliegenden Lefzen.

**Ohren:** Die Stehohren sind beweglich, an den Enden spitz.

**Augen:** Die Augen sind nicht groß, oval schräg gestellt, dunkel.

**Gebiss:** Zähne kräftig, weiß, Scherengebiss.

**Brust:** Tief, gut entwickelt.

**Rumpf:** Rücken stark, muskulös. Die Lenden kurz, ein wenig aufgebogen. Kruppe breit, nicht lang, leicht abfallend. Der Bauch ist merklich aufgezogen.

**Vordere Gliedmaßen:** Mit gut geformten schrägen Schultern und geraden Läufen. Mittelfüße nicht lang, leicht geneigt.

**Hintere Gliedmaßen:** Kräftig, mit gut geformten Winkeln der Sprunggelenke. Schienbeine lang (Linie, gefällt vom Ausläufer des Sitzbeins, soll an der vorderen Seite der fast vertikal gestellten Riste durchlaufen).

**Pfoten:** Oval mit kräftigen, gut geschlossenen Zehen. Es empfiehlt sich, die Afterkrallen zu entfernen.

**Rute:** Entweder ringel- oder sichelförmig und über den Rücken oder über die Keulen getragen.

### ▬ Standard Ostsibirischer Laika

*(genehmigt durch FCI 1980 – FCI-Nr. 305)*

Wurde in der Waldzone Ostsibiriens und des Fernen Ostens durch die Kreuzung der Ewenkischen, Lamutsker, Amur- und anderen Laiki gezüchtet.

**Gesamterscheinung:** Die Konstitution ist kräftig. Widerristhöhe bei den Rüden: 55–63 cm; bei den Hündinnen: 53–61 cm. Index Länge zur Höhe (s. Russisch-Europäischer Laika) bei den Rüden 104–108, bei den Hündinnen: 106–110.

**Typ des Verhaltens:** Ausgeglichen, lebhaft.

**Typische Bewegung:** Galopp wechselnd mit Trab.

**Farbe:** Verschieden: Pfeffer-Salz, gefleckt, gesprenkelt, weiß, grau, schwarz, rot und braun in allen Schattierungen. Kleine Flecken (gesprenkelt) in der jeweiligen Farbe an den Gliedmaßen sind zulässig.

**Haar:** Lang. Die Grannenhaare sind grob, dicht, gerade. An Hals und Schultern bildet sich der Kragen und bei den Rüden an dem Widerrist die Mähne.

▬ *Russisch-europäischer Laika.*

**Skelett:** Kräftig. Die Muskulatur ist gut entwickelt. Die Haut ist dick, ohne Falten.

**Kopf:** Keilförmig, aber mit breitem Oberschädelteil. Die Fanglänge ist der Oberschädellänge fast gleich. Der Übergang vom Oberschädel zum Fang ist allmählich. Hinterhauptbeinausläufer klar ausgeprägt. Im Profil ist der Fang keilförmig. Obere Fanglänge ist mit der des Oberschädels parallel. Die Lefzen sind trocken, eng anliegend.

**Ohren:** Die Stehohren sind von Dreieckform.

**Augen:** Die Augen sind nicht groß, oval, schräg gestellt, von dunkler Farbe.

**Nase:** Der Nasenschwamm ist schwarz, bei der weißen oder hellgelben Haarfarbe ist die braune Farbe zulässig.

**Gebiss:** Zähne weiß, kräftig, sie schließen auf Schere.

**Hals:** Muskulös. Seine Länge entspricht der des Kopfes. Der Widerrist ist gut entwickelt, überragt die Höhe des Rückens.

**Brust:** Die Brust ist tief, breit, muskulös.

**Rumpf:** Die Lenden sind breit, muskulös, ein wenig gewölbt. Die Kruppe ist breit, verhältnismäßig lang, leicht abfallend. Der Bauch ist leicht aufgezogen.

**Vordere Gliedmaßen:** Gerade und parallel. Die Winkel zwischen den Schulterblättern und Schulterbeinen betragen 90–100°. Die Länge der Vorderläufe ist um ein wenig größer als die Hälfte der Widerristhöhe. Die Vordermittelfüße sind leicht geneigt.

**Hintere Gliedmaßen:** Gerade und parallel, mit gut ausgeprägten Winkeln der Gelenke. Die Riste stehen fast vertikal.

**Pfoten:** Fast rund. Die Afterkrallen kommen vor.

**Rute:** Ringel- oder sichelförmig zu den Lenden gebogen; sie wird entweder an die Keule gedrückt oder nach unten sichelförmig aufgerichtet getragen. Sie erreicht die Sprunggelenke oder kann um 1–2 cm kürzer sein.

## Japanische Spitze

Die in Japan gefundenen antiken Tonfiguren und Reliefs, die Bären, Hirsche und Wildschweine jagende Hunde mit spitzer Schnauze, spitzen, aufrecht stehenden Ohren und über dem Rücken getragener Ringelrute zeigen, gelten als die ältesten Darstellungen der heutigen japanischen Spitze, die man sowohl vom Aussehen als auch wesensmäßig und von ihrer Einsatzfähigkeit her als echte Nordische Hunde ansehen muss. Diese ›Urhunde‹ kamen ca. 4000 v. Chr. mit Einwanderern vom asiatischen Festland auf die Insel. Die heute in Japan anerkannten ›Nordischen‹ zeigen keine so großen Unterschiede im Erscheinungsbild, dass man sie nicht einer einzigen Gruppe zuordnen könnte.

Japanische Spitze – nicht zu verwechseln mit den Hunden der Spitzrassen, die nicht der Gruppe der Nordischen Hunde angehören – dienen in erster Linie als Gehilfen bei der Jagd, finden aber auch als Lastenzieher, wie beispielsweise der Akita Inu, Verwendung. Nun vermag man sich Japan nicht gerade als Schnee- und Eiswüste vorzustellen, jedoch ist die Insel Hokkaido im Norden Japans fünf Monate im Jahr von einer dicken Schneedecke überzogen, und gerade dort kommt der große japanische Spitz zum Einsatz, indem er mit speziell für den Holztransport konstruierten Schlitten die Fracht von den bergigen Teilen der Insel talwärts befördert.

# Akita Inu

Der Akita Inu zählt zu den japanischen Spitzen des großen Schlages. Seinen Namen hat er von der Stadt Akita, Inu bedeutet Hund, somit ist er der Hund von Akita.

Ursprünglich fand der Akita Inu bei der Jagd auf Rot- und Schwarzwild sowie auf Bären Verwendung. Ebenso wie andere ›nordische Jäger‹ verrichtet er seine Arbeit lautlos. Aber Lastenziehen – wie oben beschrieben – und Jagen sind bei weitem nicht alle Einsatzmöglichkeiten des Akita Inu, vielmehr sind diese so vielseitig, dass er sich sowohl als Blindenhund als auch als Polizeihund eignet. Nebenbei ist er ein guter Schwimmer und auch dafür mag eine Abrichtung möglich sein. Überhaupt ist der Akita Inu der einzige unter den Nordischen Hunden, der uneingeschränkt für eine Schutz- und Gebrauchshundeausbildung befähigt ist.

Äußere Gemeinsamkeiten wie Ringelrute, Stehohren, dichtes Stockhaar, fast quadratischer Körperbau, Brauchbarkeit als Schlittenhund wie auch als Helfer bei der Jagd, rechtfertigen die Eingruppierung des Akita Inu unter die Nordischen Hunde. Wegen seiner vielseitigen Verwendungsmöglichkeiten wird er als ›Nordischer Allrounder‹ bezeichnet.

In seinem Ursprungs- und Stammland Japan erfreut sich der Akita Inu auch heute noch großer Beliebtheit und Bedeutung. Als Nationalhund untersteht er dem Schutz der Regierung und einer, der sich als Schönheitschampion hervorgetan hat, wird gar als ›nationaler Kunstschatz‹ verehrt.

*Akita Inu und Shiba Inu.*

Anlässlich verschiedener Familienereignisse wie Geburt, Hochzeit usw. sollen kleine Ton-Akitas als Geschenk Glück, Gesundheit, Kraft und Intelligenz symbolisieren.

In früherer Zeit war der Besitz von Akita Inus nur einer reichen Oberschicht vorbehalten, die für die Pflege und Fütterung ihrer Hunde eigens Bedienstete hielten. Zu jedem Anlass trug der Akita ein bestimmtes Halsband und an den Farben der Leinen konnte man erkennen, welcher Gesellschaftsschicht der Besitzer angehörte.

Eine beim Akita Inu in Erscheinung tretende Aggressivität gegenüber Artgenossen erfordert eine starke Führungshand und erinnert an seinen Einsatz als Kampfhund bis zum Beginn dieses Jahrhunderts.

## ▬ Standard Akita Inu

*(genehmigt von der FCI im April 1982 – FCI-Nr. 255 – überarbeitet 1992)*

**Kurzer geschichtlicher Überblick:** Ursprünglich waren die japanischen Hunderassen klein bis mittelgroß und es gab keine großgewachsenen Hunderassen. Aus der Region von Tohoku stammend zählte der Akita unter dem Namen »Akita Matagi« (Hund für die Bärenjagd) unter die mittelgroßen Jagdhunde. Zwischen 1630 und 1870 wurde er zur Zeit des Satako-Clans, in der Gegend Akita, systematisch für Hundekämpfe gezüchtet, welche, nach zeitgenössischen schriftlichen Überlieferungen, dazu bestimmt waren, die Moral des Landadels dieser Gegend zu stärken.
In der Folge wurde die Rasse mit einem mastiffähnlichen Hund gekreuzt, der einem deutschen Ingenieur gehörte, wel-

cher an der Kupfermine Kosaka angestellt war, sowie mit einem Tosa/Kampfhund, der selbst einer Kreuzung des Mastiffs-Shikoku, einer mittelgroßen japanischen Rasse, mit deutschen Vorstehhunden, St. Bernhardshunden und deutschen Doggen entstammte. Durch diese Mischungen verlor der Akita sein ursprüngliches charakteristisches Erscheinungsbild, das ihn bis dahin durch seine spitzen Ohren und seine Ringelrute ausgezeichnet hatte. Nachdem im Jahre 1908 die Hundekämpfe verboten worden waren, wurde die Rasse von Gebildeten und Professoren erhalten. Im Jahre 1919 wurde das Gesetz zur Erhaltung des Natur-Erbgutes erlassen. Dank der Anstrengungen von Liebhabern, die Rasse weiterhin zu verbessern, wurden im Jahre 1931 neun hochqualifizierte Akita zu »Denkmälern der Natur« erklärt, was die Rasse sehr populär werden ließ.

Im Jahre 1945, am Ende des Zweiten Weltkrieges, wurden, um den Akita in reiner Form zu erhalten, Anstrengungen gemacht, bei den wenigen verbliebenen Hunden dieser Rasse das vom Mastiff und anderen eingekreuzten Fremdrassen herrührende Erbgut zurückzudrängen. Diese Bemühungen haben die Stabilisierung des heute bekannten großen Akita in reiner Abstammung herbeigeführt.
**Allgemeines Erscheinungsbild:** Großer, wohlproportionierter Hund von kräftigem Körperbau mit viel Substanz. Sekundäre Geschlechtsmerkmale ausgeprägt. Unkompliziert, mit viel Adel und Würde.
**Wichtige Proportionen:** Das Verhältnis von Widerristhöhe zur Körperlänge beträgt 10:11. Der Körper der Hündinnen ist etwas länger als der der Rüden.
**Verhalten und Charakter (Wesen):** Ruhig, treu, gehorsam, aufgeweckt.

Akita Inu – der Allrounder unter den Nordischen Hunden.

**Kopf:** Der Schädel ist im Verhältnis zum Körper proportioniert. Stirn breit mit ausgeprägtem Stop und deutlicher Stirnfurche, aber ohne Falten. Backen mäßig entwickelt. Nasenrücken gerade, Nasenschwamm groß und schwarz. Bei Hunden mit weißem Haarkleid ist eine fleischfarbene Nase zugelassen. Der Fang, von mittlerer Länge, ist am Ansatz breit und verjüngt sich allmählich ohne spitz zu werden. Kräftiges Scherengebiss. Lefzen straff und anliegend.

**Augen:** Verhältnismäßig klein, nahezu dreieckig, mäßig auseinanderliegend. Von dunkelbrauner Farbe, je dunkler umso besser.

**Ohren:** Verhältnismäßig klein, dick, dreieckig, mit leicht abgerundeter Spitze, mäßig weit auseinandergesetzt, aufrecht und leicht nach vorne geneigt getragen.

**Hals:** Dick und muskulös, ohne Wamme, in guter Proportion zum Kopf.

**Körper:** Rücken gerade und kräftig, Lendenpartie breit und muskulös. Brustkasten tief, Vorbrust gut entwickelt. Rippen mäßig gewölbt. Bauch gut aufgezogen.

**Rute:** Hoch angesetzt, dick, gut und fest eingerollt über dem Rücken getragen. Bei heruntergezogener Rute reicht die Spitze fast bis zum Sprunggelenk.

**Vorderhand:** Schultern mäßig schräg und gut ausgebildet. Vorderläufe gerade mit kräftigen Knochen. Ellenbogen dicht am Körper.

**Hinterhand:** Gut entwickelt, kräftig, mäßig gewinkelt.

**Pfoten:** Dick, rund, gut geschlossen, mäßig gewölbt.

**Gangart:** Elastischer und kraftvoller Bewegungsablauf.

**Haarkleid – Beschaffenheit:** Deckhaar hart und gerade, Unterwolle weich und dicht. Am Widerrist und an der Kruppe etwas länger. An der Rute ist das Haar am längsten.

**Farbe:** Rot, sesam, gestromt und weiß. Alle angeführten Farben außer Weiß müssen »urajiro« aufweisen (urajiro = weißliches Haar seitlich am Fang und an den Backen, unter dem Fang, an der Kehle, an der Brust und am Bauch, an der Unterseite der Rute und an der Innenseite der Gliedmaßen).

**Größe:** Widerristhöhe für Rüden: 67 cm, für Hündinnen: 61 cm. Eine Abweichung von plus oder minus 3 cm wird toleriert.

**Fehler:** Jede Abweichung von den vorgenannten Punkten muss als Fehler angesehen werden, dessen Bewertung im genauen Verhältnis zum Grad der Abweichung stehen sollte. 1. Eine Schwarze Maske soll als Fehler angesehen werden. 2. Abzeichen auf weißen Grund sind zulässig, aber ihre Abwesenheit ist vorzuziehen. 3. Ängstlichkeit. 4. Vor- und Rückbiss. 5. Gefleckte Zunge. 6. Rüdenhafte Hündinnen, hündinnenhafte Rüden. 7. Helle Iris. 8. Fehlende Zähne. 9. Kurze Rute.

**Ausschließende Fehler:** 1. Nicht aufrecht getragene Ohren. 2. Hängend getragene Rute. 3. Langes Haar (zottig).

**N.B.:** Rüden müssen zwei offensichtlich normale Hoden aufweisen, die sich vollständig im Hodensack befinden.

## Hokkaido Ken

Der Hokkaido Hund, oftmals auch nur Ainu Hund genannt, hat seinen Namen nach der zweitgrößten japanischen Insel, Hokkaido, wo er von dem altasiatischen Volk der Ainu gezüchtet und als unerschrockener Kämpfer bei der Jagd auf

Hokkaido Ken.

Bären eingesetzt wurde. Auch heute noch schätzt man ihn als Helfer bei der Jagd auf Bären und Rehe. Darüber hinaus ist er ein zuverlässiger Begleit- und Wachhund.

Seinem kräftigen Körperbau traut man seine Wendigkeit gar nicht zu. Zuweilen gebärdet er sich geradezu ungestüm. Dank seiner Treue und seines Gehorsams ist der Hokkaido Ken bei den Einheimischen besonders beliebt. Seit 1937 steht die Rasse unter Naturschutz. Während der Hokkaido Inu lange Zeit außerhalb seiner Heimat fast unbekannt war, werden jetzt auch in Europa Tiere dieser Rasse gehalten.

### Standard Hokkaido

*(Nr. 261 des F.C.I. vom 31. Januar 1993 – FCI-Nr. 261)*

**Allgemeine Erscheinungen und Merkmale:** Mittelgroßer Hund mit sehr starkem Geschlechtsgepräge, gut proportioniert, stabil gebaut und knochenstark. Harte und trockene Muskulatur, mit bemerkenswerter Ausdauer. Der Hund zeigt Würde und ist von natürlicher Wesensart. Das Verhältnis von Widerristhöhe zu Körperlänge beträgt 10:11.

Der Hund ist anhänglich, führig, sehr aufmerksam und keck.

**Größe:** Widerristhöhe für Rüden: 48,5–52 cm. Widerristhöhe für Hündinnen: 45,5–48,5 cm.

**Kopf:** Schädel und Stirnpartie breit und verhältnismäßig flach. Wangen gut entwickelt. Verhältnismäßig flacher aber markierter Stirnabsatz. Das Verhältnis von Schädellänge zu Nasenrücken beträgt 3:2.

Die Schädellänge, welche der Schädelbreite (zwischen den Wangen) entspricht, beträgt etwa 1/4 der Widerristhöhe. Nasenrücken gerade, mit schwarzem Nasenschwamm. Bei Hunden mit weißem Fell ist eine fleischfarbige Nase zugelassen. Fang keilförmig, Lefzen straff anliegend mit schwarzen Mundwinkeln. Kräftiges Scherengebiss.

**Augen:** Verhältnismäßig klein, beinahe dreieckig, weit auseinanderliegend und von dunkelbrauner Farbe.

**Ohren:** Klein, dreieckig, leicht nach vorn geneigt und sicher aufrecht getragen.

**Hals:** Kraftvoll und muskulös, ohne Wamme.

**Rumpf:** Hoher Widerrist, Rücken gerade und kräftig. Die Lendenpartie mäßig breit und sehr muskulös. Kruppe leicht abfallend. Gut entwickelte Vorbrust. Die Brust ist tief und mäßig breit, gute Rippenwölbung. Gut aufgezogener Bauch.

**Rute:** Hoch angesetzt, dick und kräftig gerollt oder sichelförmig über dem Rücken getragen. Bei tief getragener Rute reicht die Rutenspitze knapp bis zu den Sprunggelenken.

**Vorder- und Hinterläufe:** Schultern mäßig schräggestellt. Vorderläufe gerade und trocken. Mittelfuß leicht abgewinkelt. Kraftvolle Hinterläufe, die Sprunggelenke müssen hart und sehr kräftig sein.

**Pfoten:** Gut gerundete Zehen, Pfote gut geschlossen. Sohlenballen hart und elastisch. Harte Krallen von schwarzer oder dunkler Farbe.

**Gangart:** Beweglich, schnell, leicht und elastisch.

**Behaarung:** Das Deckhaar ist hart und gerade, die Unterwolle wie bei allen japanischen Spitzen weich und dicht. Das Haar an der Rute ist relativ lang.

**Farbe:** Gestromt (schwarz, rot, weiß, usw.), schwarz, rot, braun, weiß und jede andere Farbe.

**Fehler:** Disqualifikation: Monorchide, Kryptorchide, nicht aufrecht getragene Ohren, hängend getragene und kurze Rute.

Grobe Fehler: Ängstlichkeit, extreme Vor- oder Überbeißer.

Leichte Fehler: Leichte Vor- oder Überbeißer.

**N.B.:** Rüden müssen zwei sichtlich normale, gut im Skrotum liegende Hoden aufweisen.

## Kai Inu

Dieser mittelgroße japanische Hund, der als Kohshu Tora oder Kai Ken bezeichnet wird, hat seine Heimat im gebirgigen Mitteljapan. Er wird verwendet als Jagdhund auf Hasen, Dachse und Wildschweine, aber auch als Vogelhund, wobei er beispielsweise einen zu jagenden Bergfasan nicht nur stellt, sondern ihn auch, wenn dieser in die Bäume zu flüchten versucht, verfolgt. Seit 1934 steht der Kai Inu in Japan unter Naturschutz. Die Widerristhöhe beträgt bei Rüden 49–55 cm, bei Hündinnen 46–52 cm. Als Haarfarbe ist schwarz gestromt, rot gestromt oder mittel gestromt anerkannt.

## Kishuh Inu (Kishou Ken)

Im mittleren Südwesten Japans, im Gebirge von Wakayama, ist der Kishuh Inu beheimatet. Sein Jagdeinsatz erstreckt sich auf Wildschweine und Rehe. Oft wird er auch nur noch als Wachhund gehalten. Rüden messen 49–55 cm, Hündinnen 46–51 cm Widerristhöhe. Der Kishuh Inu kommt in den Farben weiß, rot, sesam, schwarz und gestromt vor. Bevorzugt werden weiße Tiere wegen des günstigen Sichtkontakts für den Jäger.

## Shikoku Inu

Der zu den mittelgroßen japanischen Hunderassen zählende, auch Shikoku Ken oder Kohchi-Ken genannte japanische Spitz, trägt seine verschiedenen Namen nach seinen Vorkommensbereichen. Das Gebiet erstreckt sich vom Südwesten Japans bis zur Shikoku-Insel, das Hauptverbreitungsgebiet hat er in der Kohchi-Präfektur. Die ihm früher irrtümlicherweise gegebene Bezeichnung Tosa Inu ist heute wegen der Nichtidentität mit dieser Rasse nicht mehr gebräuchlich. Während der Shikoku Inu früher hauptsächlich als Jagdhund auf Wildschweine und Rehe Verwendung fand, hält man ihn heute vielfach als beliebten Familienhund. 49–55 cm Widerristhöhe bei Rüden und 46–51 cm bei Hündinnen sind die gängigen Maße. Als Haarfarbe kommt rot, schwarz, gestromt, sesam und weiß vor.

## Kyushu (Nippon Inu, Shika)

Der Kyushu, Nippon Inu oder der Shika genannt, dessen Ahnen ebenfalls von der Insel Hokkaido stammen, wurde früher als Jagdhund vor allem auf Rotwild, Bär und Wildschwein verwendet. Heute sieht man ihn vorwiegend als zuverlässigen und anhänglichen Wach- und Begleithund. Die Größe schwankt zwischen 45 und 55 cm. Rot, Pfeffer und Salz, schwarz und weiß sind als Farbschläge zugelassen. Außerhalb seiner Heimat ist der Nippon Inu weitgehend unbekannt.

## Shiba Inu

»Viel Hund in kleiner Verpackung« – so lässt sich der kleinste der japanischen Nordischen umreißen. Der Shiba ist in jeder Beziehung ein ›Urhund‹. Hier hat der Mensch durch züchterische Manipulation weder eine Veränderung im Äußeren herbeigeführt, noch Einfluss auf die ureigensten Instinkte des Shiba zu nehmen versucht, was sein intaktes Sozialverhalten bestätigt.

Der Shiba anerkennt nach echter Art der Nordischen seine Familie und ist Fremden gegenüber äußerst zurückhaltend. Er soll »intelligent, freundlich und von Natur aus gehorsam sein, mit der Fähigkeit, auf den Befehl seines Hundeführers schnell zu reagieren«. Das heißt aber nicht, dass er unterwürfig seinem Herrn ergeben ist. Seinem Eigensinn ist am besten mit Beschäftigung in Form von Gebrauchs- und Gehorsamsübungen zu begegnen. Dann ist er mit Begeisterung bei der Sache.

■ *Junger Shiba Inu.*

Der fuchsähnliche, intelligente Shiba wird in Japan noch immer als Jagdhund auf Kleinwild und Vögel geführt. Aber auch bei der Bären- und Wildschweinjagd findet der mutige kleine Kerl Verwendung.

In dem Gebirge von Mittel-Japan bezeichnet man den Shiba Inu gebietsverschieden auch Mino Shiba, Sanin Shiba und Shinshuh Shiba.

Auf Grund seiner Größe – oder besser Kleinheit – ist der Shiba auch in einer Wohnung gut zu halten, vorausgesetzt, dass ihm viel Auslauf gewährt wird. Für ältere oder gehbehinderte Menschen ist er deshalb nicht der geeignete Weggefährte.

*Shiba Inu – »viel Hund in kleiner Verpackung«.*

### Standard Shiba Inu

*(Nr. 257 der FCI vom 31. Januar 1983 – überarbeitet 1995)*

**Kurzer geschichtlicher Überblick:** Als in der Zeit zwischen 1868 und 1912 Jagdhunde wie die englischen Setter und Pointer in Japan eingeführt wurden, entwickelte sich die sportliche Jagd zu einem bevorzugten Zeitvertreib im Lande und Kreuzungen zwischen den Shiba und diesen englischen Jagdhunden wurden häufig vorgenommen. Ein Shiba reiner Abstammung wurde zur Seltenheit und sogar in seinem natürlichen Lebensraum kamen Vertreter dieser Rasse nur in sehr beschränkter Anzahl vor.
Um das Jahr 1928 begannen Jäger und Gelehrte, sich um die Erhaltung des reinrassigen Shiba zu kümmern, indem sie die wenigen reinen Blutlinien erhielten. Im Jahre 1934 wurde ein einheitlicher Standard aufgestellt. 1937 wurde der Shiba zum Naturdenkmal erklärt, worauf die

Rasse bis zum Erreichen des heute bekannten vorzüglichen Erscheinungsbildes gezüchtet und verbessert wurde.
**Allgemeines Erscheinungsbild:** Wohlproportionierte kleine Hunderasse, sehr muskulös und von gutem Knochenbau. Konstitution kräftig. Seine Bewegung ist lebhaft, frei und schön.
**Wichtige Proportionen:** Das Verhältnis von Widerristhöhe zur Körperlänge ist 10:11.
**Verhalten und Charakter (Wesen):** Treu, wachsam, sehr aufgeweckt.
**Kopf:** Schädel breit, Backen gut entwickelt, deutlicher Stop mit einer leicht ausgeprägten Stirnfurche. Nasenrücken gerade; schwarzer Nasenschwamm erwünscht. Der Fang, mäßig dick, verjüngt sich allmählich. Lefzen straff. Kräftiges Scherengebiss.
**Augen:** Verhältnismäßig klein, dreieckig, von dunkelbrauner Farbe; der äußere Augenwinkel ist leicht angehoben.

**Ohren:** Verhältnismäßig kleines, dreieckiges, leicht nach vorne geneigtes aufgerichtetes Stehohr.

**Hals:** Dick, kräftig, zum Kopf und zum Körper gut proportioniert.

**Körper:** Rücken gerade und kräftig, Lenden breit und muskulös. Brust tief, Rippen mäßig gewölbt. Bauch gut aufgezogen.

**Rute:** Hoch angesetzt, dick, gut eingerollt oder in sichelförmiger Haltung getragen; bei heruntergezogener Rute reicht die Spitze fast bis zum Sprunggelenk.

**Vorderhand:** Schulterblatt mäßig schräg, Ellenbogen dicht am Körper anliegend; von vorne gesehen, vordere Gliedmaßen gerade.

**Hinterhand:** Oberschenkel lang, Unterschenkel kurz, aber gut entwickelt; Sprunggelenk dich und sehr robust.

**Pfoten:** Zehen geschlossen und gut gewölbt; Ballen hart und elastisch; Nägel hart und vorzugsweise von dunkler Farbe.

**Gangart:** Leichtfüßig und lebhaft.

**Haarkleid – Beschaffenheit:** Das Deckhaar ist hart und gerade, die Unterwolle ist weich und dicht. An der Rute ist das Haar etwas länger und abstehend.

**Farbe:** Rot, schwarzloh, sesam, schwarzsesam, rot-sesam. Definition der Farbe Sesam: Sesam: gleichmäßige Mischung von weißen und schwarzen Haaren. Schwarz-sesam: mehr schwarze als weiße Haare. Rot-sesam: Grundfarbe rot, Mischung mit schwarzen Haaren. Alle angeführten Farben müssen »urajiro« aufweisen (urajiro = weißliches Haar seitlich am Fang und an den Backen, unter dem Fang, an der Kehle, an der Brust und am Bauch, an der Unterseite der Rute und an der Innenseite der Gliedmaßen).

**Größe:** Widerristhöhe Rüden: 40 cm, Hündinnen: 37 cm; ± 1,5 cm.

**Fehler:** Jede Abweichung von den vorgenannten Punkten muss als Fehler angesehen werden, dessen Bewertung im genauen Verhältnis zum Grad der Abweichung stehen sollte. 1. Ängstlichkeit. 2. Hündinnenartige Rüden, rüdenartige Hündinnen. 3. Vor- und Rückbiss. 4. Zahlreiche Zahnverluste.

**Ausschließende Fehler:** 1. Nicht aufrecht getragene Ohren. 2. Hängend getragene oder kurze Rute.

**N.B.:** Rüden sollen zwei offensichtlich normal entwickelte Hoden aufweisen, die sich vollständig im Hodensack befinden.

# Nordische Hüterassen

## Islandhund (Isländer Spitz)

Schon aus der Zeit vor der Jahrhundertwende existieren Beschreibungen des Islandhundes und ein offizieller Standard dieses lebhaften und wachsamen Hundes besteht bereits seit 1898.

Lange Zeit konnte sich jedoch die Reinzucht und eine stärkere Verbreitung des Islandhundes nicht so recht durchsetzen. Erst nach 1970 zeigte die Zucht- und Verbreitungskurve eine ansteigende Tendenz und in Deutschland war von der zuvor fast unbekannten Rasse eine Registrierung von über 100 Tieren möglich.

Der Islandhund wird als aufmerksamer Wachhund geschätzt, in seiner Heimat aber vorwiegend beim Treiben von Pferden und beim Schafehüten eingesetzt.

Eine gewissenhafte Eliminierung etwa bösartiger Tiere von der Zucht ist Garant

*Islandhund.*

für den treuen und gutmütigen Charakter des Islandhundes.

### Standard Islandhund
*(genehmigt durch FCI 1972 – FCI-Nr. 289)*

**Allgemeines Erscheinungsbild:**
Ein Spitztyp, etwas unter Mittelgröße, leicht gebaut, mit einer Veranlagung zum Jagen.
**Kopf:** Leicht, eher breit zwischen den Ohren.
**Schädel:** Breit und gewölbt.
**Fang:** Eher kürzer als lang, Stop abgesetzt, aber nicht ausgeprägt.
**Nase:** Schwarz.
**Lefzen:** Kurz und fest anliegend.
**Ohren:** Breit am Ansatz, von dreieckiger Form, spitz und aufrecht.
**Augen:** Schmal und rundlich, von dunkler Farbe mit lebhaftem Ausdruck.

**Hals:** Kurz, kräftig und leicht geschwungen, Kopf hoch getragen.
**Schultern:** Gerade, nicht abgeschrägt.
**Brust:** Breit und tief.
**Bauch:** Aufgezogen.
**Körper:** Kräftig und eher kurz, aber leicht.
**Läufe:** Gerade, gut bemuskelt, Knie nicht zu gebogen.
**Pfoten:** Oval, Krallen gut entwickelt.
**Rute:** Von mittlerer Länge, sehr buschig und geringelt, über den Rücken getragen.
**Haarkleid:** Hart, von mittlerer Länge, länger am Hals, an den Oberschenkeln und an der Unterseite der Rute. Das Haar ist flach am Körper und kurz am Kopf und den Läufen; Vorderläufe ohne Befederung.
**Farbe:** Weiß mit rehbraunen Abzeichen, goldfarben, hellrehbraun mit schwarzen Spitzen an den langen Haaren, und gelegentlich ganz schwarz.
**Größe:** von 38–46 cm.

■ Islandhund.

━━ *Norwegischer Buhund.*

## Norwegischer Buhund

Die Namensbezeichnung für den Buhund ist abgeleitet von dem norwegischen Wort für Hof, Bauernhof; bu heißt auch Wohnung, womit schon das ursprüngliche Betätigungsfeld des Buhundes umrissen wäre. Als echter nordischer Spitz war er immer ein zuverlässiger Wächter von Haus und Hof. Gerade auf Bauernhöfen hielt man den Buhund und den Elchhund gemeinsam, jeder seinen ihm eigenen Aufgaben nachgehend, den Buhund als Wachhund, den Elchhund für die Jagd.

Erst als in Norwegen vermehrt Schafe gezüchtet und gehalten wurden, erkannte man eine zusätzliche Verwendungsmöglichkeit für den Buhund, nämlich die des Hütehundes. Diese Tätigkeit verrichtet der kleine temperamentvolle Buhund auch heute noch mit Eifer.

### ━━ Standard Norwegischer Buhund

*(1943 von der FCI anerkannt – FCI-Nr. 237)*

**Allgemeines Erscheinungsbild:** Der Norwegische Buhund ist ein Spitztyp etwas unter mittelgroß, leicht gebaut, mit einem kurzen, kompakten Körper, verhältnismäßig glatt anliegendem Fell, aufgerichteten, spitzen Ohren, über den Rücken gerollter Rute und von mutigem tatkräftigem Wesen.

**Kopf:** Schlank, leicht, ziemlich breit zwischen den Ohren, keilförmig zum Stop hin enger werdend. Schädel und Hinterkopf recht flach; markierter, jedoch nicht ausgeprägter Stop. Fang eher kurz als lang, von oben und von der Seite gesehen spitz zulaufend mit geradem Nasenrücken. Gut anliegende, geschlossene Lefzen. Unterbiss und der Nasenschwamm von einer anderen Farbe als schwarz, führen zur Disqualifikation.

**Ohren:** Hoch angesetzt, aufrecht getragen, Länge größer als die Breite des Ansatzes, sehr spitz und beweglich.

**Augen:** Nicht hervorstehend, Farbe dunkelbraun, lebhaft mit furchtlosem, energischem Ausdruck.

**Hals:** Von mittlerer Länge, gewölbt, ohne Wammenbildung, gut getragen.

**Rumpf:** Kraftvoll und kurz, aber dennoch ziemlich leicht. Tiefe Brust mit gut gewölbten Rippen. Gerade Rückenlinie. Gute, geringfügig aufgezogene Lendenpartie.

**Läufe:** Schlank, gerade und kraftvoll. Ellbogen gut angeschlossen. Hinterhand nur wenig gewinkelt, von hinten gesehen gerade.

**Pfoten:** Verhältnismäßig klein, von leicht ovaler Form mit gutem Zehenschluß.

**Rute:** Hoch angesetzt, kurz und dick mit dichtem, aber keinem langen Fell. Stark geringelt, nicht zu sehr auf einer Seite getragen.

**Fell:** Dicht und rauh, aber anliegend. An Kopf und Vorderseite der Läufe kurz, dicht und glatt, länger an Brust, Hals, Schulter, Rückseite der Läufe und an der Innenseite der Rute. Das Fell besteht aus längerem, festem Deckhaar und weichem, wolligem Unterhaar.

**Farbe:** Weizen (Bisquit), schwarz und rot (wenn das Rot nicht zu dunkel ist), wolf sable. Einfarbigkeit wird bevorzugt, aber kleine symmetrische Abzeichen, wie weißer Brust, Stirn- oder Nackenfleck und weiße Läufe sind zulässig.

**Größe:** Rüden Idealmaß 45 cm, Hündinnen etwas kleiner.

**Charakter:** Furchtlos und mutig.

## Västgötaspets (Svensk Vallhund)

Wenn eine Hunderasse in ihrem äußeren Erscheinungsbild so gar nicht dem einer echten nordischen entspricht, dann trifft dies in besonderem Maße auf den kleinen niederläufigen Västgötaspets zu. Dennoch wird er – zumindest in Deutschland – mit den nordischen Hütehunden zusammen betreut.

In Schweden erfreut sich der als ›genügsam, wetterfest und arbeitsfreudig‹ beschriebene Schäferspitz großer Beliebtheit. Das war nicht immer so, und um das Jahr 1940 drohte der Rasse das Aussterben. Aktive Rettungsaktionen setzten ein und trugen schließlich dazu bei, dass 1943 der Standard für den Västgötaspets erreicht wurde.

Die ursprüngliche Heimat des heute auch als Haushund gehaltenen Hütespitzes ist Västergötland zwischen den beiden größten Seen Schwedens, dem Väner- und dem Vättersee liegend, in der fruchtbaren Västgöta-Ebene.

### ▬ Standard Västgötaspets
*(heute gültiger Originalstandard von 1990 – FCI-Nr. 14)*

**Kurzer geschichtlicher Überblick:** Obschon die Verwandtschaft des Västgötaspets mit dem Welsh Corgi nicht endgültig abgeklärt ist, herrscht die Ansicht vor, der Västgötaspets sei eine ursprünglich schwedische Rasse. Es ist schwer zu sagen, ob die Wikinger solche Hunde vom Typus Spitz von England nach Schweden gebracht haben. Moderne kynologische Forschungen neigen zu der Annahme, die Rasse habe sich in Schweden entwickelt. Es ist das Verdienst des Grafen Björn von

Västgötaspets.

Rosen, die Anerkennung und die Registrierung als schwedische Rasse veranlasst zu haben. Am Anfang der 40er Jahre dieses Jahrhunderts stellte er das Vorhandensein dieser Hunde fest. Bei einer Bestandsaufnahme aller Hunde in der Gegend von Västergötland, besonders in der Umgebung der Stadt Vara, entdeckte er eine kleine, aber recht homogene Hundepopulation. Diese bildete die Grundlage für ein seriös geplantes Zuchtprogramm unter der aktiven Leitung des Schuldirektors K. G. Zettersten. Ihm gelang es, ohne Verlust des Treibhund-Instinktes, einen homogenen Typ herauszuzüchten.

**Allgemeines Erscheinungsbild:** Kleiner, kräftiger, furchtloser, kurzläufiger Hund. Äußere Erscheinung und Ausdruck kennzeichnen einen energievollen Hund.

**Wichtige Maßverhältnisse:** Das Verhältnis von Widerristhöhe zur Länge des Körpers soll 2:3 betragen.

**Wesen:** Diese Rasse ist wachsam, energievoll, furchtlos und lebhaft.

**Kopf:** Der Kopf soll ziemlich lang und klar umrissen sein mit fast flachem Schädel. Von oben betrachtet soll er vom Schädel bis zur Nasenspitze einen regelmäßigen Keil bilden.

**Stop:** Gut ausgebildet.

**Nase:** Pechschwarz.

**Fang:** Von der Seite gesehen soll er ziemlich quadratisch sein, etwas kürzer als der Schädel.

**Lefzen:** Straff anliegend.

**Gebiss:** Vollständiges und regelmäßiges Scherengebiss mit gerade im Kiefer stehenden, gut entwickelten Zähnen.

**Augen:** Mittelgroß, oval, dunkelbraun.

**Ohren:** Mittelgroß, spitz, aufgerichtet, beweglich, nicht zu tief angesetzt. Leder fest vom Ansatz bis zur Spitze, von kurzem Haar bedeckt.

**Hals:** Lang und stark bemuskelt, von gutem Umfang.

**Körper:**

**Obere Linie:** Rücken gerade, Lenden kurz und kräftig.

**Kruppe:** Breit und leicht abfallend.

**Brust:** Lang und tief, Rippen gut gerundet. Von vorne gesehen ist die Brust oval, von der Seite gesehen ellipsenförmig. Sie soll bis zu 2/5 der Länge der Vorderläufe reichen. Von der Seite gesehen befindet sich der tiefste Punkt der Brust unmittelbar hinter dem Vorderlauf.

**Untere Linie:** Bauch leicht aufgezogen.

**Rute:** Es gibt zwei Formen: die lange Rute und die von Natur aus kurze. Bei Aufmerksamkeit ist die Rute aufgerichtet, aber maximal in einem rechten Winkel zum Rücken.

**Vorderhand:**

**Schulterblätter:** Lang und schrägliegend. Oberarm: Etwas kürzer als das Schulterblatt, bildet mit dem Schulterblatt einen deutlichen Winkel. An den Rippen anliegend, jedoch sehr beweglich.

**Vorderläufe:** Von vorne gesehen leicht gekrümmt, jedoch nur so viel, dass die freie Aktion der Vorderläufe im Bereich des unteren Teils des Brustkorbes nicht beeinträchtigt wird. Gute Knochenstärke.

**Vordermittelfuß:** Elastisch.

**Hinterhand:** Knie und Sprunggelenk gut gewinkelt. Oberschenkel stark bemuskelt. Von hinten gesehen sollen die Hinterläufe parallel stehen. Die Länge der Unterschenkel ist etwas größer als der Abstand vom Sprunggelenk zum Boden.

**Pfoten:** Mittelgroß, kurz, oval, gut aufgeknöchelt, gerade nach vorne gerichtet. Kräftige Ballen.

**Gangwerk:** Harmonisch, mit gutem Schub.

**Haarkleid:**

Beschaffenheit: Deckhaar mittellang, harsch, eng anliegend und dicht. Unterwolle weich und dicht. Das Haar soll an den Vorderseiten der Gliedmaßen kurz, am Hals, an der Brust und an den Rückseiten der Hinterläufe etwas länger sein.

**Farbe:** Die erwünschten Farben sind grau, grau-braun, grau-gelb oder rötlich-braun mit dunklerem Haar auf dem Rücken, am Hals und seitlich am Körper. Helleres Haar, aber in den gleichen Farbtönen wie oben, darf am Fang, an der Kehle, an der Brust, am Bauch, am Gesäß, an den Pfoten und an den Sprunggelenken vorkommen. Hellere Abzeichen an den Schultern, der Form eines Pferdegeschirrs entsprechend, sind erwünscht.

Wenig Weiß ist erlaubt in Form einer schmalen Blesse, eines Nackenfleckens oder eines angedeuteten Halsbandes. Weiße Abzeichen sind erlaubt an den Vorder- und Hinterläufen sowie an der Brust.

**Größe und Gewicht:** Widerristhöhe: Rüden 33 cm, Hündinnen 31 cm. Über- oder Untergröße bis zu 1,5 cm ist zulässig. Gewicht: 9–14 kg.

**Fehler:** Jede Abweichung von den vorgenannten Punkten sollte als Fehler angesehen werden, dessen Bewertung im genauen Verhältnis zum Grad der Abweichung stehen sollte.

**Anmerkung:** Rüden sollten zwei offensichtlich normal entwickelte Hoden aufweisen, die sich vollständig im Skrotum befinden.

## Lappländer Rentierhund (Lapinporokoira)

Zum Hüten und Treiben ihrer Rentierherden benötigten die Lappen im skandinavischen Raum einen harten, unverwüstlichen und zuverlässigen Hund. Die nomadisierenden Lappen kreuzten jedoch, nachdem sich die Kontakte mit dem Süden Skandinaviens verstärkten, auch immer mehr südliche Hunderassen ein wie Laufhunde und andere Jagdhunde, so dass die Nachkommen für die ihnen ursprünglich zugedachte Arbeit nicht mehr brauchbar waren. Das erkannten die Lappen sehr bald, und durch strenge Zuchtmaßnahmen gelang es ihnen, den ursprünglichen Rentierhund wieder herauszuzüchten. Aus diesen Zuchtbemühungen resultierte ein kräftiger, aber nicht schwer wirkender, etwas hochbeiniger guter Rentierhüter mit allen körperlichen Vorzügen ausgestattet, die es ihm ermöglichen, sich in Klima und Gelände durchzusetzen. Die offizielle Anerkennung erfolgte in Finnland unter der Bezeichnung Lapinporokoira.

### Standard Lappländer Rentierhund (Lapinporokoira)

*(anerkannt vom Finnischen Kennel-Klub, genehmigt durch die FCI 1971 – FCI-Nr. 284)*

**Allgemeines Erscheinungsbild:** Ein mittelgroßer nordischer Hund vom Spitz-Typ mit ruhigem Charakter, der zum Hüten von Rentieren eingesetzt wird. Im Format länger als hoch. Farbe überwiegend schwarz. Er hat einen starken Knochenbau und eine kräftige Muskulatur, wirkt aber keineswegs schwerfällig. Das Haarkleid ist dem arktischem Klima angepasst.

**Schulterhöhe:** Rüden: ca. 49–55 cm. Hündinnen: ca. 43–49 cm.

**Kopf:** Breiter, gut gewölbter Schädel. Stop deutlich markiert. Schnauze gerade, ziemlich kurz und kräftig, aber keineswegs bullig, gegen die Nase zu nur wenig schmäler werdend. Nasenschwamm gut entwickelt und schwarz. Lefzen eng anliegend. Die Augen sind dunkel, mit lebhaftem Ausdruck und liegen ziemlich weit auseinander. Ohren vorzugsweise stehend getragen, nach vorne gerichtet und ziemlich weit auseinander. Die Basis ist breit und das Ohr wirkt kurz. Die Innenseite der Ohren, speziell die Basis, ist dicht behaart. Diese Behaarung reicht bis zu den Wangen. Hängeohren sind unerwünscht.

**Hals:** Trocken, kräftig, von mittlerer Länge.

**Rumpf:** Brust tief und breit. Gerader, kräftiger Rücken. Lendenpartie kräftig. Kruppe nur leicht abfallend. Bauchlinie leicht aufgezogen.

In Finnland ist der Lappländer Rentierhund unter dem Namen Lapinporokoira bekannt.

**Extremitäten:** Vorderläufe kräftig, durch kräftige Muskulatur mit dem Rumpf verbunden. Schulter schräg; Fesseln kräftig (weiche Fesseln sind fehlerhaft). Hinterläufe deutlich gewinkelt; Oberschenkel breit und muskulös. Die Pfoten sind geschlossen und dicht behaart (Afterkrallen an den Hinterläufen sind nicht erwünscht).

**Rute:** Von mittlerer Länge, buschig, nicht geringelt, sondern normalerweise locker getragen. Bei engerem Bogen liegt die Rute der Körperseite an (nicht auf dem Rücken aufliegend). Schwanzbewegung auch kreisend.

**Behaarung:** Feine, dichte Unterwolle, bedeckt durch mittellanges, gerades, ziemlich abstehendes, etwas grobes Deckhaar. Das Haar ist oft dichter und länger vor den Schultern (Mähne), an der Brustunterseite und an der Hinterseite des Oberschenkel (Fahne). Weiches und gewelltes Haar ist fehlerhaft.

**Farbe:** Die Idealfarbe ist pechschwarz. Der Lapinporokoira hat oft Augentupfen sowie an den Wangen, der Bauchunterseite und den Läufen hellere Farbmarken (vorzugsweise bräunlich oder grau). Weiße Flecken an Hals, Brust und Läufen sind zugelassen.

**Wesensart:** Gehorsam, freundlich, energisch, dienstbeflissen, bellfreudig.

## Schwedischer Lapphund

Die Abnahme der Rentierzucht bedrohte die Existenz des Rentierhüters und -treibers der nomadisierenden Lappen Schwedens. Unglücklicherweise wurden auch noch südliche Hunderassen eingekreuzt, so dass um den Weiterbestand der Rasse ernsthaft zu fürchten war. Durch den Ein-

▬ *Schwedischer Lapphund.*

satz südschwedischer Hundezüchter gelang es jedoch, den ›Lappenspitz‹, wie er auch genannt wird, als nunmehr moderne Rasse zu erhalten. 1944 anerkannte ihn die FCI. Heute wird der schwedische Lapphund nicht zuletzt wegen seiner Freundlichkeit gegenüber Kindern, seinem disziplinierten und aufmerksamen Verhalten zu seinem Herrn und Wachsamkeit gegen Fremde als beliebter Wach- und Haushund geschätzt.

▬▬ **Standard Schwedischer Lapphund**
*(anerkannt vom Schwedischen Kennelklub, genehmigt durch die FCI 1980 – FCI-Nr. 135)*

**Allgemeines Erscheinungsbild:** Ein Hund vom Spitz-Typ, rechteckig, leicht unter mittlerer Größe, von kräftiger Statur. Lebhaft, wachsam, ausdauernd, freundlich und folgsam.

**Kopf:** Der Schädel ist etwas länger als breit und gewölbt. Hinterhauptbein leicht vorstehend. Ausgeprägter Stirnabsatz. Die Schnauze ist etwas länger als ein Drittel der gesamten Kopflänge, gut ausgefüllt und gegen die Nase zu leicht enger werdend. Nasenrücken gerade, Nase dunkel, vorzugsweise schwarz. Die Lefzen sind trocken und dicht am Kiefer anliegend.

**Augen:** Die Augen sind horizontal und ziemlich weit auseinander eingesetzt, rund und eher groß, von brauner, vorzugsweise dunkelbrauner Farbe und sehr ausdrucksvoll.

**Ohren:** Ziemlich weit auseinander angesetzt, kurz, spitz, aufrecht getragen, leicht abgerundet und breit an der Basis. Sehr beweglich. Kippohren nicht erwünscht, aber kein Disqualifikationsgrund.

**Fang:** Scherengebiss, gut entwickelte Zähne.

**Hals:** Von mittlerer Länge, trocken und kräftig.

**Rumpf:** Kompakt, etwas länger als hoch. Rücken gerade, kräftig, muskulös und beweglich. Brust relativ tief, bis zu den Ellbogen reichend. Unterbrust ziemlich lang. Auch die hinteren Rippen sind gut entwickelt. Brustkorb von vorne gesehen von ovaler Form. Vorbrust gut entwickelt und markant. Lendenpartie kurz und breit. Kruppe verhältnismäßig lang und breit, leicht abfallend und muskulös. Bauch leicht aufgezogen.

**Vor- und Hinterhand:** Die Schulterblätter gut nach hinten gerichtet. Vorderläufe gerade, kräftig und parallel stehend, mit guter Winkelung in Schulter, Ellenbogen und Fußgelenk, so dass ein raumgreifender Schritt möglich wird. Ellenbogen straff am Körper anliegend. Hinterläufe in Knie und Sprunggelenken gut, aber nicht übertrieben gewinkelt. Muskulöse Schenkel, Sprunggelenke tief liegend und somit viel

 *Der »Lappenspitz« wird auch als beliebter Wach- und Haushund geschätzt.*

Schub erlaubend. Doppelklauen (After-krallen) sind unerwünscht.

**Pfoten:** Kräftig, von ovaler Form, Zehen gut geschlossen. Sohlenballen kräftig und elastisch.

**Rute:** Ziemlich hoch angesetzt, in hängender Haltung bis zu den Sprunggelenken reichend, buschig, mit langem, dichtem Haar. In Bewegung wird die Rute gerollt über dem Rücken getragen.

**Gang:** Leicht, federnd, raumgreifend, mit gutem Schub.

**Behaarung:** Reicher äußerer Mantel und dichte, weiche Unterwolle. Die Haare stehen gerade vom Körper ab und sind an der Basis leicht gewellt. Die Unterwolle ist außerordentlich fein gewellt. Das Haar ist kurz am Kopf und an den Vorderseiten der Läufe, lang am Brustkasten, den Schenkel-Rückseiten und an der Rute. Ebenso soll das Haar lang sein an Hals und Kehle und eine Halskrause bilden. An den Pfoten auch Haar zwischen den Zehen.

**Farbe:** Vorzugsweise bärenbraun. Gewünschte Farben in der Reihenfolge: schwarz, braun, eine Kombination von schwarz und braun; einfarbig aber grundsätzlich bevorzugt. Hunde mit weißen Abzeichen auf der Brust, mit weißen Pfoten und weißer Schwanzspitze sind als einfarbig zu betrachten. Zusätzliche weiße Abzeichen sind unerwünscht. Starke Pigmentierung der Augenränder, Lefzen, von Gaumen, Ballen und Krallen ist typisch für die Rasse.

**Größe:** Idealhöhe für Rüden 48 cm; Idealhöhe für Hündinnen 43 cm. Abweichungen von ± 3 cm der Idealhöhe aufwärts und abwärts sind erlaubt.

**Allgemeines:** Der Lapphund ist eine alte nordische Rasse, äußerst freundlich und harte Arbeit leistend. Seine Qualitäten als

Wächter und Schäferhund machen ihn ebenfalls wertvoll für die Überwachung von Rentieren. Der Hund lernt rasch, ist widerstandsfähig und geduldig und besitzt einen äußerst wetterharten Mantel.

Fehler: Jede Abweichung von den vorstehenden genannten Punkten ist als Fehler zu betrachten. Je größer die Abweichung, desto schwerwiegender ist der Fehler zu werten.

**Disqualifizierender Fehler:** Das absolute Fehlen der Unterwolle.

## Finnischer Lapphund (Suomenlapinkoira)

Den finnischen Lapphund könnte man als Pendant zum schwedischen Lapphund bezeichnen.

Die baumlosen Hochflächen im nördlichsten Lappland erforderten den Einsatz von Hütehunden, die imstande waren, das ganze Jahr über mehrere Hundert Rentiere zu hüten. Diese Tätigkeit nahm der Lapphund in vollendeter Weise wahr.

Man nimmt an, dass der Lapphund eng verwandt ist mit isländischen und schottischen Schäferhunden, denn diese Hunde brachten die eigentliche Hütekultur während der Wikingerzeit aus dem Westen nach Skandinavien.

Die Jahrhunderte während Verwendung als Hütehund unter härtesten klimatischen Gegebenheiten prägten einen wesensmäßig zuverlässigen und darüber hinaus robusten Hund.

Die eigentliche Reinzucht der Rasse setzte jedoch erst um 1940 ein, konnte dann aber durch die Kriegseinwirkungen nicht effektiv weitergeführt werden. Zudem stellte sich später heraus, dass ein offiziell registrierter Stamm lappischer Hun-

*Finnischer Lapphund (Suomenlapinkoira).*

de nicht der wirklich angestrebten Zucht lappländischer Rentierhütehunde entsprach.

Der finnische kynologische Verband »Suomen Kennelliitto« eröffnete daraufhin ein Register, in welchem alle echten Hütehunde aus den eigentlichen Rentier-Hütegebieten erfasst wurden.

Züchter des lappischen Hundes schlossen sich im Jahre 1981 in dem »Verein des hütenden lappischen« Hundes zusammen, um einer »Fehlentwicklung« der Rasse entgegenzuwirken, was sich rückblickend als gelungene Maßnahme erwiesen hat.

### Standard Lapinkoira
*(Übersetzung vom Suomen Kennelliitto – Finska Kennelklubben – FCI-Nr. 189)*

**Gesamteindruck:** Ein mittelgroßer, im Verhältnis zu seiner Größe kräftig gebau-ter, lang- und dichtfelliger, spitzohriger Hund, der etwas länger ist als hoch.

**Kennzeichnung:** Von Natur ein kluger, mutiger, ruhiger, gelehriger und sehr treuer Hund. Die Rasse hat einen angeborenen Hütetrieb und ist als Hüte-, Hof- und Wachhund geeignet.

**Kopf:** Der Kopf ist kräftig gebaut, bei Rüden ziemlich breit, bei Hündinnen edler. Die Stirn ist etwas gewölbt mit deutlich sichtbarem Stirnabsatz. Der Nasenteil ist kürzer als der Schädelteil, gerade sowohl von oben als auch von der Seite gesehen gleichmäßig, aber gelinde schmaler werdend. Die Nasenspitze soll am liebsten schwarz sein. Die Lippen sind eng.

**Augen:** Die Augen sollen dunkel sein.

**Ohren:** Die Ohren sind spitz, mittelgroß, am Ohrenansatz ziemlich breit, sehr beweglich. Der Ohrenabstand ist ziemlich groß. Vorläufig sind auch Ohren mit sich nach vorn neigenden Spitzen erlaubt.

**Hals:** Der Hals ist mittellang, kräftig und dichtbehaart.

**Vorderläufe:** Die Vorderläufe sind starkknochig, kräftig und von vorn und hinten gesehen gerade. Die Ellbogen befinden sich auf der gleichen Höhe wie die Unterlinie des Brustkorbes. Die Pfoten sind ziemlich hoch, eher oval als rund und dicht behaart.

**Rumpf:** Der Rumpf soll robust sein. Der Rücken ist kräftig, gerade, auf den Bugen ziemlich breit und stark. Der Brustkorb ist tief, relativ lang und die Bauchlinie ist etwas steigend.

**Hinterläufe:** Die Hinterläufe sollen starkknochig, kräftig und von vorn und hinten gesehen gerade sein. Der Fußgelenkwinkel ist mittelgroß. Die Sporen sind vorläufig erlaubt.

**Rute:** Die Rute ist mittellang oder etwas kürzer mit langen rosshaarähnlicher Behaarung. Die Rute liegt auf dem Rücken, aber der Hund kann sie auch auf andere Weise tragen.

**Haarkleid:** Das Haarkleid soll üppig sein. Das Deckhaar ist lang und grob. Die Unterwolle ist weich und dicht. Am Kopf und Vorderteil der Läufe ist die Behaarung kürzer.

**Farbe:** Alle Farben sind erlaubt. Die Hauptfarbe soll jedoch beherrschend sein. Die von der Hauptfarbe abweichenden Farbzeichen an dem Kopf, dem Hals, der Brust, den Läufen und der Rutenspitze sind erlaubt.

**Größe:** Die Widerristhöhe der Rüden beträgt von 46 bis zu 52 cm, die der Hündinnen von 40 bis 46 cm.

**N.B.:** Rüden müssen zwei ersichtlich normale, gut im Skrotum liegende Hoden aufweisen.

# Nordrussischer Samojeden-Laika

Dieser Gebrauchslaika, der in drei verschiedenen Variationen vorkommt, die sich vor allem in der Größe unterscheiden, hat mit dem später beschriebenen Samojeden-Schlittenhund lediglich das Ursprungsgebiet gemeinsam. Da er ebenfalls vom Stamm der Nenzen gehalten wurde, benannte man ihn auch Nenezker Laika. Er rangiert mit Recht unter den Hütehunden, denn im Gegensatz zu den russischen Jagdlaikarassen besitzt er infolge zielgerichteter Zuchtmaßnahmen keinerlei Jagdpassion mehr. Wie die Lapphunde in Skandinavien findet der Nordrussische Samojeden-Laika seine Aufgabe im Hüten von Rentieren.

**Rassemerkmale:** Kleiner bis mittelgroßer, quadratisch gebauter, muskulöser und ausdauernder Hüte- und Schäferhund für Rentiere mit relativ langem Haarkleid.

**Kopf:** Keilförmig mit breitem Oberschädel und betontem Stop. Fang kurz und massiv mit eng anliegenden Lefzen.

**Nase:** Schwarz, schwarz/grau oder braun.

**Gebiss:** Scherengebiss.

**Augen:** Die relativ kleinen Augen sind rund, nicht schief gestellt und dunkel. Bei hellen Hunden kommen blaue Augen vor.

**Ohren:** Straffe, dreieckige Stehohren, nach vorne gerichtet getragen.

**Hals:** Hoch angesetzt mit Mähne.

**Rute:** Über dem Rücken getragene Ringelrute.

**Haarkleid:** Relativ lang, dicht, gerade und hart mit reicher Unterwolle. Die Rute ist lang behaart.

**Vorhand:** Gerade, kräftig mit schrägen Schultern.

**Hinterhand:** Gerade, muskulös, mäßig gewinkelt.

**Pfoten:** Rundlich, reich behaart.
**Farbe:** Weiß, schwarz, lichtgrau, rotbraun, gescheckt und gefleckt.
**Größe:** Rüden: 45 cm; Hündinnen: 40 cm Widerrist-Mindestmaß. Kurzläufiger ›Niederlaufhund-Typ‹ kleiner.

# Schlittenhunde

## Siberian Husky

Der kleinste und zugleich der schnellste unter den Schlittenhunden ist der Siberian Husky. Seinen Ursprung hat er in der nordostsibirischen Gebirgslandschaft, wo er den nomadisierenden Rentierzüchtern, aber auch sesshaften Fischern an der Küste und Jägern (Stamm der Jugakiren = Nomaden (Rentiere haltend), Jäger und Fischer, Tschuktschen = sesshafte Jäger und Fischer und umherziehende Rentierzüchter, Korjaken = sesshafte Küstenbewohner und wandernde Rentierzüchter, Kamtschadalen = sesshafte Jäger und Fischer) als unentbehrlicher Helfer beim täglichen Kampf um das Dasein treu zur Seite stand.

Der Lebensraum der genannten Stämme und so auch des Siberian Huskies erstreckte sich etwa von dem Fluss Lena bis hin zum Ochotskischen Meer im Süden und dem Beringmeer im Norden.

Die Entfernungen zwischen den einzelnen Stämmen waren groß, aber man war aufeinander angewiesen, sei es um Tauschgeschäfte abzuwickeln oder um überhaupt den Kontakt zur Umwelt aufrecht zu erhalten. Hatten die einen Felle anzubieten, so konnten die anderen mit Nahrungsmitteln dienen. Die Hunde machten sich demzufolge sowohl als La-

stenzieher der Zelte und des sonstigen Besitzes der Nomaden als auch bei der Transportierung der Handelsware nützlich und Schlittenhundegespanne waren das Verkehrsmittel schlechthin. Eine gute Behandlung war den Hunden sicher, wusste man doch um ihren unschätzbaren Wert. Ohne Schlittenhundegespann war ein Stamm von der Umwelt abgeschnitten und lebensuntüchtig.

Die Korjaken besaßen Überlieferungen zufolge 10 Schlittenhunde pro Familie, die Jugakiren 7. Diese beiden Stämme galten als besonders fachkundige Hundezüchter und verkauften natürlich auch Hunde. Die kargen Lebensbedingungen, das Arbeiten am Schlitten auch der Mutterhündin bis zum Werfen und das baldige Anlernen der Jungtiere im Geschirr zeitigten einen äußerst widerstandsfähigen, gegenüber Witterungseinflüssen unempfindlichen und genügsamen Hund, von dem gesagt wird: ›Es gibt wahrscheinlich kein widerstandsfähigeres und ausdauerenderes Tier in der Welt. Man mag sich gezwungen sehen, diese Hunde bei –50°C draußen schlafen zu lassen, sie schwere Lasten ziehen zu lassen, bis die Füße wund werden und den Schnee blutig rot färben, sie hungern zu lassen, bis sie ihr eigenes Geschirr auffressen müssen, aber ihre Stärke und ihr Wille sind ungebeugt‹. So auch, ›dass diese Hunde sowohl Rentier als auch Pferd schlagen, wenn es darum geht, lange Distanzen mit wenigen kurzen Pausen zurückzulegen‹. Es wird weiter berichtet ›von 12 Hunden, die ca. 1000 Pfund und das Futter sowie den Führer in zwei Tagen 160 km weit transportierten‹.

Um die Jahrhundertwende lebte in Alaska als einheimische Hunderasse der Alaskan Malamute, ansonsten verschiede-

ne Kreuzungsprodukte. Den Siberian Husky kannte man nur vom Hörensagen. Das sollte sich ändern, als im Jahre 1909 ein russischer Händler das erste Siberian-Husky-Gespann zur Teilnahme an einem Schlittenhunderennen meldete. Die Tiere waren kleiner und zierlicher als der in Alaska bekannte Malamute und die anderen Schlittenhunde. Es glaubte niemand an eine ernsthafte Konkurrenz dieser sibirischen Hunde. Diese Meinung änderte sich jedoch rasch, als die zierlichen Siberian Huskies mit ungemein schnellen Zeiten aufwarten konnten.

Andere Gespanne sibirischer Huskies starteten ebenfalls erfolgreich in Alaska und schon bald bestand eine große Nachfrage nach diesen schnellen Hunden. Leider wurden zu dieser Zeit die importierten Siberian Huskies in Alaska nicht rein weitergezüchtet. Dies geschah erst, als ein Norweger, der sich zur Goldsuche in Alaska aufhielt, die von Amundsen für seine geplante Expedition von Alaska zum Nordpol angeschafften Siberian Huskies übernahm. Er begann mit ihnen eine systematische Zucht, die auf einen etwas größeren Typ ausgerichtet war und damit wurde der Schlittenhund aus der ostsibirischen Gebirgslandschaft auch in Alaska als Reinzuchtrasse populär.

Dass das Hauptaugenmerk in der Zucht weiterhin seiner Einsatzfreudigkeit und Ausdauer galt, veranschaulichen die Daten verschiedener Schlittenhunderennen in Alaska aus dieser Zeit, wobei als Rekord das ›26-Meilen-Bordon-Marathon‹ mit 1 Stunde und 50 Minuten unübertroffen blieb.

Siberian Husky.

Nachdem in Alaska keine Schlittenhunderennen mehr durchgeführt wurden, verebbte dort die Zucht des Siberian Husky mehr und mehr, während sie sich in allen Teilen der USA und in Kanada rasch ausbreitete. Erst nach dem zweiten Weltkrieg nahm man sich auch in Alaska mit großer Zielstrebigkeit dem Wiederaufbau der Zucht an.

Leider wird in den USA nach zwei Kriterien, die an sich untrennbar sind, unterschieden, nämlich nach ›racing dogs‹ und ›show dogs‹, also Siberian Huskies speziell für Rennen und solche für Ausstellungen. In Deutschland schließt eines das andere nicht aus. Der Siberian Husky soll sowohl die nach dem Standard geforderten Rassemerkmale aufweisen, die ihn auf Ausstellungen an einer Konkurrenz der augenfälligen Schönheit teilzunehmen berechtigen, darüber hinaus sind jedoch alle Qualitäten, die von ihm als Schlittenhund gefordert werden, niemals zweitrangig zu betrachten. Schönheit – dem Rassestandard gemäß – und Leistung gehen Hand in Hand. Diese Verbindung ist zumindest anzustreben.

Der Siberian Husky genießt von allen Schlittenhunden in Europa die größte Verbreitung, was sicher auf seinen Ruf als ›Vollblutschlittenhund‹ zurückzuführen ist.

### ▬ Standard Siberian Husky

*(vom AKC anerkannt 1971, 1973 von der FCI – FCI-Nr. 270 – überarbeitet 1990)*

**Allgemeines Erscheinungsbild:** Der Siberian Husky ist ein mittelgroßer Arbeitshund, schnell, leichtfüßig, frei und elegant in der Bewegung. Ein mäßig kompakter, dichtbehaarter Körper, die aufrecht stehenden

Ohren und die buschige Rute weisen auf die nordische Herkunft hin. Seine charakteristische Gangart ist fließend und anscheinend mühelos. Er ist nach wie vor äußerst fähig, seine ursprüngliche Aufgabe als Schlittenhund zu erfüllen und leichtere Lasten in mäßigem Tempo über große Entfernungen zu ziehen. Die Proportionen und die Form seines Körpers spiegeln dies grundlegend ausgewogene Verhältnis von Kraft, Schnelligkeit und Ausdauer wider.

Die Rüden sind maskulin, aber niemals grob; die Hündinnen sind feminin, aber ohne Schwächen im Aufbau. Ein Siberian Husky in richtiger Kondition, mit gut entwickelten, straffen Muskeln, hat kein Übergewicht.

**Größe, Proportion, Substanz:** Widerristhöhe: Rüden: 53,34–59,69 cm (21–23,5 inch.); Hündinnen: 50,8–55,88 cm (20–22 inch.). Gewicht: Rüden: 20,4–27,2 kg (45–60 pounds); Hündinnen: 15,9–22,7 kg (35–50 pounds).

Das Gewicht steht im richtigen Verhältnis zur Widerristhöhe. Die genannten Größen und Gewichte bezeichnen die äußersten Grenzen, ohne einem Extrem den Vorzug zu geben. Übermäßige Knochenstärke oder Übergewicht sollte bestraft werden. Die Länge des Körpers, gemessen vom Schultergelenk bis zum Sitzbeinhöcker, übertrifft ein wenig die Widerristhöhe.

**Ausschließende Fehler:** Rüden über 59,69 cm und Hündinnen über 55,88 cm.

**Kopf:**

**Ausdruck:** Durchdringend, aber freundlich; interessiert und sogar schelmisch.

**Augen:** Mandelförmig, mäßig auseinanderliegend und etwas schräg gelagert. Die Augen können braun oder blau sein, wobei ein braunes und ein blaues Auge so-

*Manche Huskies sind leidenschaftliche Breitensportler.*

━━ *Zwei Husky-Hündinnen – Stets aufmerksam bei der Sache.*

wie mehrfarbige Augen zu akzeptieren sind.

**Fehler:** Zu schräg oder zu dicht beieinander liegende Augen.

**Ohren:** Von mittlerer Größe, dreieckig, eng beieinanderstehend und hoch angesetzt. Sie sind dick, gut behaart, hinten leicht gewölbt, aufrecht stehend, mit leicht abgerundeten, aufgerichteten Spitzen.

**Fehler:** Zu groß im Verhältnis zum Kopf; zu weit auseinanderstehend; nicht fest aufrechtstehend.

**Schädel:** Von mittlerer Größe und passend zum Körper, oben leicht gerundet und sich von der breitesten Stelle zu den Augen hin verjüngend.

**Fehler:** Plumper oder schwerer Kopf; zu fein gemeißelter Kopf.

**Stop:** Gut ausgeprägt. Das Nasenbein ist gerade vom Stop bis zur Nasenspitze.

**Fehler:** Nicht genügend ausgeprägter Stop.

**Fang:** Von mittlerer Länge, das heißt, der Abstand von der Nasenspitze bis zum Stop ist gleich dem vom Stop bis zum Hinterhauptbein. Der Fang ist von mittlerer Breite, sich zur Nase hin allmählich verjüngend, jedoch nicht spitz oder breit endend.

**Fehler:** Fang entweder zu fein oder zu grob, zu kurz oder zu lang.

**Nase:** Schwarz bei grauen, lohfarbenen und schwarzen Hunden; leberfarben bei kupferfarbenen Hunden; bei rein weißen Hunden kann sie fleischfarben sein. Die rosastreifige »Schneenase« ist zu akzeptieren.

**Lefzen:** Sie sind gut pigmentiert und eng anliegend.

**Zähne:** Scherengebiss.

**Fehler:** Jede Abweichung vom Scherengebiss.

■ *Minusgrade lieben Huskies auch in unseren Regionen.*

**Hals, Obere Linie, Körper:**

**Hals:** Mittlere Länge, gebogen, im Stand stolz aufgerichtet. Im Trab ist der Hals so gestreckt, dass der Kopf leicht vorgelagert getragen wird.

**Fehler:** Hals zu kurz und dick, zu lang.

**Brustkorb:** Tief und kräftig, aber nicht zu breit. Der tiefste Punkt liegt unmittelbar hinter und auf gleicher Höhe mit den Ellenbogen. Die Rippen sind gleich am Ansatz der Wirbelsäule gut gewölbt, an den Seiten aber flacher, um einen freien Bewegungsablauf zu erlauben.

**Fehler:** Brust zu breit; tonniger Brustkorb; Rippen zu flach oder schwach.

**Rücken:** Gerade und kräftig, mit von den Schulterblättern zur Kruppe waagerecht verlaufender oberen Linie. Er ist von mittlerer Länge, weder verhältnismäßig kurz noch nachgebend wegen übermäßiger Länge. Die Lende ist straff und trocken bemuskelt, schmaler als der Rippenkorb und leicht gewölbt. Kruppe abfallend, doch niemals so steil, dass das Abfußen der Hinterläufe beeinträchtigt wird.

**Fehler:** Matter oder nachgebender Rücken; gewölbter Rücken; abfallende obere Linie.

**Rute:** Die gut behaarte Rute in Form einer Fuchslunte ist eben unterhalb der oberen Linie angesetzt und wird, wenn der Hund aufmerksam ist, üblicherweise in einem eleganten, sichelförmigen Bogen über den Rücken getragen. Dabei soll sich die Rute weder an der einen noch an der anderen Seite des Körpers ringeln, auch soll sie nicht flach auf den Rücken gedrückt werden. Eine hängende Rute ist normal, wenn der Hund ruhig und gelassen steht. Das Haar an der Rute ist mittellang und rundum annähernd gleich lang, wodurch die Rute wie eine runde Bürste aussieht.

**Fehler:** Angedrückte oder eng geringelte Rute; sehr buschige Rute; Rute zu tief oder zu hoch angesetzt.

**Vorderhand:**

**Schulter:** Das Schulterblatt gut zurückliegend. Der Oberarm ist vom Schultergelenk zum Ellenbogen etwas nach hinten gerichtet und nie senkrecht zum Boden. Die Muskeln und Bänder, die die Schulterblätter am Rippenkorb halten, sind straff und gut entwickelt.

**Fehler:** Steile Schultern; lose Schultern.

**Vorderläufe:** Von vorne betrachtet stehen die Läufe in mäßigem Abstand auseinander, parallel und gerade, wobei die Ellenbogen eng am Körper anliegen, weder ein- noch ausgedreht. Von der Seite betrachtet sind die Vordermittelfüße etwas nach vorne gerichtet; die Vorderfußwurzelgelenke sind kräftig, aber biegsam. Die Knochen sind substanzvoll, aber nie schwer. Die Länge der Läufe vom Ellenbogen bis zum Boden ist etwas größer als der Abstand vom Ellenbogen zum Schulterblattkamm. Afterkrallen an den Vorderläufen können entfernt sein.

**Fehler:** Schwache Vordermittelfüße. Zu schwere Knochen. Zu enger oder zu weiter Stand. Ausgedrehte Ellenbogen.

**Pfoten:** Oval, aber nicht lang, von mittlerer Größe, kompakt und gut behaart zwischen den Zehen und Ballen. Die Ballen sind widerstandsfähig und dick gepolstert. Bei natürlichem Stand zeigen die Pfoten weder nach innen noch nach außen.

**Fehler:** Nachgebende oder gespreizte Zehen. Pfoten zu groß und plump, zu klein und zart; zeheneng oder zehenweit.

**Hinterhand:** Von hinten betrachtet stehen die Läufe in mäßigem Abstand auseinander und parallel. Die Oberschenkel sind gut bemuskelt und kraftvoll, die Knie gut gewinkelt, die Sprunggelenke zeichnen sich gut ab und sind bodennah plaziert. Afterkrallen, falls vorhanden, sollen entfernt sein.

**Fehler:** Gestrecktes Knie, kuhhessig, zu enger oder zu weiter Stand.

**Haarkleid:** Das Haarkleid des Siberian Husky ist doppelt und mittellang, hat ein schönes, pelzartiges Aussehen, ist aber niemals so lang, dass es die klaren Außenlinien des Hundes bedeckt. Die Unterwolle ist weich und dicht und von genügender Länge, um das Deckhaar zu stützen. Die längeren, steifen Haare des Deckhaares sind gerade und etwas anliegend, nie harsch und nicht gerade abstehend vom Körper. Es sollte beachtet werden, dass das Fehlen der Unterwolle während des Haarwechsels normal ist. Das Kürzen der Tasthaare sowie der Haare zwischen den Zehen und um die Pfoten herum ist erlaubt, um ein gepflegtes Äußeres zu betonen. Das Trimmen des Haarkleides an jeder anderen Stelle ist nicht verzeihlich und sollte streng bestraft werden.

**Fehler:** Langes, rauhes oder struppiges Haarkleid; zu harsche oder zu seidige Textur; getrimmtes Haarkleid, außer an den erlaubten Stellen.

**Farbe:** Alle Farben von schwarz bis rein weiß sind erlaubt. Eine Vielfalt von Zeichnungen am Kopf ist üblich, einschließlich mancher auffallender Muster, die bei anderen Rassen nicht zu finden sind.

**Gangart:** Sie ist schwungvoll und scheinbar mühelos. Der Siberian Husky ist flink und leichtfüßig. Im Ausstellungsring sollte er an einer locker hängenden Leine in einem mäßig schnellen Trab vorgestellt werden, dabei guten Vortritt und Schub zeigend. Der sich im Schritt bewegende Siberian Husky, von vorne nach hinten betrachtet, zeigt keinen bodenengen Gang; doch wenn er schneller läuft, tendieren die Läufe nach und nach zur Mitte hin, bis die Pfoten auf eine Linie gesetzt werden, die genau unter der Längsachse des Körpers verläuft. Wenn die Abdrücke der Pfoten sich decken, bewegen sich die Vorder- und Hinterläufe geradeaus gerichtet, ohne dass die Ellenbogen oder Kniegelenke weder ein- noch ausdrehen. Die Läufe bewegen sich parallel. Während der Bewegung bleibt die obere Linie straff und gerade.

**Fehler:** Kurze, tänzelnde, unruhige, schwerfällige oder rollende Gangart, kreuzend oder schräg laufend.

**Temperament:** Das charakteristische Temperament des Siberian Husky ist freundlich, sanftmütig, aufmerksam und kontaktfreudig. Er zeigt nicht die besitzbetonenden Eigenschaften eines Wachhundes, noch ist er allzu misstrauisch gegenüber Fremden oder aggressiv gegenüber anderen Hunden. Von einem erwachsenen Hund darf ein gewisses Maß an Zurückhaltung und Würde erwartet werden. Seine Intelligenz, Lenkbarkeit und sein Eifer machen ihn zum angenehmen Gefährten und willigen Arbeiter.

**Zusammenfassung:** Die wichtigsten Rassemerkmale des Siberian Husky sind mittlere Größe, angemessene Knochenstärke, harmonische Proportionen, leichte und freie Bewegungen, richtiges Haarkleid, ansprechender Kopf und ansprechende Ohren, korrekte Rute und gute Wesensart. Bestraft werden sollten schwere Knochen, übermäßiges Gewicht, gebundene oder schwerfällige Gangart, langes, rauhes Haarkleid. Ein Siberian Husky sollte nie so schwer oder grob erscheinen wie

ein Zughund, aber auch nicht so leicht und zart wie ein Rennhund. Rüden und Hündinnen sollen erkennen lassen, dass sie zu großer Ausdauer fähig sind. Außer den oben erwähnten Fehlern sind morphologische Fehler, die alle Rassen gemeinsam haben, beim Siberian Husky ebenso unerwünscht, wie bei jeder anderen Rasse, auch wenn sie hier nicht besonders erwähnt sind.

**Anschließende Fehler:** Rüden über 59,69 cm (23,5 inch.) und Hündinnen über 55,88 cm (22 inch.).

**N.B.:** Rüden sollen zwei offensichtlich normal entwickelte Hoden aufweisen, die sich vollständig im Hodensack befinden.

## Samojede

In sehr frühen Reiseberichten, bereits um das Jahr 1700, wird ein ›dickfelliger Hund in Nordrußland‹ erwähnt. Es darf angenommen werden, dass damit die Hunde, welche die nomadisierenden Samojeden begleiteten, gemeint waren. Dieser Volksstamm lebte mit seinen Rentierherden zwischen dem Uralgebirge und dem Fluss Jenissei von der Jagd und dem Fischfang. Die Hunde dienten hauptsächlich als Hüter der Rentiere, machten sich aber auch als Helfer bei der Jagd nützlich. Und selbstverständlich wurden sie vor einen Schlitten gespannt, um Hab und Gut zum jeweiligen Standort der Nomaden zu transportieren. Mensch und Hund lebten eng bei- und miteinander, so eng, dass Berichten zufolge die Samojeden ihre Hunde sogar in ihren Zelten aus Tierhäuten nächtigen ließen. Durch diesen hautnahen Kontakt war der Hund der Samojeden, der von diesem Volksstamm auch den Namen erhielt, dem Menschen in besonderer Anhänglichkeit zugetan. Mit großer Bereitwilligkeit, um nicht zu sagen, freudig, erfüllte er die ihm obliegenden Aufgaben.

Aus Archangelsk – also westlich des Urals – denn zu dem Volk der Samojeden zählen auch noch die Stämme der Uraken, Dolghanen, Ostjaken und Tungusen – gelangten 1889 die ersten Samojedenhunde durch den Engländer Scott nach England. Von da an waren Bestrebungen im Gange, in England den ›großen weißen Hund mit dem lächelnden Gesicht, den dunklen Augen, dem kräftigen, stämmigen und muskulösen Körper und den für große Geschwindigkeiten geschaffenen Läufen‹ zu züchten. Natürlich waren die Hunde zunächst weder im Typ noch von der Farbe her einheitlich und ausgeglichen; anfänglich verblieben sogar völlig schwarze Samojeden in der Zucht. Aber schon recht bald konnte das angestrebte Zuchtziel verwirklicht werden und schwarze, gescheckte oder andersfarbige als weiße Tiere – allenfalls bisquit- und cremfarbene waren noch zugelassen – wurden von der Zucht ausgeschlossen. Die Rasse erfuhr die offizielle Anerkennung sehr viel früher als andere ›moderne‹ Schlittenhunderassen.

Bei der Eingruppierung nach den Tätigkeitsmerkmalen und dem heutigen Verwendungszweck rangiert der Samojede unter den Schlittenhunden, wobei ihm die außergewöhnliche Freude an der Arbeit, am Beschäftigtwerden zugute kommt. Als Hütehund hingegen findet er wohl kaum ein Betätigungsfeld und leider verbietet ein Tierschutzgesetz gerade in seinem Stammland England den Einsatz im Schlittenhundesport.

Sind schon die vielfältigsten Bezeichnungen bei den Nordischen Hunderassen allgemein verwirrend und zum Teil irreführend, so trifft das ganz besonders beim Samojeden zu. Wenn vom ›Samojedenspitz‹ gesprochen wird, tritt zwar bei oberflächlicher Betrachtung etwas ›Spitzartiges‹ zutage, wirkliche Gemeinsamkeiten gibt es jedoch weder vom Körperbau, noch – und das ist ganz entscheidend – etwa vom Wesen her. Wohl aber besteht – zumindest durch das gemeinsame Ursprungsgebiet – eine enge Verwandtschaft mit dem nordrussischen Samojeden-Laika, der aber keinerlei Jagdpassion mehr besitzt und als von den Samojeden (Nenzen, deshalb auch als Nenezker Laika bezeichnet) durch selektive Zuchtmaßnahmen erzüchteter Gebrauchslaika gilt.

Sowohl die amerikanische Beschreibung des Samojeden, als auch der vom FCI anerkannte englische Standard, beinhalten ausschließlich den Samojeden, den wir als Schlittenhund bezeichnen.

Dank seines liebenswerten, menschenfreundlichen und anschmiegsamen Verhaltens erfreut sich der Samojede in Westeuropa zunehmender Beliebtheit.

### ▬▬ Standard des Englischen Kennel Club für den Samojeden

*(anerkannt 1967 – FCI-Nr. 212 – aktualisiert 1997)*

**Charakter:** Der Samojede ist intelligent, aufmerksam, voll von Tatendrang, aber vor allem dem Menschen herzlich zugetan.

**Allgemeines Erscheinungsbild:** Der Samojede, in der Hauptsache ein Arbeitshund, soll kräftig, aktiv und anmutig sein und – da sein Arbeitsgebiet in kalten Regionen liegt – soll sein Mantel schwer und wetterbeständig sein. Der Rücken darf nicht zu lang sein, da ihn ein schwacher Rücken für seine ihm bestimmte Arbeit wertlos machen würde, aber auch ein kurzer Körper wie derjenige des Chow-Chow ist für einen Zughund äußerst unvorteilhaft. Die Züchter sollten stets danach trachten, den glücklichen Mittelweg zu finden, d. h. einen Hund mit nicht zu langem, aber sehr muskulösem Körper, der große Bewegungsfreiheit zulässt, mit einer sehr tiefen Brust, gut gewölbten Rippen, kräftigem, stolz gebogenem Hals, gerader Vorderpartie und ausnehmend harten Lenden. Sowohl Rüden wie Hündinnen zeigen in ihrer äußeren Erscheinung, dass sie sehr ausdauernd, jedoch frei von jeglicher Ungeschliffenheit sind. Unter Berücksichtigung der erwünschten, tiefen Brust sollen die Läufe mäßig lang sein. Kurzbeinige Hunde sind höchst unerwünscht. Die Hinterhand ist ausgesprochen gut entwickelt, mit guter Winkelung. Hunde mit schlechter Winkelung oder Kuhhessigkeit werden entsprechend schlecht bewertet.

**Kopf und Schädel:** Der Kopf ist kräftig und keilförmig, mit breitem, flachem Schädel, mittellanger Schnauze, die gegen die Nase zu nicht zu ausgeprägt schmäler wird. Die Lefzen sind schwarz, das Haar kurz und weich vor den Ohren. Eine schwarze Nase ist erwünscht, eine braune oder fleischfarbene Nase wird ebenfalls zugelassen. Kräftiger Kiefer.

**Augen:** Mandelförmig, von mittlerem bis dunklem Braun, weit auseinanderliegend, mit aufmerksamem und intelligentem Ausdruck. Die Augenumrandung soll schwarz und nicht unterbrochen sein.

**Ohren:** Dick, nicht zu lang und an der Spitze leicht abgerundet. Deutlich voneinander abgetrennt stehend und innen gut

▬ *Samojeden, die Hunde mit dem lächelnden Gesichtsausdruck.*

mit Haaren bewachsen. Beim erwachsenen Tier sollen die Ohren aufrecht getragen werden.

**Gebiss:** Scherengebiss.

**Hals:** Stolz gebogen.

**Vorderhand:** Gerade, muskulöse Beine, mit kräftigen Knochen.

**Rumpf:** Rücken von mittlerer Länge, breit und sehr muskulös. Die Brust ist breit und tief, Rippen gut gewölbt, um ausreichend Herz- und Lungenraum zu gewährleisten.

**Hinterhand:** Sehr muskulös, mit guter Winkelung. Kuhhessigkeit sowie schwache Winkelung sind fehlerhaft.

**Pfoten:** Lang, flach und leicht gespreizt. Die Sohlen sollen gut mit Haaren gepolstert sein.

**Gang:** Der Hund soll sich ungehemmt bewegen mit kräftigem, beweglichem Antrieb, der gleichzeitig Kraft und Eleganz zeigt.

**Rute:** Lang und üppig, über den Rücken getragen, wenn der Hund aufmerkt, aber manchmal hängend in Ruhestellung.

**Mantel:** Der Körper soll mit dichter, eng anliegender, weicher und kurzer Unterwolle gut bedeckt sein, durch die das härtere Haar wächst, welches den äußeren Mantel bildet, der gerade vom Körper absteht, ohne Locken oder Wellen zu bilden.

**Farbe:** Reinweiß, weiß und bisquit, crèmefarben.

**Größe:** Schulterhöhe bei Rüden: 57 cm, bei Hündinnen: 53 cm Toleranz +/– 3 cm. Gewicht in Proportion zur Größe.

**Fehler:** Große Ohren mit wenig Behaarung. Fallende Ohren. Geringer Abstand zwischen den Ohren. Lange Schnauzenpartie. Blaue oder sehr helle Augen. Stier-Nacken. Langer Rumpf. Weicher, wehender Mantel, fehlende Unterwolle. Lockere Rutenhaltung; die Rute soll straff über den Rücken getragen werden, auch wenn sie in Ruhestellung fallen kann. Fehlen der »Federn« an den Läufen. Runde Katzenpfoten. Schwarze Farbe oder schwarze Flecken. Unprovozierte Aggressivität. Jedes Zeichen für gestörte Bewegung.

## Alaskan Malamute

›Frachtlokomotive des hohen Nordens‹, ›Schwerarbeiter unter den Schlittenhunden‹, das sind die Bezeichnungen für den größten und stärksten Schlittenhund, den Alaskan Malamute. Benannt ist er nach dem Eskimostamm gleichen Namens, dessen Vorfahren vor ca. 2000 Jahren von Sibirien nach Alaska auswanderten und sich am Kotzebue Sound an der Nordwestküste des Landes in Höhe des nördlichen Polarkreises niederließen.

Über viele Jahrhunderte war der Schlittenhund des Mahlemiuts ein echtes bodenständiges Zuchtprodukt, das den harten Anforderungen – insbesondere musste es unempfindlich gegen die Unbill der Witterung und stark und ausdauernd beim Schlittenziehen mit schweren Lasten sein – genügen musste. So konnte ein Hund gedeihen, der später von Entdeckern des Landes stets besondere Beachtung fand in Verbindung mit der Erwähnung des Volksstammes, dem man die Zucht und Haltung des Alaskan Malamute zuschreibt.

Überlieferte Berichte, zum Teil vom Missionaren, legen von den Hundegespannen der Mahlemiuts Zeugnis ab. Diesen fast überschwenglichen Schilderungen ist eigentlich nichts hinzuzufügen. Wie zum Beispiel: ›Als ich in Unalakleet ankam, bemerkte ich, dass einige Mahlemiuts am Tage zuvor mit ihren Hunde-

■■ *Alaskan Malamute.*

gespannen eingetroffen waren. Sie brachten die Post von Point Barrow entlang der Küste an alle Orte, wo immer auch weiße Menschen lebten. Sie waren ebenfalls die Boten der russischen Muscovy Whaling Company, als diese sich in dieser arktischen Gegend niederließ. Diese Mahlemiuts waren prächtig aussehende Eingeborene und auch erheblich größer als ihre grönländischen Nachbarn. Sie waren arbeitsam, geschickt im Fischen und Jagen, fertigten perfekte Schlitten an und besaßen Hunde von bemerkenswerter Schönheit und Ausdauer. Diese Hunde legten mehrere Hundert Meilen zurück und wurden von ihren Besitzern viel leichter geführt, als dies bei anderen arktischen Hunden meist der Fall ist. Diese Tiere waren ergeben und erschienen in ihrer Energie unermüdlich zu sein‹. Oder etwas später: ›Die sich nunmehr Malamut

nennenden Eingeborenen sind ein Volk von hochstehendem Typus. Sie sind friedlich, glücklich, arbeiten hart, jeder Mann hat nur eine Frau, sie sind gute Führer und besitzen wundervolle Hunde. Wenn auch unzivilisiert, so haben sie doch erkannt, wie wichtig es ist, gute Tiere zum Schlittenziehen zur Verfügung zu haben, und dass ohne deren Hilfe ein Vorwärtskommen in diesen Gegenden zeitweise überhaupt ausgeschlossen ist. Diese Hunde weisen ein kraftvolles Äußeres auf, haben dicke, dichte Doppelmäntel (äußerer Mantel dick und grobhaarig, flaumige Unterwolle dicht auf der Haut liegend), natürliches Stehohr, herrliche, buschige Ruten, die wie wehende Fahnen über dem Rücken getragen werden, und harte Pfoten. Die Farben variieren, doch ist meist das Wolfsgraue oder Schwarz/Weiße dominierend. Diese Hunde besitzen beachtenswerte Ausdauer und Tapferkeit. Der Stamm der Malamuts sowie deren Hunde werden von allen anderen Naturvölkern außerordentlich respektiert‹.

Erst als sich die Weißen in Alaska ansiedelten und allerlei andere Hunderassen mitbrachten und diese auch mit den einheimischen Alaskan Malamutes kreuzten, dezimierte sich der Bestand der reingezüchteten Rasse beträchtlich.

Das war zu der Zeit, als die Schlittenhunderennen in Alaska in Mode kamen und jeder große und schwere Schlittenhund unter der Bezeichnung ›Malamute‹ rangierte.

In den 20er Jahren erfolgte Importe einiger typischer und rasseechter Alaskan Malamutes in den Süden der USA verhinderten das völlige Aussterben der Rasse. An diesen Stammtieren der Alaskan-Malamute-Zucht richtete sich der Standard – also die genaue Beschreibung der Rasse – aus, welcher 1935 offiziell bestätigt und anerkannt wurde.

Seit den 60er Jahren ist der Alaskan Malamute auch in Europa bekannt; in Deutschland werden einige Hundert Tiere dieser Rasse gehalten. Bei Schlittenhunderennen ist der Alaskan Malamute nicht ganz so schnell wie kleinere und leichtere Rassen; dieses Handicap kompensiert er aber durch die Fähigkeit, dank seiner Kraft und Ausdauer schwerste Lasten zu ziehen.

**▬▬▬ Standard für den Alaskan Malamute** *(anerkannt vom AKC 1960, anerkannt von der FCI 1966 – FCI-Nr. 243 – aktualisiert 1996)*

**Allgemeines Erscheinungsbild und Benehmen:** Der Alaskan Malamute ist ein kräftiger und substantiell gebauter Hund mit tiefer Brust, einem starken, kompakten, jedoch nicht zu sehr gedrungenen Körper und einem üppigen, rauhen Schutzmantel von genügender Länge (beim Hund im vollen Haarkleid 1–2 inches (2,54–5,08 cm) um den dichten, wolligen inneren Mantel zu schützen.

Der Alaskan Malamute steht gut auf seinen Fußballen, und diese Pfotenstellung erweckt den Eindruck von höchster Aktivität und zeigt Interesse und Neugierde. Der Kopf ist breit, Ohren keilförmig zugespitzt und bei Aufmerksamkeit aufrecht getragen. Die Schnauze ist massiv und in Breite und Tiefe nur unwesentlich zugespitzt von der Wurzel bis zur Nase; sie ist nicht spitz oder lang, aber auch nicht stumpf.

Der Alaskan Malamute bewegt sich in stolzer Haltung mit aufrecht getragenem Kopf und aufmerksamen Augen. Die Gesichtsabzeichen stellen ein bezeichnendes Hauptmerkmal dar. Diese beste-

**▬▬▬** *Dösend im Gras liegen – aber nur im Sommer!*

hen entweder aus einer sich über den Kopf ziehenden Haube, wobei der Rest des Gesichts von einheitlicher Farbe, meist gräulich-weiß bleibt oder aber aus einer maskenartigen Gesichtszeichnung. Kombination von Haube und Maske ist häufig. Die Rute gleicht einer Schmuckfeder und wird über dem Rücken getragen, nicht wie ein Fuchsschwanz oder stark geringelt, sondern eher wie ein wehender Federbusch.

Alaskan Malamutes sind von verschiedener Farbe, doch meist wolfsgrau oder schwarz und weiß. Die Pfoten gleichen Schneeschuhen, sind eng und tief, und die Sohlen sind gut gepolstert und erscheinen stark und kompakt. Die Vorderläufe sind gerade mit schweren Knochen. Die Hinterläufe sind breit und kraftvoll, leicht gewinkelt und nicht kuhhessig. Der Rücken ist gerade, von vorn nach hinten zu leicht abfallend. Die Lenden sollen nicht zu kurz oder eng sein, dass sie eine leichte, unermüdliche Bewegung behindern.

Ausdauer und Intelligenz werden durch Körper und Gesichtsausdruck widergespiegelt. Die Augen erwirken durch ihre Schrägstellung ein »wolfsähnliches« Aussehen, doch ist der Ausdruck sanft und zeigt eine herzlich zugetane Gemütsart.

**Temperament:** Der Alaskan Malamute ist ein liebevoller, freundlicher Hund. Er ist kein Einmann-Hund, sondern ein loyaler, ergebener Kamerad, bei Veranlassung spielerisch, im Allgemeinen aber sehr eindrucksvoll durch seine Würde nach Erreichen der Volljährigkeit.

**Kopf:** Der Kopf soll einen hohen Grad an Intelligenz zum Ausdruck bringen. Er ist breit und kräftig im Vergleich zu anderen ›Natur‹-Rassen, sollte aber in gutem Verhältnis zur Größe des Hundes stehen und den Hund nicht plump oder grob erscheinen lassen.

**Schädel:** Der Schädel ist zwischen den Ohren breit, gegen die Augen zu allmählich schmäler werdend, zwischen den Ohren leicht gerundet und gegen die Augen zu sich etwas verflachend sowie die an und für sich ziemlich flachen Wangen abrundend. Zwischen den Augen tritt eine kleine Stirnfalte auf; obere Kopf- und obere Schnauzen-Linie werden nur durch einen unwesentlichen Stop unterbrochen.

**Schnauze:** Die Schnauze soll breit und massiv im Verhältnis zur Größe des Kopfes sein, in Breite und Tiefe nur unwesentlich zugespitzt von der Wurzel bis zur Nase. Lefzen eng anliegend, Nase schwarz, Ober- und Unterkiefer breit und mit einem kräftigen Gebiss besetzt, Scherengebiss, niemals Vor- oder Überbeißer.

**Augen:** Braun, mandelförmig, mäßig groß für diese Augenform, schräg eingesetzt. Dunkles Auge bevorzugt.

**Ohren:** Die Ohren sollten von mittlerer Größe sein, doch klein im Verhältnis zur Größe des Kopfes. Die obere Hälfte des Ohres bildet ein Dreieck. Ohren an der Spitze leicht gerundet, weit auseinanderliegend. Der Ohrenansatz bildet eine fortlaufende Linie mit der oberen Augenecke, was den Ohrenspitzen, werden sie gestellt, den Anschein gibt, als stünden sie vom Kopfe ab. Stellt der Alaskan Malamute die Ohren, so sind diese stets etwas nach vorn gekippt, doch während der Arbeit trägt er sie oft an den Kopf angeschmiegt. Hoch angesetzte Ohren sind fehlerhaft.

**Genick:** Das Genick soll kräftig und leicht gerundet sein.

**Körper:** Brust kräftig und tief, Körper kräftig und kompakt, jedoch nicht zu gedrungen. Rücken gerade und nach hinten zu leicht abfallend. Flanken sehr muskulös und nicht zu kurz, damit eine leichte, rhythmische und mit Kraft verbundene Bewegung der Hinterhand nicht beeinträchtigt wird. Lange Flanken, die den Rücken schwächen, sind ebenfalls fehlerhaft. Kein übertriebenes Gewicht.

**Schultern, Läufe und Pfoten:** Schultern leicht abgeschrägt, Vorderläufe mit schweren Knochen und muskulös, gerade bis zur Fessel, welche kurz und kräftig und von der Seite gesehen annähernd senkrecht sein muss. Große, kompakte Pfoten, Zehen dicht aneinander und gut gerundet, Ballen dick und hart, Krallen kurz und hart, zwischen den Zehen schützende Haare. Hinterläufe breit und kräftig und speziell die Schenkel außerordentlich muskulös, mittlere Winkelung, Sprunggelenke breit und kräftig mit mittlerer Winkelung, tiefliegend. Von hinten gesehen sollen die Hinterläufe keine Biegung aufweisen, sondern beim Stehen und in der Bewegung in gerader Linie mit den Vorderläufen liegen, wobei die Läufe nicht zu nah oder zu weit auseinanderliegen. Die Läufe des Alaskan Malamute müssen eine ungewöhnliche Härte und Triebkraft anzeigen. Jedes Anzeichen von Schwäche in Läufen oder Pfoten, sei es in Ruhestellung oder in der Bewegung, ist als schwerwiegender Fehler zu betrachten. Afterklauen an den Hinterläufen sind unerwünscht und sollten kurz nach Geburt der Welpen entfernt werden.

**Rute:** Mittelhoch angesetzt und der Linie der Wirbelsäule am Rutenansatz folgend, dicht behaart und über dem Rücken getragen, wenn der Hund nicht arbeitet, und zwar nicht eng geringelt oder dem Rücken aufliegend oder wie ein Fuchsschwanz getragen, sondern eher wie eine wehende Schmuckfeder.

**Fell:** Der Alaskan Malamute soll einen dicken, rauhen Schutzmantel aufweisen, nicht zu lang und nicht zu weich. Die Unterwolle ist dicht, 1–2 inches (2,54–5,08 cm) lang, ölig und wollig. Der rauhe Schutzmantel steht vom Körper ab und der Hals ist umgeben von einem dicken Pelz. Der Schutzmantel variiert in der Länge wie auch die Unterwolle, doch ist der Mantel im allgemeinen mäßig kurz bis mittellang an den Seiten, wobei die Haarlänge etwas zunimmt an Schultern und Hals über den Rücken und Rumpf, sowie an Hinterhand und Fahne. Alaskan Malamutes haben im Allgemeinen kürzeres und weniger dichtes Haar, wenn während der Sommer-Monate ein Haarwechsel erfolgte.

**Farbe und Abzeichen:** Die üblichen Farben spielen von hellem Grau durch alle Schattierungsstufen bis zu Schwarz. Körper-Unterteile, Läufe, Pfoten und Teile der Abzeichen sind stets weiß. Abzeichen im Gesicht sind stets hauben- und/oder maskenartig. Blesse am Vorderkopf und/oder weißer Kragen oder weißer Fleck am Nacken sind attraktiv und zulässig, aber unterbrochene Färbung, die sich über den Körper in Flecken oder ungleichmäßigen Abzeichen ausdehnt, ist unerwünscht. Man sollte zwischen Mantel-Hunden und gefleckten Hunden unterscheiden. Die einzige zugelassene einheitliche Farbe ist ganz weiß.

**Größe:** Es besteht bei dieser Rasse eine natürliche Variation der Größe. Die erwünschte Größen für Schlittenzugarbeit sind:

Rüden: Schulterhöhe 25 inches (63,5 cm), 85 pounds (38,55 kg),
Hündinnen: Schulterhöhe 23 inches (58,42 cm), 75 pounds (34,02 kg).
Jedoch soll die Größe eines Hundes den Typus, die Proportionen und die funktionellen Attribute wie Schultern, Brust, Läufe, Pfoten und Gangart an Wichtigkeit nicht übertreffen. Werden Hunde in Typ, Proportion und Bewegung als ebenbürtig betrachtet, so ist demjenigen der Vorzug zu geben, der dem erwünschten Maß am nächsten kommt.

**Wichtig:** Beim Richten von Alaskan Malamutes muss seiner Funktion als Schlittenhund für schwere Lasten vor allem anderen Rechnung getragen werden.

Dem Richter muss stets gegenwärtig sein, dass diese Rasse ursprünglich dazu bestimmt war, der Schlittenhund des Nordens für schwere Arbeit zu sein, und deshalb muss er ein schwerknochiger, kraftvoller, kompakter Hund mit gesunden Läufen, guten Pfoten, tiefer Brust, kräftigen Schultern mit beständiger, ausgeglichener, unermüdlicher Gangart und anderen physischen Qualitäten, die zur tadellosen Ausübung seiner Aufgabe nötig sind, sein. Er ist nicht dazu bestimmt, als Rennschlitten-Hund sich im Tempo mit den kleineren nordischen Rassen zu messen. Der Alaskan Malamute, ein Schlittenhund für schwere Lasten, ist bestimmt für harte und ausdauernde Arbeit, und jedwedes Merkmal bei jedem einzelnen Exemplar inklusive Temperament, das die Erfüllung dieses Zweckes behindern könnte, ist als gewichtiger Fehler zu betrachten. Fehler in dieser Hinsicht sind offene Pfoten, jegliche Anzeichen von Krankheit oder Schwäche der Läufe, Kuhhessigkeit, schlechte Fesseln, gerade Schultern, mangelnde Winkelung, gestelzte oder jede nicht gut ausdauernde Gangart, Ungelenkigkeit, Weichheit, Schwerfälligkeit, zu leicht in den Knochen, schlecht in der Proportion und ähnliche Merkmale.

Naresstrasse
Thule Gebiet
Grönland
Bering Strasse
Alaska
Hudson Bai
Kanada

■ *Territorium, das heute von den Polareskimos bewohnt wird. Einst zogen die wandernden Eskimogruppen von der Beringstraße durch die arktischen Gebiete Kanadas bis zur West- und Ostküste Grönlands.*

# Eskimohunde

Als die Eskimos vor ca. 2000 Jahren Sibirien verließen und über die Beringstraße nach Alaska zogen, wurden sie von ihren Hunden begleitet, ohne deren Hilfe eine solche Völkerwanderung überhaupt nicht durchführbar gewesen wäre. Die Reise währte immerhin mehrere Jahrhunderte und führte schließlich bis nach Grönland, wo noch heute für die dortigen Bewohner ein Leben ohne Schlittenhunde undenkbar ist.

Nun handelt es sich bei diesen ›Eskimohunden‹ sicher nicht um Hunde völlig identischen Aussehens; vielmehr hat sich infolge der natürlichen Auslese unter härtesten arktischen Bedingungen ein Schlittenhund herauskristallisiert, dessen Anspruchslosigkeit in der Haltung und Ausdauer bei der Arbeit der Eskimos oberstes Gebot im täglichen Kampf ums Überleben sein musste, Merkmale, die letztendlich allen arktischen Hunden eigen sind.

Heute erstreckt sich der Lebensraum der Eskimos vom östlichsten Sibirien über die Aleuten, Alaska, Nordkanada, Baffin-Land, Labrador bis hin nach Grönland. Es ist anzunehmen, dass sich innerhalb dieser riesigen Dimensionen von 7000 km Länge und 2500 km Breite mehrere Varianten des Eskimo-Hundes gebildet haben. Auch wenn sich die Unterschiede sowohl im äußeren Erscheinungsbild als auch im Wesen in vielfältigen Details darstellen können, so sind sie doch nicht so gravierend, dass von verschiedenen ›Eskimohunden‹, allenfalls von einzelnen ›Lokalschlägen‹ gesprochen wird. Die große Zahl noch in Nordgrönland existierender Eskimohunde lässt tatsächlich auch keinen einheitlichen Typus erkennen.

Dort, wo der Hundeschlitten das einzige Fortbewegungsmittel darstellt, findet der Eskimohund sein Hauptbetätigungsfeld. Aber auch als Helfer bei der Jagd auf verschiedene Tierarten macht er sich nützlich. Die Robben spürt er durch deren Atemlöcher unter Eis und Schnee auf und er wittert über viele Meilen eine Moschusochsen-Herde, an die er den Jäger heranbringt. Bei der Jagd auf Eisbären oder wilde Rentiere wird das Beutetier mit dem Schlitten verfolgt und erst kurz vor Erreichen hetzen und stellen einige, nach dem Durchtrennen von Zugsträngen aus dem Fächergespann freigelassene Hunde das Opfer, das schließlich von dem Jäger, der sich in rasender Fahrt auf dem Schlitten mit den restlichen Hunden nähert, erlegt wird.

> Für den Eskimo ist die von seinem Hund zu erbringende Leistung wichtigstes Zuchtkriterium. Der Gedanke der Einkreuzung von Wölfen zur Festigung der notwendigen Härte zum Leben in arktischen Zonen liegt nahe. Da solche Nachzucht aber eine ›Verschlechterung der erwünschten Schlittenhundequalitäten‹ mit sich brächte, wird dieser Weg von den Eskimos vermieden. Dennoch ist er nicht völlig von der Hand zu weisen, zumal Aufzeichnungen über Bedeckungen und das Zuchtgeschehen in der Arktis nicht bekannt sind.

Während die Hunde ruhen und nachts bindet man sie mit Ketten an; sie rollen sich zusammen, bedecken das Gesicht mit dem Schwanz und lassen sich bei Schneefall in ihrer Schneekuhle einschneien. Sol-

cherart abgehärtete Eskimohunde mit ihrem dicken, dichten Fell vertragen durchaus Temperaturen bis minus 50°C. Bei aller Schwerarbeit kommen die Hunde mit erstaunlich kleinen Futterrationen aus. Sie begnügen sich mit 1/2 kg getrocknetem Haifischfleisch.

Während in Grönland heute z. B. die Vorschrift besteht, die Hunde während der arbeitsarmen Jahreszeit anzuketten, waren sie sich früher weitgehend selbst überlassen und abgesehen davon, dass die Hunde selbst auf Nahrungssuche gingen, entzogen sie sich zumindest in dieser Zeit jedweder menschlichen Einflussnahme auf ihre Fortpflanzung.

Als Rassen im kynologischen Sinn sind der Grönlandshund und der Kanadische Eskimohund anerkannt.

## Grönlandshund

In seinem Ursprungsgebiet kann bis auf den heutigen Tag in weiten Teilen des Landes nicht auf den Einsatz des grönländischen Eskimohundes als Schlittenzieher und Jagdgehilfe verzichtet werden. An der Haltung der Hunde und der Einstellung des Eskimos seinen Hunden gegenüber hat sich wenig geändert. Sie sind Mittel zum Zweck, nämlich Helfer im Kampf ums Dasein, begonnen bei der Nahrungsbeschaffung (Robben- und Eisbärjagd) bis hin zur Einsatzfähigkeit als einziges ›Verkehrsmittel‹. Entsprechend ihrem eigenen harten, erbarmungslosen Leben ist auch die Behandlung ihrer Hunde nicht von überschwenglicher Fürsorge geprägt.

*▬ Gleich nach dem Start legen sich die Schlittenhunde schon richtig ins Zeug.*

So lässt sich leicht nachvollziehen, welchen Akklimatisationsschwierigkeiten ein sogenannter Originalimport aus Grönland in unseren Breitengraden ausgesetzt ist. Der ›Zivilisations‹-Prozess vollzieht sich nicht von einer Generation zur anderen und es bedarf besonderen Einfühlungsvermögens, diese Hunde ohne die ihnen anhaftenden Vorurteile gewisser unerwünschter Eigenschaften wie Aggressivität gegenüber Artgenossen, sehr impulsives Wesen u. ä. zu sehen. Schon mehrere Generationen in Europa gezüchtete Grönlandshunde mit durchaus liebenswertem Charakter beweisen jedoch, was menschliches und züchterisches Zutun in den Griff zu bekommen imstande ist.

Grönlandshunde besitzen in Bezug auf ihr soziales Umfeld noch mehr als andere Nordische Hunde das Verhaltensinventar des Ahnen Wolf. Doch bei aller Notwendigkeit auszutragender Führungskämpfe muss sich stets der Mensch als Alpha-Tier behaupten. Wenn er als Ranghöchster von seinem Rudel – oder auch dem einzeln gehaltenen Hund – akzeptiert wird, ist die Voraussetzung für ein ersprießliches Zusammenleben gegeben.

**▬ Standard für den Grönlandshund**
*(anerkannt vom Schwedischen Kennel Club 1950, von der FCI 1967 – FCI-Nr. 274)*

**Allgemeines Erscheinungsbild:** Der Grönlandshund ist ein starker Polarhund, gebaut für ausdauernde, harte Arbeit als Schlittenhund unter arktischen Bedingungen.
**Kopf:** Der Schädel ist breit und leicht gewölbt. Der Stop ist deutlich, aber nicht zu

ausgeprägt. Die Schnauze ist keilförmig und kräftig, breit an der Wurzel und gegen vorne zu schmäler werdend, ohne aber spitz auszulaufen. Der Nasenrücken soll gerade und breit sein, die Nase selbst soll im Sommer schwarz, darf aber im Winter fleischfarben sein. Die Lefzen sind dünn und eng geschlossen. Das Gebiss ist extrem kräftig. Scherengebiss.

**Augen:** Dunkle Augen werden vorgezogen, aber die Tönung darf der Fellfarbe entsprechen. Sie sind leicht schräg eingesetzt, dürfen nicht hervorstehen, sollen aber auch nicht zu tief liegen. Der Ausdruck ist frei und furchtlos.

**Ohren:** Aufrecht stehend, relativ klein, dreieckig mit leicht abgerundeter Spitze.

Hals: Sehr kräftig und kurz.

**Rumpf:** Die Widerristhöhe ist etwas geringer als die Körperlänge. Der Rumpf soll sehr stark und gut bemuskelt sein. Die Brust breit und tief, der Rücken gerade, die Lenden breit, die Kruppe leicht abfallend. Der Bauch soll mit der Brustunter-

▬ *Grönlandshund.*

seite eine Linie bilden und ist nicht aufgezogen.

**Gliedmaßen:** Vorder- und Hinterläufe sollen absolut gerade sein, wenn von vorne und von hinten betrachtet. Kräftige Bemuskelung und schwere Knochen. Die Ellenbogen sind frei, aber dem Körper eng anliegend. Die Hinterläufe sind nur leicht gewinkelt. Die Pfoten sind relativ groß, kräftig, rund mit starken Krallen und widerstandsfähigen Ballen.

**Rute:** Buschig und eher kurz, hoch angesetzt und kräftig geringelt.

**Fell:** Doppelmantel, bestehend aus weicher und dichter Unterwolle und Deckhaar, welches aus langen, rauhen, geraden und dichten Haaren besteht. Das Haar ist nicht wellig und bildet keine Locken. Am Kopf und an den Gliedmaßen ist das Haar eher kurz, am Rand ziemlich lang und reich, ebenso an der Ruten-Unterseite, was ihr das buschige Aussehen verleiht.

**Farbe:** Alle Farben sind zugelassen und gleichwertig, gleichgültig ob einfarbig oder gefleckt. Nur Albinos sind zu disqualifizieren.

**Schulterhöhe:** Mindesthöhe für Rüden 60 cm; für Hündinnen 55 cm.

## Kanadischer Eskimohund

Die Vorfahren des Kanadischen Eskimohundes gehen zurück bis in die Thule-Kultur der Eskimos, welche damals als Nachfolger der Dorset-Kultur den Bereich der Küste und des Archipels bevölkerten, der das heutige arktische Kanada darstellt.

Durch die klimatischen Verhältnisse und den damit verbundenen harten Lebensbedingungen der kanadischen Eskimos hatte der Hund die gleichen Aufga-

ben zu erfüllen wie der grönländische Eskimohund.

Die spätere Reinzucht des ›Eskimo-
Dogs‹, der sowohl in den USA als auch in
Kanada registriert wurde, wollte nicht so
recht gedeihen und nachdem in Amerika
kein einziger Hund dieser Rasse mehr zur
Eintragung gelangte, schloss man das
Zuchtbuch.

Auch in Kanada hatte sich um 1970 die
Zahl der Kanadischen Eskimohunde stark
dezimiert und aus dieser alarmierenden
Situation heraus planten Idealisten ein
Projekt zur Erhaltung der Rasse. Durch die
finanzielle Unterstützung der Regierung
war es möglich, Einzelexemplare der Eskimohunde, welche noch von den Inuits
(Eskimos) auf der Boothia-, Melville-Halb-
insel und Teilen der Baffin-Insel gehalten
wurden, zu sammeln. Mit einem Grund-
stock von 40 Tieren entstand in Yellow-
knife eine Zuchtanlage, deren Aufgabe es
sein sollte, die Rasse über einige Generationen nach Aussehen und Charakter zu
konsolidieren.

Inzwischen beschloss die zuständige
Zuchtkommission nicht nur eine einheitliche Namensgebung ›Kanadischer Eskimohund‹ unter Streichung der bisher auch
gebräuchlichen Bezeichnungen ›Exqui-
maux-Dog‹ und ›Husky‹, sondern er-
stellte auch einen neuen, sehr detaillierten
Rassestandard mit Wirkung vom 1. Januar 1982.

### Standard des Kanadischen Eskimo-
hundes

**Gesamteindruck:** Der Kanadische Eskimohund ist ein sehr kräftig gebauter, mittelgroßer Hund mit starker Hals-Brustpartie
und mittellangen Gliedmaßen. Als typi-

sches Merkmal der Spitze hat er einen
keilförmigen, hochgehaltenen Kopf mit
dicken, aufrechten Ohren. Die Lidspalte
ist schräg und gibt dem Hund ein seriöses
Erscheinungsbild. Der Hund hat eine buschige Rute, welche über dem Rücken gekrümmt getragen wird. Widerrist und
Kruppe möglichst von gleicher Höhe, mit-
tel- bis starkknochig und gut bemuskelt,
strahlt der Hund ein majestätisches und
kraftvolles Aussehen aus, welches den
Eindruck hervorruft, dass der Hund nicht
für Geschwindigkeit, wohl aber für harte
Arbeit gebaut ist. Während des Winters
ist der Körper dicht behaart mit einer
äußeren Decke aus kräftigem aufgerichte-
tem Haar; das Unterfell ist sehr dicht und
versetzt den Hund in die Lage, allen Wit-
terungsunbilden hoher Breitengrade zu
widerstehen. Eine mähnenartige Decke
aus längerem Haar im Bereich von Nacken und Schulter kann bei männlichen
Tieren vorhanden sein. Der Typ des Kanadischen Eskimohundes soll Härte, Kraft,
Ausdauer ausstrahlen, vereint mit Agilität,
Wachsamkeit und Kühnheit. Die Hündin
hat gewöhnlich kürzeres Fell und ist immer deutlich kleiner als der Rüde. Schon
als junge Hündin ist sie im Knochenbau
etwas feiner und erscheint neben anderen
Merkmalen auch besonders im Kopfbe-
reich etwas zierlicher, was insgesamt
einen freundlicheren Gesichtsausdruck
hervorruft als bei Rüden. Für beide Ge-
schlechter gilt, dass sie sehr schnellwüch-
sig sind und bereits mit 7 Monaten zur
Arbeit eingesetzt werden können. Jedoch
dehnt sich der Reifungsprozess insgesamt
auf drei Jahre aus, bis er dann ein sehr
majestätisches Erscheinungsbild aus-
macht. Welpen werden oft als verkleiner-
te Erwachsene beschrieben mit aufrech-

— *Eskimohund.*

ten Ohren und Ringelschwanz. Es gibt vorübergehende Perioden während des Heranwachsens, in denen die Ohren nicht völlig aufgerichtet sind, jedoch ist es wichtig zu wissen, dass die Ohren des Kanadischen Eskimohundes nicht die Wachstumseigenschaft anderer Rassen besitzen, nämlich bis zum Alter von 4 Monaten aufgerichtet zu sein.

**Temperament:** Das Temperament sollte dem zähen, hart arbeitenden Zuchttyp entsprechen, den er letztlich darstellt. Er braucht sich nicht als klassisch domestiziert darzustellen, als vielmehr urtümlich belassener Hund, von Inuits (Eskimos) gehalten speziell für die harten Aufgaben in arktischer Umgebung. Im Allgemeinen ist der Kanadische Eskimohund von seiner Veranlagung her freundlich und liebevoll,

dabei individuell Aufmerksamkeit bevorzugend. Sogar völlig fremden Personen gegenüber ist er nur wenig zurückhaltend.

Gewöhnlich zeigen die Hunde eine ruhige Freundlichkeit oder aber sie wirken völlig distanziert. Der Hund ist ausgesprochen meuteorientiert und in der Gruppe gehalten werden unter- oder übergeordnete Ränge immer unter Beachtung eines totalen Führertums bzw. Leithundes respektiert. Das Benehmen innerhalb einer Gruppe oder Arbeitseinheit ist gewöhnlich gut kontrolliert und ausgeformt. Trotzdem ist es nicht ungewöhnlich, Hunde mit Narben, herrührend aus Kämpfen untereinander, und zerrissenen Ohren zu sehen, auch wenn sie aus Gegenden stammen, wo die Hunde immer in Gruppen oder Meuten gehalten werden. Verglichen mit modernen domestizierten Zuchten zeigt der Kanadische Eskimohund eine deutlichere Reaktion auf jeden äußeren Reiz, gleich ob Futter, Arbeit, Kampf oder Spiel. Aus diesem Grunde sollte der Hund nur ›Kumpan‹ für Erwachsene und nicht als Zeitvertreib für Kinder angesehen werden.

**Größe:** Die Höhe von Rüden sollte differieren zwischen 23–27,5 inches (umgerechnet: 58–70 cm). Hüfthöhe und Widerrist sollten möglichst gleich sein. Rüdengewichte in Arbeitskondition schwanken zwischen 60 und 88 lbs (30–40 kg), jedoch in Relation mit der Größe. Die Größe der Hündin sollte 19,5–23,5 inches (50–60 cm) betragen, das Gewicht in Arbeitskondition zwischen 40 und 66 lbs (18–30 kg) liegen.

**Fell und Farbe:** Abgesehen von einem jährlichen Tiefstand im August oder September ist das Fell dick und dicht mit harten und steifen Oberhaaren. Die äußere Decke variiert zwischen 3 und 6 inches (7–15 cm) in der Länge. Bei Rüden ist es in Form einer Mähne über Schulter und Nacken ausgebildet und lässt dabei das männliche Erscheinungsbild viel größer und wuchtiger erscheinen als es wirklich ist. Das Unterhaar ist sehr dicht, um einen ausgezeichneten Kälteschutz allen extremen winterlichen Temperaturen gegenüber zu geben. Während des Haarwechsels wird die Unterwolle in Form von losen Klumpen abgeworfen. Hündinnen haben gewöhnlich ein kürzeres Fell, teilweise wegen eines zusätzlichen Fellwechsels, welcher die Neugeborenen schützen soll. Es soll keine Farbe oder Farbmuster in der Kanadischen Eskimo-Hund-Zucht vorherrschen. Die Farben rangieren wie folgt:

1. Ganz weißer Körper mit Pigmentierung um die Augen herum, ferner um Nase und Lefzen (kein Albino).
2. Weißer Körper mit nur schwachem Rot-Ton, blassgelb (inklusive zimtfarbener Flecken), grau oder schwarz um die Augen und Ohren herum.
3. Weißer Körper mit entweder roten, blassgelben, zimtfarbenen, grauen oder schwarzen Kopfmarkierungen um die Augen oder Ohren herum oder am gesamten Kopf und mit gelegentlichen kleinen Flecken von der gleichen Farbe am Körper, gewöhnlich im Bereich der Hüfte oder Flanke.
4. Rot und weiß, aber blassgelb und weiß, oder zimtfarben und weiß, oder schwarz und weiß mit ca. 50/50 Verteilung der beiden Farben an verschiedenen Körperstellen.
5. Rot gefärbter Körper oder blassgelb oder zimtfarben mit weiß an Brust und/oder Beinen und der Körperunterseite.
6. Zobelfarben oder schwarzer Körper oder dunkelgrauer Körper mit weiß an Brust und/oder Beinen und Unterseite von gelegentlichen Ausnahmen in der Nackenpartie in Form eines Halskragens abgesehen.
7. Silbergrau oder gräulich-weißer Körper.
8. Blassgelb bis braun im Unterfell mit schwarzen Deckhaaren.

Sehr häufig ist bei Hunden mit solider Kopfzeichnung eine maskenhafte Schattierung aus weißem Fell um die Augen herum oder das Maul anzutreffen mit oder ohne weiße Flecken über den Augen. In sehr seltenen Fällen sind die Flecken über den Augen sowie die Wangenflecken blassgelb, dies zusätzlich als dritte Farbe zu einem zweifarbigen Tier.

Die Nasenpigmentierung variiert von schwarz bis hellbraun (besonders bei heller gefärbten Hunden mit rotem, blassgelbem oder zimtfarbenem Körper).

**Kopf:** Schädel insgesamt massiv, aber wohl proportioniert breit und dreieckig. Obwohl im Erscheinungsbild oftmals wolfsähnlich beschrieben, hat der Kanadische Eskimohund einen stärker hochgezogenen Vorderschädel. Noch junge Hündinnen haben einen zierlicheren Schädel als ausgewachsene.

**Fang:** Spitz zulaufend und von mittlerer Länge.

**Gebiss:** Die Kiefer sind schwer, kräftig und tragen große Zähne mit gut entwickeltem Reißzahn. Die Schneidezähne sind als Schere ausgebildet. Die Zähne sind hervorragend angepasst für das instinktive Verhalten des Hundes beim Verzehr von Fisch und Fleisch. Die Lefzen sind schwarz oder braun mit Punkten.

**Augen:** Die Augen sind generell dunkel, aber auch haselnußbraun und gelb gefärbte kommen in der Zucht vor. Sie sind klein, weit geöffnet und im Kopf verborgen gelegen, was den Hund scheinbar wild und hinterlistig erscheinen lässt.

**Ohren:** Die Ohren sind kurz, dick und haben leicht gerundete Ecken. Sie werden aufrecht getragen, nach vorn gedreht und sind bedeckt mit kurzem, dichten Fell. Die Weite des Gesichtsschädels zwischen den Ohren soll bei männlichen Tieren 5–6 inches (13–15 cm) und bei Hündinnen 4,5 bis 5,5 inches (11–14 cm) betragen.

**Stimme:** Die natürliche Lautäußerung ist ein Heulen, nicht Bellen. In der Gruppe äußern sich die Tiere oft in Form eines lauten ineinander verwobenen Chores und dies ist eines der typischen durchdringenden Geräusche der Arktis. Etliche Hunde produzieren ein massives Crescendo, welches unterschiedlich lang gehalten wird, bis es wie auf Kommando abgebrochen wird.

**Nacken:** Kurz, gerade, dick und sehr muskulös.

**Vorhand:** Der Hund hat breite Schultern, welche verborgen liegen und unterschiedlich bemuskelt sind. Die Vorderbeine sind gerade, können jedoch den Eindruck leichter Fassbeinigkeit erwecken wegen des gut entwickelten Triceps über und hinter dem Ellenbogen und durch den betonten Muskel am Vorderarm selbst. Die Füße sind groß, fast rund und gut ausgestattet mit dicken Ballen und dichtem Pelz dazwischen, jedoch kann unter extremen Kältebelastungen dieser Pelzbelag so stark wachsen, dass er die gesamte Sohlenfläche bedeckt.

**Körper:** Der Körper sollte weiterhin die Ausdruckskraft und Härte sowie Ausdauer des Hundes verstärken, insbesondere durch einen tiefen, breiten und gut bemuskelten Brustkorb bis hin zu einer gut entwickelten Lendenpartie. In der Flanke ist eine geringe Biegung. Interessanterweise ist die Wirbelsäule gut zu fühlen. Von dem abgesehen soll der Körper hauptsächlich bemuskelt und nicht fett sein. Die Haut des Hundes sollte sich dick und zäh anfühlen. Hündinnen haben einen kleineren und weniger bemuskelten Körper als Rüden.

**Nachhand:** Die Hüfthöcker dürfen etwas erhaben erscheinen und auch knochiger als die Rückgratfortsätze sein; in der Höhe gleich dem Widerrist. Die Beine sind sehr

*In weiten Teilen Grönlands kann auch heute nicht auf die Hunde vor dem Schlitten verzichtet werden.*

muskulös im Bereich des Schenkels bis hin zu den Sprunggelenken. Die Kniegelenke sind gut geneigt. Die Hinterfüße sind den vorderen ähnlich, aber etwas länglicher. Vom Rücken her gesehen erscheinen die Beine bis zu den Sprunggelenkshöckern gerade und sind weder nach innen oder außen gestellt.

**Schwanz:** Der Schwanz ist lang und buschig und generell aufrecht oder über dem Rücken gekrümmt getragen. Heranwachsende Rüden tragen den Schwanz gelegentlich auch abwärts gerichtet.

**Gangart:** Die Arbeitsgangart ist ein kräftiger Trab, wobei die Hinterbeine in der gleichen Fluchtlinie wie die Vorderbeine bewegt werden, jedoch zeigen sie bei forcierter Bewegung geringgradige Abduktion während der Vorwärtsbewegung. Dies kann bei erwachsenen Rüden besonders ausgeprägt sein, wenn sie lange im Geschirr gegangen sind. Diese Eigenart mag für das ungeübte Auge ungeschickt und unbeholfen wirken, ist jedoch ein Produkt der weiten Stellung gut entwickelter Schenkel. Diese Gangart stellt eine wohl ausgeglichene Lösung für schweren Zug Tag für Tag dar. Der Bewegungsablauf des Hundes sollte in keiner Weise hackend oder paddelnd sein. Die Hündinnen sind in ihrer Bewegung wesentlich schneller und freier als die schweren Rüden und sind ferner in der Lage über den natürlichen Trott hinaus rennend und galoppierend weitaus längere Strecken als die Rüden zu bewältigen.

**Fehler:** Kopf: Quadratische Maulöffnung oder lose Lefzen, runde oder hervorstehende Augen.
Beine: Dünn, feinknochig oder kuhhessig.
Nacken: Lang und dünn.
Decke: Kurz, ohne Grundierung.

Körper: Knapp entwickelter Brustkorb, schwache Bemuskelung, übermäßiger Fettansatz, loser Rücken; Derbheit oder Mangel an feineren Knochen bei jungen Hündinnen.
Füße: Platt oder offen.

**Gründe für die Disqualifikation:** Blaue Augen, Einzelklauen an den Hinterbeinen, hervorstehende Augen, umgekrempelte Ohren (mit Ausnahme von Kampfauswirkungen), Ändern der Decke nach Spalten oder Scheren; keine Anzeichen eines aufrecht oder über den Rücken gekrümmten Schwanzes (berücksichtigend, dass er als Zeichen von außergewöhnlichem Stress oder Unterordnung auch gelegentlich abwärts gerichtet getragen werden kann); außergewöhnlich stark oder schwach ausgeformte Kiefer.

| Punkteskala | |
|---|---:|
| Gesamteindruck und Gangart | 25 |
| Kopf | 5 |
| Zähne | 5 |
| Körper | 15 |
| Fellbeschaffenheit | 20 |
| Fellfarbe | 0 |
| Beine | 10 |
| Füße | 20 |
| | 100 |

## Nordöstlicher Schlittenhund der Sowjetunion oder Nordöstlicher Zuglaika

Mit dieser Bezeichnung werden mehrere Schlittenhundetypen der Ostsibirischen Inland- und Küstenregion erfasst, die Fachleute als getrennte Formen ansahen und die die FCI bisher nicht anerkannte. Im Einzelnen handelt es sich um den Amur-, Anadyr-, Chukhotsk-, Kamtschatka-, Sakhalin-, Jakutsk- und Jenissej-

Schlittenhund. Die einzelnen Typen unterscheiden sich in ihrem Erscheinungsbild nur unwesentlich voneinander und wurden deshalb in einem gemeinsamen Standard zusammengefasst. In den nordöstlichen Teilen Sibiriens gelten diese Hunde auch heute noch als unentbehrliche Helfer am Schlitten.

**Standard:** Großer, langhaariger und ausdauernder Zughund für den Schlitten.
**Widerristhöhe:** Bei Rüden mindestens 60 cm, bei Hündinnen 58 cm.
**Kopf:** Keilförmig mit breitem, massivem Schädel und flacher Stirn und deutlichem Stop. Fang relativ kurz und breit. Kräftiges Scherengebiss.
**Augen:** Etwas schräg stehend und dunkel.
**Ohren:** Kurze und steife, nach vorn gerichtete und nicht sehr hoch angesetzte Stehohren, deren Spitzen leicht abgerundet sind.
**Rute:** Bis zu den Sprunggelenken reichend, gerade herabhängend oder sichelförmig, bzw. häufig auch kupiert.
**Gliedmaßen:** Kräftig, aber trocken, gut gewinkelt.
**Pfoten:** Dick und breit mit gewölbten Zehen.
**Haare:** Deckhaare relativ lang, dicht und grob mit dichter, weicher Unterwolle;

ziemlich üppige Mähne; Rute buschig; Vorderläufe leicht befedert, behost.
**Farbe:** Weiß oder schwarz; schwarz mit Abzeichen, braun, lichtgrau, auch gescheckt oder gefleckt.

# Verbreitung der Rassen in Deutschland

Nach der Gründung des Deutschen Clubs für Nordische Hunde im Jahre 1968 stieg die Beliebtheitskurve der Nordischen Hunde langsam aber stetig an.

Nach der von VDH (Verband für das Deutsche Hundewesen) herausgegebenen Welpenstatistik kamen im Jahr 1996 für Nordische Hunde folgende Welpen zur Eintragung:

| | |
|---|---:|
| Norwegischer Elchhund | 9 |
| Karelischer Bärenhund | 2 |
| Westsibirische Laika | 10 |
| Akita Inu | 125 |
| Shiba Inu | 46 |
| Islandhund | 14 |
| Schwedischer Lapphund | 7 |
| Siberian Husky | 864 |
| Samojede | 102 |
| Alaskan Malamute | 135 |
| Grönlandshund | 10 |

# Anatomie und Bewegungsablauf

## Skelett

Kopf-Skelett, Rumpf-Skelett und das Skelett der Gliedmaßen bilden das aus 256 fest oder gelenkig miteinander verbundenen Einzelknochen bestehende Knochen- und Knorpelgerüst des Hundes. Den Weichteilen bietet das Skelett Stütze und Halt, es bildet feste Hebel für die ansetzenden Muskeln und es schützt Gehirn und Rückenmark sowie die inneren Organe wie Herz, Lunge, Leber und Magen.

Das **Rumpf-Skelett** setzt sich zusammen aus der Wirbelsäule, 13 Rippenpaaren und dem Brustbein. 7 Hals-, 13 Brust-, 7 Lenden-, 3 Kreuz- und 20 Schwanzwirbel sind an der Bildung der Wirbelsäule beteiligt. Beim Nordischen Hund verläuft die Halswirbelsäule in leichter Biegung zum Kopfskelett. Beim sogenannten Hirschhals ist die Nackenpartie überdeutlich gewölbt, gegen den Widerrist hin eingebogen und dadurch am Kehlrand ausgebaucht; der Schwanenhals ist sehr lang und hoch aufgesetzt mit stark gewölbtem Nacken, während der sogenannte verkehrte Hals eine eingebogene Halslinie und vorgewölbten Kehlrand zeigt. Alle diese Halsformen gelten beim Nordischen Hund als fehlerhaft.

▬ *Husky als Lastentier.*

Außer dem Kreuzbein sind alle Wirbel untereinander beweglich verbunden. An den zahlreichen Wirbelfortsätzen haften Muskeln und auch manche Bänder an. Die Gelenkfortsätze dienen vor allem der gelenkigen Verbindung der Wirbel, deren Körper durch Zwischenwirbelscheiben miteinander verbunden sind.

Die Brustwirbel bilden zusammen mit den paarigen Rippen und dem Brustbein den knöchernen Anteil des Brustkorbes. Die gelenkige Verbindung der vordersten 9 Brustwirbel ermöglicht eine Drehung um die Längsachse. Der Dornfortsatz des

> Durch das beim Hund 1:1 betragende Längenverhältnis zwischen Brust- und Lendenwirbelsäule und der daraus resultierenden Möglichkeit, die Lendenpartie stark abbiegen zu können, ist dem Nordischen Hund ein weites Vorgreifen der Hinterglied- maßen im Galopp möglich. Infolge der Verzahnung der Lendenwirbel gewinnt die Lendenwirbelsäule eine Festigkeit, die sie für die Übertragung des Bewegungsimpulses von den Beckengliedmaßen nach vorn und außerdem für die Anheftung der für die Baucheingeweide mittragenden Bauchwand benötigt.

10. und 11. Brustwirbels ist der Wechsel-
wirbel, und der hinter ihm gelegene Teil
der Wirbelbrücke gestattet ein Abbiegen
nach unten.

Mit den Wirbelkörpern und knorpeligen Zwischenwirbelscheiben der Brustwirbel stehen die Rippen oben in gelenkiger
Verbindung. Das untere Ende ist über die
Rippenknorpel an das Brustbein angeschlossen. Die Rippen haben die Form
von bogenförmigen Spangen, die beidseits die Brustwirbelsäule mit dem Brustbein verbinden und die knöcherne Grundlage für die Seitenwand des Brustkorbes
liefern.

## Skelett der Gliedmaßen

Es wird unterschieden zwischen Vorder-
oder Schultergliedmaßen und Hinter-
oder Beckengliedmaßen.

Jeder Hund verfügt über ein Fußskelett
von 4 Stützzehen an jeder Gliedmaße.
Auf Grund der aufgerichteten Mittelfüße
und Fußwurzeln, welche verlängerte Läufe bewirken, ist der Hund ein sehr schnell-
füßiger und beweglicher Zehengänger.
Die aufliegenden Zehenglieder bilden mit
dem gepolsterten Zehen- und Sohlenballen die typische Hundepfote mit nicht ein-
ziehbaren Krallen. Mit den Pfoten vermag
der Hund zu graben, zu scharren oder einen Knochen festzuhalten, nicht aber zu
klettern nach Katzenart (Ausnahme: s.

*Skelett.*

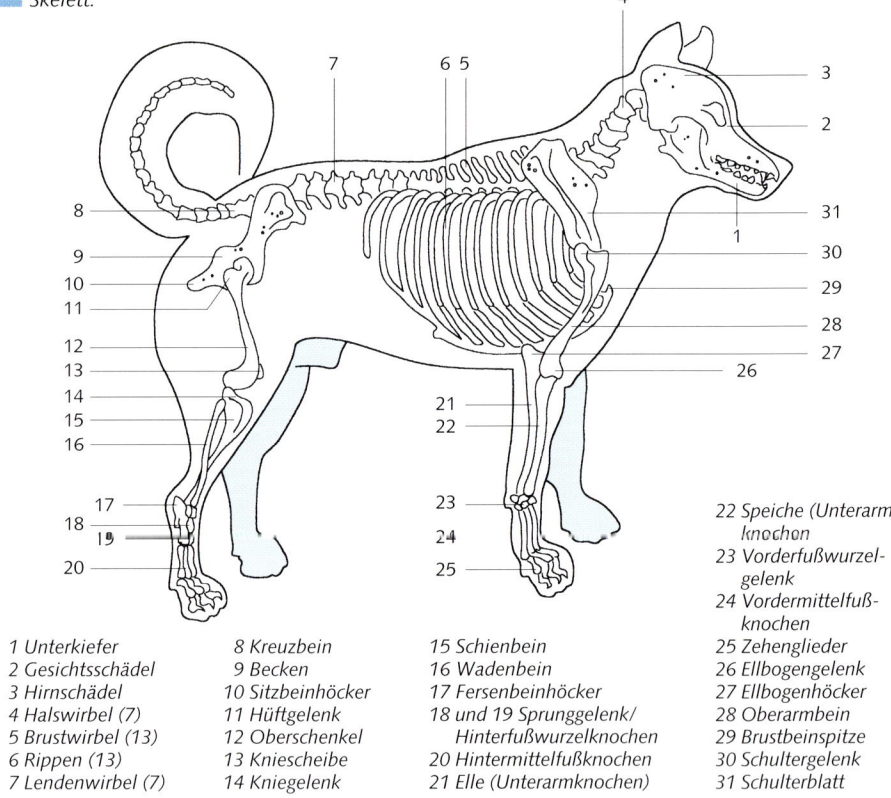

1 Unterkiefer
2 Gesichtsschädel
3 Hirnschädel
4 Halswirbel (7)
5 Brustwirbel (13)
6 Rippen (13)
7 Lendenwirbel (7)

8 Kreuzbein
9 Becken
10 Sitzbeinhöcker
11 Hüftgelenk
12 Oberschenkel
13 Kniescheibe
14 Kniegelenk

15 Schienbein
16 Wadenbein
17 Fersenbeinhöcker
18 und 19 Sprunggelenk/
    Hinterfußwurzelknochen
20 Hintermittelfußknochen
21 Elle (Unterarmknochen)

22 Speiche (Unterarm-
    knochen
23 Vorderfußwurzel-
    gelenk
24 Vordermittelfuß-
    knochen
25 Zehenglieder
26 Ellbogengelenk
27 Ellbogenhöcker
28 Oberarmbein
29 Brustbeinspitze
30 Schultergelenk
31 Schulterblatt

Rassenstandard des Lundehundes). Innen am Vordermittelfuß befindet sich meist noch die als Afterkralle bekannte, verkümmerte 5. Zehe. Das Hand- oder das Sprunggelenk (Vorder- und Hinterfußwurzelgelenk) wird aus vorn in zwei, hinten in drei Reihen übereinander angeordneten je sieben Knöchelchen gebildet. Die oberen größten Knochen des Sprunggelenkes sind zum Fersenbein umgestaltet, woran der gut sichtbare Fersenbeinhöcker als Ansatz und Widerlager für den Fersensehnenstrang dient. Vorarm und Unterschenkel bestehen aus zwei, unter sich beweglichen Röhrenknochen: Elle und Speiche in der Vorhand; in der Hinterhand Schien- und Wadenbein. Zusammen mit Fußwurzel und Mittelfuß bilden sie den freien Teil der Gliedmaßensäule. Ellenbogen- und Kniegelenk sind außerhalb der Rumpfkonturen auszumachen, während Oberarm, Schultergelenk und Schulterblatt sowie Oberschenkel, Hüftgelenk und Becken weitgehend in sie integriert und von Muskulatur bedeckt sind.

Da der Hund kein Schlüsselbein besitzt, stehen die Vordergliedmaßen nur durch die Schultergürtelmuskeln mit dem Rumpf in Verbindung. Dadurch ist ein elastisches Auffangen des Rumpfes besonders bei rascheren Gangarten gewährleistet.

Im Großen und Ganzen stimmen die Normvorstellungen der einzelnen Rassen im Standard bezüglich der Gliedmaßen überein. Durch unterschiedliche Größenverhältnisse bedingte Abweichungen ergeben sich aus dem jeweiligen Standard.

## Das Kopfskelett

Im Kopf werden nicht nur das Gehirn, die Sinnesorgane sowie Teile des Atmungs- und Verdauungstraktes aufgenommen, er dient auch Bewegungsfunktionen im Zusammenwirken mit anderen Teilen des Bewegungsapparates. Die formenden Knochen des Kopfes sind nach der Verknöcherung ihrer Nähte starr miteinander zum Oberschädel verbunden, Unterkiefer und Zungenbein sind diesem beweglich angelagert.

Die Sinnesorgane – mit Ausnahme des Geschmacksorgans – befinden sich in besonderen Gehäusen: das Hör- und Gleichgewichtsorgan in der Felsenbeinpyramide, das Sehorgan in der knöchernen Augenhöhle, die sowohl von Hirnschädelknochen als auch Gesichtsschädelknochen mitgebildet werden; das Riechorgan im Nasengrund; das Geschmacksorgan ist in der Mundhöhle verstreut untergebracht.

> Der Gesichtsschädel des Nordischen Hundes ist etwas größer als der Hirnschädel. Durch diese Gesichtsschädelverlängerung und die damit verbundene Vorlagerung vor den Hirnschädel ergeben sich große Ansatzflächen für die Kaumuskeln und Platz für ein vollständiges Gebiss. Der Schädeltyp nordischer Hunde ist mehr oder weniger keilförmig mit verhältnismäßig langem und schmalem Gesichtsteil und mäßig bis deutlich markiertem Stop.

## Verbindungen der Knochen

Alle knorpeligen und knöchernen Skelettstücke sind durch ein Zwischengewebe spaltfrei verbunden. Von dessen Beschaffenheit und Menge hängt ihr Beweglichkeitsgrad ab.

Solche spaltfreien Verbindungen werden als Synarthrosen bezeichnet. Diarthrosen entstehen dann, wenn das Zwischengewebe schwindet, um eine größere Bewegungsfreiheit zu schaffen, woraus ein Gelenkspalt resultiert.

## Muskulatur

In das Skelett eingebaut befinden sich die Muskeln, die den aktiven Teil des Bewegungsapparates ausmachen. Sie vermögen sich zusammenzuziehen und die Skeletteile, zwischen welchen sie eingespannt sind, gegeneinander zu bewegen. Die Skelettmuskulatur ermöglicht die Bewegungen einzelner Körperteile wie des Gesamtorganismus. Sie ist aber auch durch Übernahme eines Teiles der Körperlast an der Erhaltung des Gleichgewichts beteiligt.

_Nicht nur für den sportlichen Hund müssen die Proportionen stimmen; diese werden auch auf Ausstellungen bewertet._

Im Gesamtkörper des Hundes können 200–250 paarige und einige unpaare Muskelindividuen unterschieden werden.

Außer den kontraktilen Fasern des einzelnen Skelettmuskels ist auch das Bindegewebe wesentlich beteiligt, das diese untereinander und mit dem Skelett bzw. ihren Ansatzstellen in Verbindung bringt und sie zu einer funktionellen Einheit vereinigt. Ca. 70% der dem Muskel zugeführten chemischen Energie verwandelt sich in Wärme. Die Wärme, die zur Erhaltung der Körpertemperatur benötigt wird, liefern hauptsächlich die Muskeln. Ihrer Lage entsprechend kennt man Muskeln des Halses, des Kopfes, des Rumpfes, der Gliedmaßen, der Sinnesorgane und der Eingeweide. Nach der Muskelwirkung werden Beuger und Strecker, Anzieher und Abzieher sowie Roller unterschieden.

Muskel- und Nervensystem bilden eine funktionelle Einheit, da kein Muskel ohne seinen mit ihm in Verbindung tretenden Nerv funktionieren kann.

Die zwischen Haut und Skelett-Muskeln liegenden Hautmuskeln, welche die Haut in verschiedenen Körperregionen bewegen können, bilden eine eigene Muskelgruppe. Nach ihrem Bau gehören die Hautmuskeln zur Skelettmuskulatur, obwohl sie nicht mit dem Skelett, sondern mit der äußeren Haut verbunden sind. Sie stellen einen Hautbewegungs- und -spannapparat dar.

Die Muskeln des Stammes lassen sich nach ihrer Funktion in folgende Hauptgruppen einteilen: besondere Beweger des Kopfes, besondere Beweger der Hals-, Brust- und Lendenwirbelsäule, lange Zungenbeinmuskeln an der Ventralfläche der Luftröhre, Atmungsmuskeln, Bauchmuskeln, Schwanzmuskeln.

Bei allen Nordischen Hunden, die ja auf die eine oder andere Weise zur Arbeit eingesetzt werden, wird eine sehr gute Bemuskelung erwartet; besonders die Hals-, Rücken- und Nachhandmuskulatur ist von kräftiger, trockener Beschaffenheit. Da die Hauptschubkraft gerade beim Rennen aus der Hinterhand kommt, sind hier ganz besonders kräftige ›Muskelpakete‹ sichtbar.

## Statik und Dynamik

Der Körper des Hundes und seine Bewegungsabläufe werden von statischen und dynamischen Kräften beeinflusst.

Die einzelnen Bauelemente tragen die Körperlast und halten sie im Gleichgewicht; sie dienen aber auch den Bewegungsvorgängen. Die dynamische Beanspruchung richtet sich nach der Intensität der Muskelkontraktionen und der Geschwindigkeit des Bewegungsablaufs.

Für die Statik des Hundes ist die Lage seines Körperschwerpunktes in der Ruhestellung von größter Bedeutung. Nach neuesten Messungen liegt dieser im Durchschnitt bei 43,72 % der Rumpflänge hinter der Brustbeinspitze, d. h. etwa auf Höhe des 9. Zwischenrippenraumes. Durch Heben des Kopfes, stark gefüllte Baucheingeweide sowie durch Ausstrecken des Schwanzes verlagert sich der Schwerpunkt nach hinten, während ein Senken des Kopfes, leere Bauchorgane, eine Verschiebung nach vorne bewirken. Die Körperlast verteilt sich nicht gleichmäßig auf alle vier Gliedmaßen. Der Schwerpunkt liegt näher zur Vorhand

(beide Vordergliedmaßen bestehend aus Schultern, Oberarmen und Vorderläufen); deshalb ist selbst in Ruhestellung das vordere Gliedmaßenpaar stärker belastet als das hintere. So werden etwa zwei Drittel der Körperlast von der Vorhand des Hundes getragen.

Die **Rumpfkonstruktion** des Hundes wird verglichen mit der einer Bogensehnenbrücke, ›die nicht auf Pfeilern ruht, sondern an ihren Enden zwischen einen über sie sich wölbenden Bogen verspannt und gleichzeitig durch vertikale Verbindungen an ihm aufgehängt ist‹. Neben seiner Tragfähigkeit zeichnet sich das ›Brückensystem‹ des Körpers, der ja aus Knochen, Bändern, Muskeln und Sehnen zusammengefügt ist, vor allem auch durch Elastizität und Beweglichkeit aus.

Brust- und Lendenwirbelsäule sowie das Becken mit ihren Muskeln und Bändern verkörpern die tragenden Elemente. Die Zwischenwirbelscheiben sowie das Rücken- und Nackenband, vorrangig aber der Spannungszustand der langen und kurzen Rückenmuskeln geben dem Rücken die nötige Elastizität. Brustbein und Bauchmuskeln verbinden die beiden ›Bogen‹ miteinander und stellen die verspannende ›Sehne‹ dar. Strecker und Gegenstrecker, Spannungs-, Zug- und Druckkräfte wirken ausbalancierend. Der Widerstand des ›Bogens‹ wie auch der der ›Sehne‹ vermag sich jeder beliebigen Stellung oder Bewegung anzupassen, und Muskelkontraktionen können sie in ihrer Form verändern und an den Gesamtkörperbewegungen teilnehmen lassen. Tragrippen verstärken die Brückenkonstruktion; der sich kreuzende Faserverlauf der einzelnen Muskelschichten trägt zur inneren Verspannung des Aufhängesystems bei. Hals und Kopf als vordere Konsole, Kreuzbein und Schwanz als hintere Konsole setzen den während der Bewegung stark wechselnden zentrifugalen Schubkräften den erforderlichen Gegendruck entgegen und wirken ausgleichend auf das Gleichgewicht.

Das vor allem den mächtigen Muskelmassen der Hintergliedmaßen als Ursprungsbasis dienende Kreuzbein ist mit dem Becken fest verbunden, was zur Folge hat, dass die Kruppengegend Krümmungen des Brückenbogens im Sinne einer Bewegung nach vorne-unten mitmacht, was für die Hintergliedmaßen u. a. das starke Vorgreifen im Galopp bedingt.

Durch Heben und Senken der Halswirbelsäule und des Kopfes – als vordere Konsole – ist ein Verschieben des Körperschwerpunktes und damit eine Gesamtgleichgewichtsveränderung möglich.

Die **Gliedmaßen** stellen keine festen Säulen der Gesamtstammkonstruktion dar, sondern bewegliche und gewinkelte Hebelwerke. Zur Fixation ihrer Gelenke dienen Vorrichtungen aus Bändern, Sehnen und Muskeln. Wegen der Lage des Körperschwerpunktes und der damit verbundenen Gewichtsverteilung sind die Gliedmaßenpaare von der Statik her ver-

schieden konstruiert. Die stärker belastete **Vorhand** wirkt im Sinne eines Auffanghebelwerkes der ihr zugeschobenen Last; die Hintergliedmaße mit ihrem stärker gewinkelten Stemm- oder Wurfhebelwerk liefert die Hauptschubkräfte zur Vorwärtsbewegung.

Der Beckengürtel ist in Richtung der zu übertragenden Schubkräfte fest mit der Wirbelsäule verbunden, während die Schulterblätter als Rest des knöchernen Schultergürtels in der Richtung der aufzufangenden Last seitlich am Thorax liegen. Der Rumpf ist durch bindegewebig-muskulöse Traggurte der Schultergürtelmuskeln beweglich und federnd zwischen ihnen aufgehängt. Die statisch wichtigsten Anteile der muskulösen Traggurte sind nach unten an den knöchernen Verstrebungen zwischen Rippen und Brustbein sowie am hinteren Teil der Halswirbelsäule befestigt. Schulter-, Ellenbogen- und Karpalgelenk benötigen zum Schutz gegen ein Einknicken nach vorne oder hinten besondere sehnige Fixationsvorrichtungen.

Die **Hintergliedmaßen** sind für die Vorwärtsbewegung als Stemm- und Hebelwerk stärker gewinkelt als die Vorderextremitäten. Das Hüftgelenk bedarf keiner

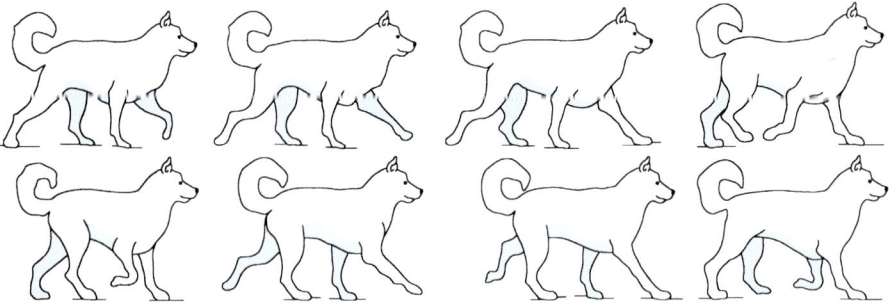

Fußfolge des gewöhnlichen Schritts.

besonderen Fixierung, da das Becken fest in die Rumpfkonstruktion eingefügt ist. Die Pfanne des Beckens ruht auf dem Kopf des Oberschenkelknochens, der durch Bänder und Hüftgelenksmuskeln Verbindung mit dem Becken hat.

> Wegen des nicht zu starken Körpergewichts treten beim Nordischen Hund die passiven Trag- und Fixationsvorrichtungen zugunsten der muskulösen Elemente deutlich zurück. Ihr Muskelreichtum zeichnet sich durch große Geschmeidigkeit und Beweglichkeit aus.

Die Dynamik erfasst Bewegungsvorgänge ohne oder mit Ortsveränderung. Zur Ersteren gehören das Hinsetzen, Hinlegen, das Wälzen, das Aufstehen und das Aufrichten auf die Nachhand.

Den Bewegungen mit Ortsveränderung liegt eine Verschiebung des Schwerpunktes nach vorne zugrunde. Aber auch die Gliedmaßenwinkelung und -bemuskelung tragen zur Vorwärtsbewegung bei. Durch Strecken der Gelenke einer Hinterextremität und deren Anstemmen gegen den Boden wird die Vorwärtsbewegung eingeleitet bzw. ausgelöst. Der bodenwärts gerichtete Druck wandelt sich bei Öffnung der Gelenkswinkel in einen nach vorne orientierten Schub um, der sich über das Becken in der Bewegungsrichtung auf den Rumpf überträgt. Nach Verschiebung des Schwerpunktes in Richtung der diagonalen Vordergliedmaße und deren Abhebung vom Boden, folgt die den Schub auslösende Hintergliedmaße schwingend nach vorne, um den Schwerpunkt wieder aufzufangen. Nachdem sich auch die Ge-

lenke der anderen Hintergliedmaße gestreckt haben, beginnt der ganze Ablauf gegenseitig und es resultiert bei langsamer Bewegung ein Hin- und Herpendeln des Schwerpunktes nach beiden Seiten von der Medianebene und zugleich ein rhythmisches Seitwärtsschwingen des Rumpfes, wobei Kopf und Schwanz zum Ausbalancieren des Gleichgewichts beitragen.

Es werden die vier Grundgangarten **Schritt,** Trab und Galopp unterschieden, wovon der Schritt die langsamste Vorwärtsbewegungsart darstellt. Jede Gliedmaße bewegt sich vierphasig in der Reihenfolge des Stützens und Stemmens, was als Stützbeinperiode bezeichnet wird, mit anschließender Hangbeinperiode, das Heben und Schwingen der Gliedmaße.

Mit bloßem Auge ist die Fußfolge beim Schritt nicht genau auszumachen und erst in einer Zeitlupenaufnahme deutlich erkennbar. Zwei- und Dreibeinunterstützungen wechseln miteinander ab. Die schwankende Rumpfbewegung im Schritt wird verursacht durch den Wechsel der gleichseitigen Zweibeinunterstützungen und die daraus resultierende Verlagerung des Körperschwerpunkts.

> Von den Nordischen Hunden wird ein freies Gangwerk erwartet. Schleppender oder schlingernder Gang infolge Gliedmaßenfehlstellung werden nicht nur auf Ausstellungen mit Fehlerpunkten geahndet, auch Zuchtuntauglichkeit ist die Folge.

Beim **Trab,** den auch die Nordischen Hunde als Gangart der raschen Vorwärtsbewegung bevorzugen, wird der Körperschwerpunkt im Wechsel diagonal unter-

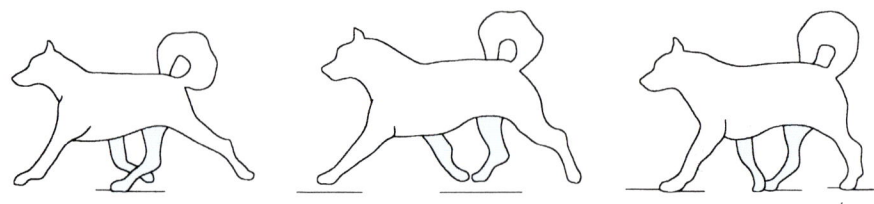

Trabformen: übereilter Trab, geworfener Trab, gewöhnlicher Hundetrab.

stützt. Die Fußfolge ist: hinten rechts, vorne links, hinten links, vorne rechts. Verstärkte Muskelkontraktionen bewirken das beschleunigte Vorwärtstragen des Körpers. Infolge der gradlinig wirkenden Schubkräfte in der Stemmphase entfallen die beim Schritt charakteristischen pendelnden Seitwärtsschwingungen des Rumpfes. Wohl lassen sich aber federnde Vertikalschwingungen des Rückens beobachten. Der gewöhnliche Trab wird als wenig anstrengende Bewegungsart auch vom Wolf oft stundenlang durchgehalten. Dabei geschieht die Bewegung des diagonalen Gliedmaßenpaars nicht völlig synchron, vielmehr setzt der Vorderlauf einen Moment vor dem mitbewegten Hinterlauf auf und der andere Vorderlauf hebt sich

etwas früher als der diagonale Hinterlauf ab. Wenn sich während des Aufsetzens des einen diagonalen Laufpaares die Pfoten des anderen Paares abheben und die Schritte dadurch länger werden, spricht man von einem geschwungenen oder beschwingten Trab. In der Tat schwingen bei dieser Art zu traben die Hinterläufe sehr weit nach vorn, und die Nachhand muss etwas schräg zur Bewegungsrichtung gestellt werden, um die Hinterpfoten innen oder außen an den stemmenden Vorderpfoten vorbeigreifen zu lassen. Hierbei entsteht kein Moment der freien Schwebephase.

Bei gleichzeitiger und fast oder vollkommener Vorwärtsbewegung des gleichseitigen Gliedmaßenpaares entsteht

Verschiedene Phasen des Renngalopps.

_Äußerste Phase des Untersetzens während des Renngalopps._

der **Passgang,** der sowohl im Schritt als auch im Trab ausgeführt werden kann. Durch die einseitige Unterstützung des Schwerpunktes resultiert eine Schaukelbewegung. Der Passgang ist bei Nordischen Hunden nicht erwünscht; er wird allerdings zuweilen – wohl zur Entlastung einzelner Muskelgruppen – zwischendurch eingelegt.

Die schnellste Gangart schließlich ist der **Galopp.** Der Körperstamm wird dabei nicht mehr nach vorne geschoben oder geworfen, sondern mit großer Kraft und Schnelligkeit vorwärtsgeschleudert unter Mitbeteiligung der gesamten Rumpfbrücke an der Vorwärtsbewegung. Während des Sprunges der Nachhand auf die Vorhand schleudern die Hintergliedmaßen die Rumpfbrücke mit großer Wucht nach vorne, wo sie von den Vorderextremitäten aufgefangen wird. Der Brückenbogen bzw. die Brust- und Lendenwirbelsäule

werden durch die Kontraktion der inneren Lenden- und Bauchmuskulatur im mittleren Bereich gekrümmt und geben den hinteren Gliedmaßen die Möglichkeit, während der freien Schwebephase weit nach vorne auszuholen, um je nach Schnelligkeit und Länge der Hintergliedmaßen neben oder vor den Vorderläufen aufzufußen. Neben dem Ablauf des eben beschriebenen Sprung-Galopps, der aber nicht mit dem des Pferdes identisch abläuft, kennt man noch den Kurz- und Mittelgalopp. Hierbei entfällt die für den Sprung-Galopp typische Schwebephase mit maximaler Streckung des Gesamtkörpers. Der hinteren Zweibeinstütze mit dem Hauptschub folgt zuerst eine Drei- und gleich darauf eine gleichseitige Zweibeinstütze übergehend in die vordere Zwei- und Einbeinstütze. Zwar wird der Rücken beim Vorschnellen der Hintergliedmaßen auch gekrümmt, jedoch viel weniger als beim Sprunggalopp, und die freie Schwebephase ist nur andeutungsweise erkennbar. Die Vorderextremitäten sind beim Vorwärtsstemmen des Körpers stark mitbeteiligt.

> Die Nordischen Hunde bevorzugen für gewöhnlich den Mittel-Galopp, da er sich auf größeren Strecken weniger anstrengend auswirkt.

## Gebiss

Für die meisten Rassen der Nordischen Hunde schreibt der Standard das vollzahnige Scherengebiss vor. Beim Lundehund wird ein Zangengebiss und mäßiger Vorbiss zugestanden, ebenso das Fehlen von Prämolaren, das gerade bei dieser Rasse stark vertreten ist. Wo im Standard nichts anderes vermerkt ist, muss von der normalen Form des Gebisses, eines Scherenbebisses, ausgegangen werden.

Das bleibende, vollständige Gebiss weist, wie übrigens auch das Gebiss des Wolfes und das des Schakals 42 Zähne auf. Im Oberkiefer sind dies je 3 Schneidezähne (Incisivi = I), 1 Fangzahn (Canini = C), 4 vordere Backenzähne (Prämolaren = P) und 2 hintere Backenzähne (Molaren = M). Der Unterkiefer besitzt statt der 2 Molaren deren 3. Diese Gebissverhältnisse drückt die Zahnformel wie folgt aus:

$$\frac{\text{Oberkiefer}}{3I \times 1C \times 4P \times 2M} \times 2 = 42 \text{ Zähne.}$$
$$\text{Unterkiefer}$$
$$3I \times 1C \times 4P \times 3M$$

Die Zähne sind durch 1–3 Wurzeln in den Kiefern verankert. Sie stehen dicht nebeneinander und stellen sich im oberen und unteren Zahnbogen als zwei schmale, hufeisenförmige Reihen dar. Beim Scherengebiss gleiten die Schneidezähne des oberen Bogens scherenschenkelartig über die Außenseiten der unteren. Schneidezahn 3 des Ober- und Unterkiefers stehen auf ›Lücke‹, d. h., der äußerste Schneidezahn des Oberkiefers greift zwischen den Schneidezahn und den Fang- oder Eckzahn des Unterkiefers ein. Die Eck- oder Fangzähne (Canini) des Ober- und Unterkiefers fallen durch ihre besondere Größe auf, wobei die des Oberkiefers noch etwas kräftiger sind. Der Fangzahn des Unterkiefers greift in die Lücke des Oberkiefers zwischen 3. Schneidezahn und Fangzahn; der Eckzahn des Oberkiefers zeigt mit seiner Spitze in den Alveolarrand zwischen Eckzahn und Prämolar 1 des Unterkiefers. Lediglich die vorderen Backenzähne berühren sich beim Kieferschluss nicht. Die Eck-, Haken- oder

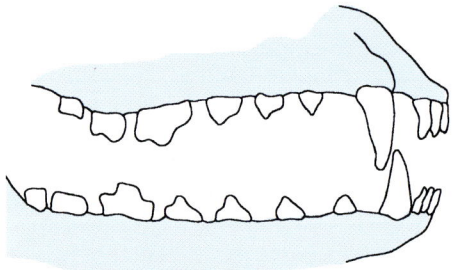

Fangzähne haben die Funktion des Verbeißens in die Beute, der Prämolar 4 hingegen dient als Reißzahn. Der Reißzahn des Oberkiefers hat gegenüber dem des Unterkiefers wiederum eine Scherenwirkung. Beide Reißzähne stehen in Höhe des Lippenwinkels und bieten sich so direkt der Einwirkung der Kaumuskeln an.

Der Molar 1 des Unterkiefers trifft außer auf den Prämolar 4 des Oberkiefers auch auf den kräftigen Molar 1 des Oberkiefers. Der Molar 2 des Unterkiefers ist auffallend klein und noch kleiner ist der Molar 3 des Unterkiefers gestaltet. Der Molar 1 des Oberkiefers ist sehr kräftig; der etwas schwächere Molar 2 tritt mit seiner Kaufläche mit dem kleineren Molar 2 des Unterkiefers, zum Teil auch mit dem schwachen Molar 3 des Unterkiefers in Kontakt.

Ein Hund mit einem solcherart funktionierenden Gebiss könnte unter natürlichen Gegebenheiten seine Beute ergreifen, festhalten, zerlegen, Stücke herausreißen und die großen Bissen oberflächlich zermalmen.

Der Hund wird bekanntlich zahnlos geboren. In der 3. Woche brechen die ersten Milchzähne durch. Als Zahnformel für das mit 1 1/2 Monaten vollständig entwickelte Milchgebiss gilt:

Oberkiefer

$$\frac{3 \text{ Jd } 1 \text{ Cd } 3 \text{ Pd}}{3 \text{ Jd } 1 \text{ CD } 3 \text{ Pd}} = 28 \text{ Zähne.}$$

Unterkiefer

Nachfolgende Tabelle nach Nickel-Schummer-Seiferle gibt Aufschluss über den Zeitpunkt des Durchbruchs der Zähne sowie den Zahnwechsel:

| Durchbruch und Wechsel der Zähne des Hundes: | | | |
|---|---|---|---|
| Zähne | Durchgebrochen im Alter von: | Zähne | Wechsel im Alter von: |
| J d $\frac{1}{1}$ | | J $\frac{1}{1}$ | |
| J d $\frac{2}{2}$ | 4–6 Wochen | J $\frac{2}{2}$ | 3–5 Monaten |
| J d $\frac{3}{3}$ | | J $\frac{3}{3}$ | |
| C d $\frac{1}{1}$ | 3–5 Wochen | C $\frac{1}{1}$ | 5–7 Monaten |
| P d $\frac{1}{1}$ | 4–5 Monaten | (wechselt nicht) | |
| P d $\frac{2}{2}$ | | P $\frac{2}{2}$ | |
| P d $\frac{3}{3}$ | 5–6 Wochen | P $\frac{3}{3}$ | 5–6 Monaten |
| P d $\frac{4}{4}$ | | P $\frac{4}{4}$ | |
| M $\frac{1}{1}$ | 4–5 Monaten | | |
| M $\frac{2}{2}$ | 5–6 Monaten | | |
| M $\frac{3}{}$ | 6–7 Monaten | | |

## Fehlerhaftes Gebiss

Beim Zangengebiss beißen die Schneidezähne beider Kiefer genau aufeinander, wie bei einer Zange. Eine Folge dieser Zahnstellung sind vorzeitig abgenutzte Schneidezähne.

Greifen die unteren Schneidezähne vor die oberen, spricht man vom Vorbiss (bei kurzköpfigen Rassen wie Boxer, Mops usw. gilt der Vorbiss infolge des verkürzten Oberkiefers als rassetypisch). Beim Hinterbiss kommen die Schneidezähne des Unterkiefers hinter die Zungenfläche der oberen Schneidezähne zu liegen.

# Haltung

Es bleibt jedem Besitzer eines Nordischen Hundes unbenommen, ob er diesen in der Wohnung oder im Zwinger halten möchte. Sowohl das eine als auch das andere ist möglich, wenn dem Bedürfnis nach ausreichender Bewegung Rechnung getragen wird. Der nordische Hund verlangt nicht nur – wie die meisten Hunde anderer Rassen auch – beschäftigt zu werden, nein, er strotzt geradezu vor Tatendrang. Diesen schier unbändigen Arbeitswillen setzt der Schlittenhund im Geschirr um, der Jagdhund als zuverlässiger Helfer bei der Jagd und auch der Hütehund findet sein Betätigungsfeld beim Hüten der Rentiere. Auf mögliche Ersatzbeschäftigungen für Nordische Hunde in unseren Breitengraden wurde bereits an anderer Stelle eingegangen (s. Seite 17).

Dass der junge Hund beim Besitzerwechsel zu ›neuen‹ Menschen kommt, verkraftet er sehr wohl, nicht aber ohne weiteres die Trennung von seinen Geschwistern, der Mutter, eben ›seiner Familie‹. Es wäre darum schlimm für ihn, würde er völlig allein in einen Zwinger eingesperrt und seinem Schmerz, den er in fürchterlichem Heulen kundtut, überlassen. Die Eingewöhnung sollte daher

▬ *Eine Verschnaufpause sei dem Husky vergönnt.*

möglichst über die Wohnung erfolgen, damit der Welpe oder Junghund zu seinem Trennungsschmerz nicht auch noch das Gefühl der Einsamkeit verspürt. Das bedeutet selbstverständlich nicht, dass er es sich etwa auf dem Sofa oder gar Bett in der Wohnung bequem machen darf. Es wird ihm ein Platz zugewiesen, den der Hund leichter akzeptieren wird, wenn er mit heimatlichen Gerüchen verknüpft ist. Da man vor dem Abholen des Welpen eine Decke schlecht in dessen heimischem Zwinger zur Duftaufnahme umherziehen kann, genügt es, wenn die Decke, die beim Transport im Auto gelegen hat, für den neuen Liegeplatz des Hundes in der Wohnung verwendet wird.

Der als Einzelhund gehaltene ›Nordische‹ fühlt sich im Zwinger ebenso verlassen wie andere Hunde, ja noch viel mehr, denn da er kein ›Einmannhund‹ ist, zieht es ihn naturgemäß zum Rudel seinesgleichen. Deshalb bedarf es noch eines sehr viel größeren, verständnisvollen Eingehens auf den Einzelhund und der Mensch, die Familie, muss, wenn auch nur ansatzweise, die Meute, das Rudel, aus dem man den Hund ja herausgerissen hat, zu ersetzen versuchen.

Die erste Fütterung erfolgt zweckmäßigerweise im Zwinger, vor allem dann, wenn der Hund künftig vorwiegend dort leben soll, damit er Angenehmes mit dem Zwingeraufenthalt verbindet. So kann er durch immer längeres Verweilen allmählich an den Zwinger gewöhnt werden. Bei zwei oder mehreren im Zwinger gehaltenen Hunden hingegen gibt es kaum Eingewöhnungsschwierigkeiten. Sie beschäftigen sich mit Spielen und auch mit zu Raufereien ausartendem Kräftemessen, vorausgesetzt, der Zwinger ist entsprechend geräumig. Die vom Deutschen Tierschutzbund angegebene Größe von 6 m³ für einen Hund, zuzüglich 3 m³ für einen zweiten Hund mittlerer Größe, reichen einem Nordischen Hund wohl zum Füßevertreten, nicht aber zum ungehinderten Austoben.

> Aber wie groß der Zwinger auch sein mag, er kann immer nur ein Mehr an Bewegungsmöglichkeit bieten; ein Ersatz für die unabdingbare Beschäftigung des Hundes außerhalb des Zwingers ist er hingegen niemals.

Die Anordnung einer Zwingeranlage richtet sich natürlich zuerst einmal nach dem zur Verfügung stehenden Grundstück. In der Mitte eines Grundstücks im Rund aufgestellte Hundehäuser und Zwinger, bieten zwar eine optimale Raumausnutzung, haben aber den Nachteil, dass sie nicht mit einem Blick überschaubar sind. Neben- bzw. hintereinander gereihte Zwinger ermöglichen eine gute Übersicht.

Ob nun Hundehäuser den Hunden Platz schaffen oder einzelne Hundehütten gewählt werden, ist letztlich eine Kosten- und auch Platzfrage. In jedem Fall sollten die Unterkünfte zugfrei sein. An großen Hundehäusern kann ein zusätzlicher Windfang angebracht werden. Die einfachste (und billigste) Möglichkeit vor Zugluft zu schützen, ist ein vor dem Einschlupf der Hundehütte befestigter Sack; wie lange ihn jedoch der Hund hängenläßt, ist nicht vorauszusagen.

Etwas komfortabler erweist sich eine Hundehütte mit Vorbau, die es dem Hund ermöglicht, trockenen Fußes an das eigentliche Lager zu gelangen und auch einmal die Nase herauszustecken, ohne dem Regen oder Wind ausgesetzt zu werden.

Meist wählt man als Material, aus dem die Hundehäuser zu erstellen sind, Holz. Für die Errichtung in Massivbauweise sind baurechtliche Verfügungen zu beachten. Holzhäuser kann man nach eigenen Plänen erstellen lassen oder im Fertig- bzw. Montagebau kaufen. Die einzelnen Holzwände müssen nach Anleitung zusammengeschraubt werden, was eigentlich jeder, auch handwerklich nicht so Begabte, selbst vornehmen kann. Das Holz wird zuvor entsprechend imprägniert, wobei darauf zu achten ist, dass phenolhaltige Mittel (Karbolineum etc.) nicht verwendet werden dürfen, wenn bald mit Welpen zu rechnen ist. Bei Neugeborenen können solche Mittel Krankheitserscheinungen mit Erbrechen, Krämpfen, Temperaturabfall bis hin zur Bewußtlosigkeit hervorrufen.

Ein Hundehaus kann im Innern – je nach Größe – in beliebig viele Einzelboxen aufgeteilt werden. Der Platz sollte so bemessen sein, dass sich entweder 2 Hunde gemeinsam oder eine Hündin mit Welpen in einer Box gut aufhalten können.

Zwar verlangen Holzhäuser mehr Pflege als ein massiv erstelltes Hundehaus; sie haben dagegen aber den Vorzug, dass man sie ohne bauliche Genehmigung aufstellen darf, ein entscheidender Pluspunkt für die Verwendung von Holz. In Holzhäusern ist es im Winter warm, im Sommer relativ kühl und man kann unbesorgt auch im kältesten Winter eine Hündin in einem Holzhaus werfen lassen. Einstreu als zusätzliche Wärmedämmung benötigen Nordische Hunde nicht, sie empfiehlt sich aber, um das Lager besser trockenhalten zu können.

Zweckmäßig erweisen sich begehbare Hundehäuser, d. h. von einem abgeteilten Gang aus besteht die Möglichkeit, von innen in die einzelnen Boxen zu gelangen, was insbesondere bei einer werfenden Hündin öfters notwendig ist. Auch das Einstreuen und Saubermachen der Box lässt sich dann bequem erledigen. Das Holzdach wird mit Dachpappe belegt, besser ist Eternit, das im Anschaffungspreis zwar teurer, aber doch auch haltbarer ist. Wenn das Dach des Hauses rundum noch einen Vorsprung erhält, kann sich der Hund hier ein paar Schritte im Trockenen bewegen, wenn er einmal nicht in den Regen gehen möchte. Auch kann das Dach so weit vorgezogen werden, dass damit eine verdeckte Veranda für den Hund entsteht.

Bei Anschaffung solcher Hundehäuser sollte man auch an eine zusätzliche erhöhte Liege im Auslauf denken. Nordische Hunde springen gerne hoch, um von höherer Warte aus das Geschehen um sie herum zu beobachten. Bei einfachen, niedrigen Hundehütten, ist dies nicht nötig, da der Hund dann noch auf sie hinaufspringen kann, um das Dach als Liege zu benutzen.

Naturboden – also Rasen – im Zwinger bleibt leider nur kurze Zeit ansehnlich. Die Hunde fühlen sich zwar wohl, da sie im Boden Löcher graben und sich so recht im Schmutz aalen können, doch steht meist bald die Entscheidung nach einem zweckmäßigen und auch hygienischen Bodenbelag an.

Sehr gut eignen sich etwas angerauhte Platten, wie man sie für Gehwege benutzt. Der Zwinger ist dann tadellos sauberzuhalten; der Plattenboden sollte mit etwas Gefälle angelegt werden. Zweckmäßig ist auch eine Sammel- oder Auffangrinne, damit nach dem Ausspritzen der Anlage das Wasser ablaufen kann.

Bei einem ausreichend großen Grundstück ist es ideal, den eigentlichen Zwinger vor den Hundehäusern mit Platten auszulegen und zusätzlich noch einen großen Gemeinschaftsauslauf mit Naturboden vorzusehen, in dem die Hunde je nach Verträglichkeit miteinander oder wechselweise toben und graben können. Als Spielzeug gedachte Holzknüppel oder dergleichen sollten wegen der möglichen Verletzungsgefahren nicht im Auslauf liegen. Ein dicker, eventuell noch gebogener Baumstamm, der absolut fest liegen muss, wird gerne von den Hunden zum Hochrangeln benutzt und auch, um sich darunter eine Höhle zu graben. Dem Bedürfnis der Hunde nach Wühlarbeit begegnet man dadurch, dass man an den Stellen, wo sie keine ›Untergrabungen‹ vornehmen sollen, und das ist rundum um den gesamten Zwinger bzw. Auslauf, einen Betonsockel von ca. 15 cm Höhe anbringt. Auch zwischen den einzelnen Zwingern empfiehlt sich ein solcher Sockel, wenn man sichergehen will, dass sich ein Rüde nicht zu einer heißen Hündin durchgräbt.

Neben den Sicherungsvorkehrungen am Boden muss auch daran gedacht werden, dass manche Nordischen Hunde ein enormes Klettervermögen besitzen. Sie sind imstande, am Maschendraht hochzuklettern und auf diese Weise den Zwinger zu verlassen. Hunden, denen das einmal erfolgreich gelungen ist, vermag man nur schwerlich ihre Begeisterung an dieser Methode zu nehmen. Man kann sich dann nur dadurch helfen, dass man den Zwinger oben überdrahtet. Während für die Einzäunung der stabilste Draht verwendet werden sollte, genügt für die Abdeckung ein etwas weniger kräftiges Material. Baustahlgewebe lässt sich als Einzäunung grundsätzlich zwar gut verwenden, es hat aber den Nachteil, dass es durch seine Großmaschigkeit die Welpen nicht daran hindert, den Zwinger zu verlassen. Ein zusätzlicher, enger Maschendraht – auf dem Baustahlgewebe befestigt – ca. 60 cm hoch, hindert das Entweichen der Welpen und sorgt auch dafür, dass die kleinen Pfoten sich nicht im Gewebe verheddern. Plastiküberzogener Draht eignet sich grundsätzlich nicht für eine Zwingereinzäunung, denn die angenagten Stellen rosten nach kurzer Zeit.

Einbetonierte Zement- oder Eisenpfosten und Stahlstreben geben der ganzen Anlage den erforderlichen Halt. die Eingangstüren müssen natürlich ebenso wie die Einzäunung stabil beschaffen und so breit sein, dass man mit einer Schubkarre durchfahren kann, falls das Ausmisten nicht vom Inneren der Hundehäuser aus geschieht.

Wenn sich die Zwingeranlage nicht im Blickfeld des Besitzers befindet, sollen die Türen abschließbar sein, um unbefugtes Öffnen zu unterbinden.

Der direkte Anschluss von Strom und Wasser erleichtert dem Hundehalter die Arbeit. Auch die Montage von Selbsttränken kann erwogen werden. Die Hunde gewöhnen sich rasch daran; es steht ständig frisches Wasser zur Verfügung und das mehrmalige Heranbringen des Frischwassers im Eimer entfällt.

Rüde und Hündin gemeinsam in einem Auslauf zu halten, ist für gewöhnlich die problemloseste Lösung. Es muss dabei aber auch daran gedacht werden, dass ein Trennen der aneinander gewöhnten Tiere während der Hitze der Hündin erhebliche Unruhe und mögliche Beschwerden der Anlieger mit sich bringt.

Ehe man eine kostspielige Zwingeranlage erstellt, empfiehlt es sich, die Erfahrungen von anderen Züchtern und Hundehaltern zu nutzen.

Immer wieder stellt sich die berechtigte Frage, ob Nordische Hunde wegen der doch erheblichen Jahrestemperaturunterschiede zu den Ursprungsländern in unseren Regionen gehalten werden können. An anderer Stelle wurde schon darauf verwiesen, dass beispielsweise in Alaska zwar kurze, aber doch recht warme Sommer – am Jahresdurchschnitt gemessen – herrschen. Der Nordische Hund ist in der Lage, sich durch Abwerfen seines Winterpelzes auch wärmeren Klimaten anzupassen. Selbstverständlich sollten dann keine Leistungen von ihm gefordert werden und ein schattiger Platz zur Verfügung stehen.

# Pflege

Die Haarpflege des Nordischen Hundes besteht in täglichem Bürsten mittels einer harten Borstenbürste oder einer weichen Drahtbürste mit Naturborstenrand. Besonders während des Haarwechsels im Frühjahr ist das tägliche Bürsten nicht nur für den Hund eine Wohltat, auch der Besitzer freut sich, wenn der abgestoßene Winterpelz nicht überall abgeschüttelt wird. Ein Kamm hingegen sollte nie benutzt werden, da bei ihm die Gefahr besteht, daß auch gesunde Haare ausgekämmt werden.

Beim Putzen kommen auch Schmarotzer wie der Holzbock (Zecke) und Flöhe ans Licht (Näheres dazu auf Seite 125).

> Außer wenn der Hund in der warmen Jahreszeit freiwillig eine Abkühlung im Bach oder sonst im Wasser sucht, ist das Baden generell zu vermeiden, da sonst die als Schutzmantel dienende Säureschicht auf der Haut zerstört wird.

Es lässt sich allerdings nicht umgehen, den Hund zumindest abzuduschen, wenn er sich im Schmutz gewälzt hat oder Düfte nach Hause bringt, die der menschlichen Nase nicht behagen. Zu diesem Zweck gibt es im Handel spezielle Hundeshampoos; auch ein mildes Duschmittel kann verwendet werden, niemals jedoch Seife. Wichtig nach der Badeprozedur ist gründliches Nachduschen, damit alle Shampooreste auch wirklich entfernt werden. Das Wasser muss lauwarm sein. Zum Schutz vor Erkältungen sollte man den Hund danach mit einem Frotteetuch ordentlich trockenrubbeln und ihn anschließend an einen warmen, zugfreien Platz bringen.

Ein ganz normaler Vorgang ist es, wenn sich Ohrenschmalz oder andere Absonderungen im Ohr bilden. Der äußere Gehörgang wird deshalb etwa alle 14 Tage mit einem in Babyöl getränkten Wattebausch oder -stäbchen sorgsam gereinigt.

Mit einem nicht fusselnden, feuchten Leinentuch werden morgens die Augen – von außen nach innen – ausgeputzt.

Wenn der Hund ab und zu Hundekuchen zu kauen bekommt, erübrigt sich ein Zähneputzen. Zahnsteinbildung kann zu Entzündungen des Zahnfleisches führen, besonders starke Ablagerungen müssen von Zeit zu Zeit vom Tierarzt mit dem entsprechenden Instrumentarium entfernt werden.

Zu lange Krallen, die sich trotz Bewegung auf festem Boden bilden (ohne dass man den Hund nun ständig auf Zementboden laufen lässt), sind zu kürzen. Ideal

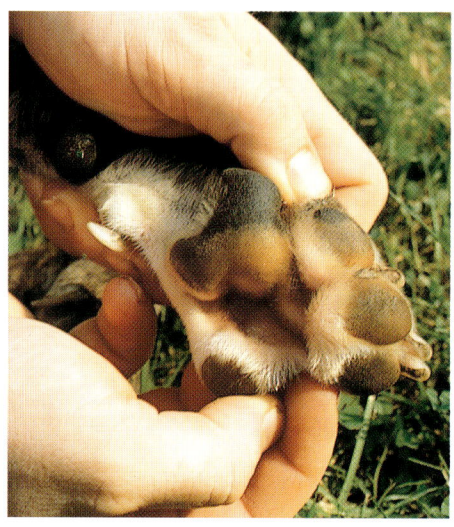

■ *Eingetretene Fremdkörper können die Ballen leicht verletzen – deshalb nachsehen!*

hierfür ist eine eigens für Hundekrallen entwickelte Zange, die die Kralle nicht zusammendrückt und von vorn den Nagel schräg abnimmt, ohne dem Hund Schmerzen zuzufügen. So kann man auch genau bestimmen, wie weit die Kralle abgeschnitten werden soll, damit man beim Kürzen nicht unversehens in ihren ›lebenden‹ Anteil gelangt.

Zur Pflege gehört auch das Nachsehen der Ballen auf eventuell eingetretene Fremdkörper; wenn sie entfernt sind, ist diese Stelle zu desinfizieren.
Im Winter müssen die Pfoten von Streusalzresten gründlich gereinigt werden.

So wichtig wie die äußere Pflege des Nordischen Hundes ist die Sauberhaltung des Lagers, auf dem er schläft, des Zwin-

gers insgesamt und des Auslaufs. Bei dem in der Wohnung gehaltenen Hund sollte die Matratze stets hygienisch sauber sein. Dazu empfiehlt es sich, dem Hund nach einem Spaziergang, und überhaupt wenn er von draußen kommt, die Füße abzuputzen.

Die Zwingeranlage erfordert da etwas mehr Zeitaufwand. Das Strohlager im Hundehaus – sofern eingestreut wird – ist wöchentlich völlig zu erneuern. Nach dem Entfernen der Strohmatratze sind die Holzfugen und -ritzen des Hundehauses mit Desinfektionsspray zu besprühen. Dem Hund sollte möglichst keine Gelegenheit gegeben werden, die Strohmatratze zu durchnässen. Sollte dennoch Feuchtigkeit durchgezogen sein, muss, bevor neu eingestreut wird, wieder für Trockenheit gesorgt werden, da sonst das feuchte Holz, abgedeckt mit Stroh, bald vermodern würde. Wenn man aber darauf achtet, dass der Hund nicht gerade auf seinem Lager uriniert und das Hundehaus von oben gut abgedichtet ist, besteht hier keine Gefahr.

An sehr nassen, regnerischen Tagen muss die oberste Lage der Einstreu mehrmals in der Woche erneuert werden.

Zur Pflege gehört letztlich auch, dass der Auslauf ausgefegt oder ausgespritzt wird; so bleiben die Tiere sauber. In einer gut gereinigten Zwingeranlage ist auch für Parasiten kein Lebensraum. Und so schließt sich der Kreis: Hund – Pflege – Gesundheit.

# Erziehung

Häufig wird die Meinung vertreten, Nordische Hunde seien nicht zuletzt wegen ihrer Urtümlichkeit unerziehbar. Ein Argument, mit dem es sich mancher Halter dieser ›Urgetüme‹ zu leicht macht. Ganz gewiss sind Nordische Hunde unter die ›schwer Erziehbaren‹ einzustufen; jedoch können sie, ja sie müssen sogar eine gewisse Disziplin erlernen, wenn sich das Zusammenleben mit dem Menschen für beide Teile optimal gestalten soll. Die Erziehung eines Schlittenhundes ist eine andere als die des Jagd- oder Hütehundes. Auf diese speziellen Verwendungen wird an anderer Stelle eingegangen. Hier ist die Rede davon, wie der Nordische Hund unter Berücksichtigung der ihm eigenen Wesensmerkmale in eine Haus- bzw. Lebensgemeinschaft integriert werden kann. Im Grunde geschieht das ähnlich wie bei anderen Hunderassen auch. Nur muss eben berücksichtigt werden, dass sich Nordische Hunde nicht ohne weiteres unterordnen; sie sind nicht unterwürfig und jede Ausübung erzieherischen Zwanges ist zu vermeiden. Mit sehr viel Einfühlungsvermögen wird es aber dem Besitzer eines Nordischen Hundes gelingen, sich als ›Rudelführer‹ zu behaupten.

Bereits den Welpen sollte man in spielerischer Weise zu lenken versuchen. Was das kleine, drollige Kerlchen als erlaubt er-

> Die Erziehung erstreckt sich beim Nordischen Hund darauf, ihm die für den Alltag notwendigen ›Anstandsregeln‹ beizubringen. In keinem Fall ist hierbei an das Abrichten zum Schutz- und Gebrauchshund zu denken. Dazu eignen sich die nordischen Rassen nicht, einige davon – wie der Akita Inu – bedingt; als ausgebildete Rettungs- oder Lawinenhunde sind sie allerdings schon den ›Gebrauchshunden‹ zuzuordnen.

fährt, kann dem erwachsenen Hund nur schwerlich verboten werden. Schon sehr bald geschieht das **Anrufen** des Welpen bzw. Junghundes mit seinem Namen, wie überhaupt alle Dinge, die erlernt oder erkannt werden sollen, stets mit der gleichen Bezeichnung zu nennen und das ganze Hundeleben hindurch konsequent beizubehalten sind. So kann beispielsweise für das Zurückkommen zum Herrn das Kommando ›hier her‹, ›komm her‹ oder ›ran da‹ gewählt werden. Das gilt ebenso für alle späteren Lektionen: immer das gleiche prägnante Kommando-Wort während einer zu absolvierenden Übung anwenden, damit der Hund begreifen kann, was man von ihm verlangt. Wenn

> Grundsätzlich ist auch zu bedenken, dass der Nordische Hund mit einem äusserst guten Hörvermögen ausgestattet ist und alle in völlig normaler Lautstärke gegebenen Kommandos sehr wohl vernimmt; im Gegenteil: bei leisem Reden wird er sich mehr um Verständnis bemühen, während ihn Schreien und Brüllen mit der Zeit nur abstumpfen. Wenn vom normalen ›Umgangston‹ bei Bedarf auf eine energische Lautstärke übergegangen wird, genügt dies völlig, um den Hund auf eine dem Ton angepasste Situation aufmerksam zu machen.

Übungen von dem Hund nicht aus einem Gehorsamkeitsgefühl ausgeführt werden, sondern viel mehr aus Gewohnheit geschehen. Nach Verrichten des Geschäftes an dem gewünschten Ort muss man ihm das hierfür gebührende Lob aussprechen.

Anfangs wird das noch nicht immer klappen, und sollte das Malheur doch einmal in der Wohnung passieren, so hat Schimpfen – ›Pfui‹, ›das ist Pfui‹ – nur dann seine Wirkung, wenn der Übeltäter auf frischer Tat ertappt wurde. Ein Rügen im nachhinein ist immer sinnlos, weil der Hund nicht zu begreifen vermag, warum man ihn schimpft.

die Worte ständig verändert werden, ist ihm dies unmöglich und er wird dadurch verunsichert.

## An der Leine

Schon bald kann dem jungen Nordischen Hund ein Halsband angelegt werden. Zuerst versucht er wahrscheinlich, es mit den Pfoten abzustreifen oder durch Schütteln abzubekommen. Von all dem lenkt ihn ein Übergang zum Spielen ab, und er ver-

## Stubenreinheit

Jeder Hundehalter möchte, dass sein Hund stubenrein ist oder schnellstmöglichst wird. Gerade hier zeigt sich, was man ihm mit Lob im richtigen Moment wie auch mit Tadel begreiflich machen kann. Mit Lob und Belohnungen sollte man nie sparsam sein.

Um den jungen Nordischen Hund in kürzester Zeit stubenrein zu bekommen, bedarf es allerdings auch der ständigen Beobachtung. Unmittelbar nach dem Aufwachen sowie nach der Fütterung ist der Hund an den Platz zu bringen, an dem er sein großes und kleines Geschäft erledigen kann. Bei Heranführen an immer die gleiche Stelle zum Lösen wird dem Hund sehr schnell das von ihm Erwartete verständlich, so wie die meisten erzieherischen

> Nachdem der Nordische Hund angeleint willig mitläuft, sollen verschiedene Gangarten vorgelegt werden. Damit wird erreicht, dass der Hund sich der Geschwindigkeit seines Herrn anpasst, nicht selbständig vorauseilt oder, wo es gerade etwas Interessantes für ihn gibt, stehenbleiben möchte.
> Vor allem später, wenn der Nordische einen Schlitten zieht, ist dies eine wichtige Gehorsamsübung im Hinblick auf vielerlei, was zum Abweichen von der Strecke verleiten könnte.

gisst rasch das neue Halsband. Der nächste Schritt zielt auf das Mitgehen an der Leine ab. Manche Hunde bereiten überhaupt keine Schwierigkeiten und marschieren mit, als hätten sie sich nie frei und ohne Leinenzwang bewegt. Wenn der Hund versucht, in entgegengesetzter Richtung wegzuziehen, sollte ihm ruhig ein wenig nachgegeben werden. Nur Geduld und Ruhe führen da zum Ziel. Meist genügt es – das gilt auch für das Herkommen auf Zuruf ohne Leine –, wenn sich der Hundehalter niederhockt und ruft. Der neugierige Nordische Hund kommt herbei, um nach dem Herrn in solch veränderter Lage zu sehen.

## Kommen

Kein Fehler seitens des Hundebesitzers wird so häufig begangen wie der, den Hund zu strafen, wenn er auf Anruf nicht sofort reagiert, nach seinem Erkundungsausflug aber freiwillig und freudig zu seinem Herrn zurückkehrt. Und kein Fehler ist so schwer wieder gutzumachen. Der Hund verbindet mit dem Zurückkommen bevorstehende Strafe und wird seine Ausflüge nur noch länger ausdehnen. Er verliert auch das Vertrauen zu seinem Herrn und Meister und ein gestörtes Vertrauensverhältnis ist nicht mehr reparabel.

Erfolgversprechender ist, den Hund an einer langen Leine ruhig weglaufen zu lassen, die Leine aber durch einen spürbaren Ruck anzuziehen, wenn der Hund auf den ersten Anruf nicht reagieren sollte. Kommt er aber zurück, darf mit Lob nicht gespart werden.

Es sind heute überlange Hundeleinen im Handel zu bekommen, die dem Hund durch einen Auf- bzw. Abrollmechanismus ein größtmögliches Maß an Bewegungsfreiheit gewähren. Sicher eine gute Erfindung, aber zum Erlernen des Gehens an der Leine und gar ›bei Fuß‹ eignen sich diese Leinen nicht, es sei denn, durch entsprechendes Nachfassen würde die Länge bzw. die Entfernung reguliert. Später, wenn der Hund ›aufs Wort‹ folgt, kann man sie verwenden.

## Das Gehen bei Fuß

Zuerst wird das Gehen ›bei Fuß‹ noch mit der Leine geübt. Dabei befindet sich der Hund stets auf der linken Seite mit dem Kopf in Höhe des linken Beines seines Herrn. Dessen rechte Hand, vor die Nasenpartie des Hundes gehalten, wirkt einem Vorgehen entgegen. Diese Übung kann erst dann ohne Leine versucht werden, wenn der Hund ohne Abweichung und ohne Zug auszuüben, nicht nur kurzzeitig bei Fuß geht, sondern auch absolut bei Fuß bleibt, solange es von ihm verlangt wird. Ist die Übung – zunächst angeleint – zuverlässig ausgeführt worden, ist anzunehmen, dass sie auch ohne Leine gelingt.

## Sitz und Platz

Die Vorstufe der Übung ›Platz‹ ist die des Setzens. Nachdem der Hund an kurzer Leine ›bei Fuß‹ ging, hält man im Weitergehen inne, drückt mit der einen Hand das Hinterteil nach unten, fixiert mit der Leinenhand den Kopf nach oben und erteilt während des Niedersetzens das Kommando ›Setz dich‹ oder ›sitz‹. Diese

Übung begreift der Hund relativ rasch. Schwieriger wird es dann später, wenn er ohne Leine sitzenbleiben soll. Aber das ist bereits eine Aufgabe für ›Fortgeschrittene‹ und gehört nicht mehr in den Bereich der Grundgehorsamsübungen.

Bei den Übungen ›Sitz‹ und ›Platz‹ ist wichtig, den Hund erst dann zu loben, nachdem das Kommando ›komm‹ gegeben wurde. Anderenfalls würde der Hund schon nach ausgesprochenem Lob die Aufgabe als beendet ansehen und aufspringen.

Die Methode, den Hund zum ›Platz machen‹ mittels Hinunterdrücken des Hinterteils und gleichzeitigem Wegziehen der Vorderbeine zu veranlassen, ist sicher wirkungsvoll, entbehrt aber doch nicht einer sanften Art der Zwangseinwirkung. Es sollte vielmehr von Anfang an beim Einüben dieser Übung keinerlei Zwang zur Anwendung gelangen, zumal sich viele Hunde bei der Ausführung dieser doch eigentlich bequemen Position widersetzen. Ein dargebotener Leckerbissen erweist sich bei der Einübung des ›Platz-Machens‹ als hilfreich. Dem sitzenden Hund wird ein Leckerle in Bodennähe angeboten, während eine Hand den Hund in der sitzenden Stellung fixiert. Um an den begehrten Leckerbissen heranzukommen, muss sich der Vierbeiner wohl oder übel hinlegen. Nun darf das gleichzeitig gesprochene ›Platz‹ nicht fehlen, denn letztendlich soll ja das ›Platz‹ ausschließlich auf das gegebene Kommandowort erfolgen und nicht etwa auf ein vorgehaltenes Leckerchen.

## ›Aus‹-Kommando

Von klein an soll der Hund das Kommando ›aus‹ kennen und lernen, dass er sich dann alles abnehmen lassen muss. Mit dieser Übung kann gar nicht früh genug begonnen werden; dann lässt sich der ausgewachsene Hund ohne Murren etwa einen Knochen aus dem Maul nehmen und auch Dinge, die nicht in das Hundemaul gehören, lassen sich mühelos entfernen.

Bei Beißereien zweier oder gar mehrerer Hunde untereinander ist allein mit dem ›Aus‹-Kommando wenig auszurichten. Ein Wasserstrahl wäre in solchem Falle wirkungsvoller.

Aggressives Verhalten gegenüber Artgenossen darf nicht toleriert oder gar noch gefördert werden. Besonders ein Schlittenhundeführer weiß es zu schätzen, wenn sich die Hunde seines Gespannes nicht mit jedem an der Rennstrecke stehenden oder womöglich frei herumlaufenden fremden Hund anlegen möchten. Ohne auch nur das Tempo zu verlangsamen, muss das Gespann seinen Weg unbeirrt fortsetzen.

Raufereien und Austragungen von Machtkämpfen untereinander wird es hingegen immer geben.

## Anspringen

Die meisten Nordischen Hunde sind von ihrer Größe her nicht gerade zu den kleinen und zierlichen Rassen zu zählen. Deshalb ist es für den Besitzer lästig, wenn er zur Begrüßung von seinem Hund angesprungen wird. Diese Unart, auch wenn sie aus überschwenglicher Freude geschieht, ist – soll sie nicht zur Gewohnheit werden – vom Hundebesitzer zu unterbinden.

Wenn das gegebene Kommando ›aus‹ nicht genügt, den Hund wieder auf den Boden zu bringen, empfiehlt sich die Anwendung eines kleinen psychologischen Tricks. Während des Hochspringens wird dem Hund kurz aber bestimmt auf die Hinterpfoten getreten. Er verspürt den Schmerz, vermag aber nicht zu erkennen, daß er von seinem Herrn ausging. Das Hochspringen wird mit Schmerz verbunden und sehr schnell hat sich der Hund diese Unart abgewöhnt. Eine andere

Möglichkeit, den Hund vom Hochspringen abzulenken, ist die, ihn ›Sitz‹ machen zu lassen. Entsprechendes Lob verbindet er so mit der für ihn angenehmeren Art, Herrchen zu begrüßen.

> Wie bei allen Gehorsamsübungen ist auch hier die konsequente Haltung des Besitzers erstes Gebot für den Erfolg.

## Alleinsein

Die ersten Tage im neuen Zuhause sollte der von Mutter und Geschwistern ge-

 Ein festes Gestell hält den Hund in gebührendem Abstand vom Fahrrad und bringt den Radler nicht in Gefahr.

trennte Welpe nicht allein gelassen werden. Doch schon bald muß ihm begreiflich gemacht werden, dass der Mensch nicht unentwegt bei ihm sein kann. Das lässt sich in der Weise üben, dass der Hund seinen Platz in einem Raum alleine innehat, von dem aus er seinen Herrn nicht sehen kann. Verhält er sich ruhig, erfolgt ab und an ein ›Besuch‹ des Besitzers, bei dem es einen Belohnungshappen gibt. Heult er aber, kommt Herrchen, schimpft (›aus‹, ›ruhig‹) und es gibt keine Belohnung. Das Alleinebleiben sollte unterschiedlich lange geübt werden, so dass der Hund nie weiß, wann jemand zu ihm kommt. Verlässt der Besitzer die Wohnung, muss er sich überzeugen, ob der Hund ruhig bleibt. Auch ein Nachbar kann diese Kontrollfunktion übernehmen.

## Laufen am Fahrrad

Besonders für den Schlittenhund ist das Mitlaufen am Fahrrad eine wertvolle Vorübung für das spätere Gespanntraining. Zum Gewöhnen an das Fahrrad

wird dieses zuerst geschoben und der Hund mit ihm vertraut gemacht. Er soll dabei an kurzer Leine gehen. Danach sitzt man auf und wählt das Tempo so, dass der Hund trabt. Wenn der Hund leinenführig ist, und das sollte vorausgesetzt werden, wird er auch am Fahrrad weder nach rechts noch nach links ziehen. Schon jetzt führt man die späteren Kommandos, wie ›Stopp‹ zum Anhalten, ein. Hunde, die sicher ohne Leine ›bei Fuß‹ gehen, könnten natürlich auch frei am Rad mitlaufen, was aber für den Schlittenhund im Hinblick auf seine spätere Arbeit am Schlitten nicht förderlich wäre. Deshalb ist es gut, dem Schlittenhund für die Bewegung am Fahrrad bereits das Geschirr anzulegen, damit er von Anfang an weiß, daß das Anschirren mit ernster Arbeit verbunden ist.

Keinesfalls darf der Hund bei der Bewegung am Fahrrad überanstrengt und das Tempo zu flott gewählt werden. 1000 m sind für den jungen Hund ausreichend.

# Ernährung

Beim Abholen des Welpen vom Züchter lässt man sich genau erklären, womit und wie der kleine Hund dort gefüttert wurde, um nicht durch eine plötzliche Umstellung der Kost Magen-Darmstörungen auszulösen. Erst allmählich kann die Ernährungsweise verändert werden, so dass sie schließlich den Möglichkeiten der eigenen Futterbeschaffung entspricht. Nur eines ist unumstößliches Gesetz: Sparen darf man am Futter für den Junghund niemals.

> Die artgerechte Zusammensetzung der Mahlzeiten ist vergleichbar mit Bausteinen, die ein solides Fundament für ein ganzes Leben bilden. Was beim jungen Hund bei der Fütterung durch Unkenntnis, Nachlässigkeit oder einfach weil man glaubt, minderwertiges Futter genüge für die Aufzucht, gesündigt wird, lässt sich später nicht wieder gutmachen.

Auch die Fressgewohnheiten werden beim Junghund für das ganze Leben festgelegt. Deshalb sind die täglichen Futterzeiten exakt einzuhalten. Das Futter wird zu regelmässigen, festgelegten Zeiten verabreicht; Reste dürfen nicht bis zur nächsten Mahlzeit stehenbleiben, sondern werden entfernt. Das heißt, was in etwa

zehn Minuten nicht aufgefressen ist, wird weggenommen, frischgehalten und zur nächsten Mahlzeit nochmals angeboten. Nur so erzieht man seinen Hund zum ›guten Fresser‹ und nicht zu einem verwöhnten Tier, das nie richtigen Appetit hat.

Die Welpenaufzucht wird im Kapitel ›Zucht‹ behandelt.

Hunde sind von Natur aus Fleischfresser; das ist wohl ein Erbe ihrer Wolfsahnen, die nicht regelmässig ernährt und gefüttert wurden, wie unsere domestizierten Hunde. Dennoch erhielten sie alles, was lebensnotwendig ist, auf natürlichem Wege durch ihre Beute. Die Beutetiere wurden in großen Stücken samt Magen und Eingeweiden mit dem darin enthaltenen Speisebrei – auch pflanzlicher Herkunft – verschlungen. Deshalb genügt für unsere Hunde nicht nur eine reine Fleischfütterung; vielmehr muss all das, was an sonstigen natürlichen Futterstoffen dem domestizierten, zivilisierten Hund abgeht, noch zugefüttert werden.

Der Hund hat sich zwar im Verlauf von Jahrtausenden stärker unserer Ernährung angepasst, doch ist es nach wie vor wichtig, dass er mindestens 25 % Eiweiß in Trockensubstanz bekommt, von der 75 % aus pflanzlicher Nahrung bestehen kann. Der noch nicht ausgewachsene Hund benötigt gar 30 bis 50 % Eiweiß.

Das Futter sollte lau- oder körperwarm sein, da auch in der Natur die Beute nicht eiskalt vertilgt wird. Zweifelsohne kann auch in unseren ›gemäßigten Regionen‹ der Hund – vielmehr sein Verdauungsapparat – an kaltes oder gar gefrorenes Fleisch gewöhnt werden. Wir wissen, dass die Eskimos beispielsweise ihren Hunden gefrorenes Walrossfleisch verfüttern, jedoch wohl nur deshalb, weil weder für Mensch noch Hund täglich Frischfleisch zur Verfügung steht. Die Eskimohunde vermögen auch bis zu 3 Tagen ohne Futter zu laufen. Erst nach erfolgreicher Jagd darf jeder Hund so viel fressen, wie er kann. Solche Prinzipien sind bei uns allerdings undenkbar und es kostet schon einige Überwindung, den Hunden wenigstens einen Hungertag in der Woche abzuverlangen.

Nachdem der Welpe von der Mutter abgesetzt – entwöhnt – ist, verlangt er ›handfeste‹ Kost. Das ist zuerst Hackfleisch; auch Fertigprodukte aus der Dose lassen sich unter Zugabe von einem Eigelb, etwas Gemüse- oder Knochenbrühe zu einer willkommenen Mahlzeit verarbeiten. Quark ist ein guter Proteinspender, sollte jedoch in Maßen verwendet werden. neben einem hohen Kalziumgehalt besitzt Quark nämlich auch viel Phosphor, so dass er bei Unterfunktion der Nebenschilddrüse nicht verfüttert werden sollte. Allmählich stellt man auf kleingeschnittenen Pansen (Rindermagen) um, wobei der Blättermagen keineswegs pieksauber geputzt wird, denn das aufgenommene Grün enthält noch wertvolle Vitamine und Spurenelemente. Insgesamt soll das Futter vielseitig und abwechslungsreich sein.

Natürlich weiß der Laie im Allgemeinen nicht genau, welche wichtigen Aufbaustoffe in den einzelnen Nahrungsmitteln enthalten sind. Hier bieten die Fertigfutter eine gute Hilfe, denn sie sind genau auf den Organismus des Hundes und damit

■ *Eine gute Aufzucht mit ausgewogener Fütterung sorgt für die Gesundheit der Welpen.*

auf sein Wohlbefinden abgestimmt. Die Marken-Fertigprodukte enthalten vor allem hochwertiges Eiweiß, ohne das ein Leben praktisch nicht möglich ist. Hochwertiges und leichtverdauliches Eiweiß ist in Muskelfleisch, Innereien, Fisch, Milch und in Milchprodukten (Käse und Quark) sowie in Eiern enthalten. Sehr eiweißreich ist auch Trockenfisch. Weniger wertvolles Eiweiß ist in Knorpel, Schwarten und Knochen enthalten. Pflanzliche Eiweißträger sind Haferflocken, Reis, Vollkornbrot und Sojamehl.

Der zweite Grundnährstoff sind die Kohlenhydrate, die in der Natur in größeren Mengen in den Pflanzen vorkommen sowie auch in Pflanzenprodukten wie Mehl, Brot, Reis, Teigwaren oder Zucker. Da das Verdauungssystem des Hundes jedoch pflanzliche Nahrung weniger gut ausnutzen kann, müssen wir solche Pflanzenprodukte verfüttern, die am besten verwertet werden, wie gekochte Haferflocken, gekochten Reis und Gemüse.

Auch Fett darf in der Hundenahrung nicht fehlen – wenigstens 5 % – zumal es die wichtigen Vitamine A, D und E enthält.

Bei ausgewogener Zusammensetzung der Ernährung bezieht der Hund alle notwendigen Vitamine aus der Nahrung. Vitamin A kommt vor in Leber und Niere der Schlachttiere, ebenso wie im Lebertran. Die Vitamine der B-Gruppe finden sich in Milch, Eiern, Schweinefleisch, Leber, Haferflocken, Vollkornbrot und vor allem in der Bierhefe. Hingegen muss das antirachitische Vitamin D 2 oder D 3 in Form von Lebertran insbesondere tragenden und säugenden Hündinnen und natürlich auch den Welpen zugefüttert werden. Wichtig ist jedoch, die genaue Anweisung auf der jeweiligen Packung einzuhalten, da übermäßige Vitamin-D-

Gaben auch schädlich sein und zur Entkalkung der Knochen führen können.

Für die Knochenbildung kommt es auf das richtige Kalzium-Phosphor-Verhältnis, wie es in Knochenmehl zu finden ist, wesentlich an. Knochenmehl kann gelegentlich, ebenso wie Nieren und Milz, je nach Empfindlichkeit des Hundes auch abführend wirken. Da Lunge überhaupt keinen Nährwert besitzt, ist sie allenfalls dazu geeignet, einem überfütterten Hund zum ›Abspecken‹ den Magen zu füllen.

Gelegentliche Beigaben von Leinsamenmehl erhalten das Fell glänzend.

> Der Welpe wird anfangs viermal täglich gefüttert, im Alter von 3 bis 4 Monaten dreimal, mit einem halben Jahr zweimal bis er ausgewachsen ist, womit beim Nordischen Hund etwa im Alter von zwei Jahren zu rechnen ist. Dann wird nur noch eine Mahlzeit verabreicht.

Beim Schlittenhund richtet sich diese nach der Trainingszeit und dem Einsatz beim Rennen. Es wird niemals direkt vor dem Laufen gefüttert und auch kein Wasser angeboten. Wenn es der Hund mag, kann er vor dem Rennen einen Löffel Bienenhonig bekommen. Da es selbst dem Menschen schwerfällt, mit vollem Magen sportliche Hochleistungen zu erbringen, sollte auch der Hund erst nach getaner Arbeit sein Futter erhalten.

Der Kalorienbedarf eines ›normalen Hundes‹ beläuft sich bei einem Gewicht von 30 kg (Durchschnittsgewicht eines Schlittenhundes) auf 1690 Kalorien pro Tag. Im Einsatz verbraucht der Schlittenhund fast die doppelte Kalorienmenge.

Aber auch innerhalb einer Rasse gibt es Individuen in Bezug auf Ausschöpfung aller Nähr- und Wirkstoffe und es ist Sache eines jeden Hundehalters, seinen Hund durch ständige Gewichtskontrollen bei optimaler Nahrungszufuhr fit zu halten.

Leider ist es oft nicht leicht, besonders in der Stadt, für mehrere Hunde genügende Mengen Frischfleisch zu bekommen. Wer also Schwierigkeiten mit der Beschaffung des Fleisches hat, kann ohne Sorge auf die vielfach angebotenen Fertigprodukte zurückgreifen. Diese sind weitgehend in umfangreichen Fütterungsversuchen erprobt und enthalten alles für die Hundeaufzucht und Ernährung Notwendige. Hunde, die nur Frischfleisch und Beifutter gewohnt waren, müssen allmählich auf das Fertigfutter umgestellt werden, damit sich die Verdauungsorgane darauf einrichten und es nicht zu Verdauungsstörungen kommt. Die Hersteller solcher Futtermischungen kennen die ernährungsphysiologischen Grundlagen, d. h. den Bedarf des Hundes an den verschiedenen Nähr- und Wirkstoffen und sie kennen besser als jeder Hundehalter die Einzelfuttermittel, aus denen die Mischungen zusammengestellt werden. Die einzelnen Bestandteile werden in den Fabriken vor der Verarbeitung ständig auf ihren Gehalt an Eiweiß, Fett und auch Mineralstoffen und Vitaminen überprüft. Bei handelsüblichem Fertigfutter wird zwischen Vollnahrung und Beifutter unterschieden. Vollnahrung enthält alle notwendigen Nähr- und Wirkstoffe in den entsprechenden Mengen. Beifutter sind zum Beispiel Hundeflocken, Hundeku-

chen oder Trockenfleisch. Vollnahrung wird in getrockneter Form oder in Dosen angeboten. Dosenfutter enthält die gleichen Futtermittel, die auch in der konservativen Hundeernährung Verwendung finden, also vorwiegend Fleisch, Fleischbestandteile und Innereien, auch – allerdings in geringen Mengen – Getreideprodukte und Gemüse. Zu Trockenfutter werden u. a. Fleischmehl, Fischmehl, Trockenfleisch, Milchprodukte, Soja, Hefe und verschiedene Getreidesorten wie Mais, Weizen und Hafer verarbeitet. Trockenfutter verdaut der Hund genauso gut wie Frischfutter. Allerdings braucht er dann ständig Zugang zu Wasser, da der fehlende Wasseranteil im Futter zusätzlich aufgenommen werden muss (Trockenfutter enthält etwa 10% Wasser, Frischfleisch 70–80%). Ob aber nun Frischfleisch in Verbindung mit Haferflocken, Reis usw. oder Fertigfutter verabreicht wird, in beiden Fällen muss dem Hund ständig frisches, sauberes Trinkwasser zu Verfügung stehen.

Außer einem weichen Kalbsknochen sollte der Hund keine Knochen erhalten. Beim Junghund können Missbildungen der noch weichen Zähne auftreten; wenn mehrere Hunde zusammengehalten werden, sind Knochen außerdem oft der Anlass zu Raufereien.

Zweckmässiger ist daher die Gabe von Knochenmehl, das man bei jedem Fleischer bekommt und ab und zu dem Futter beimischt. Bei Durchfall hat es stopfende Wirkung, kann aber auch, wie schon erwähnt, in selteneren Fällen – z. B. bei Darmentzündungen – Durchfall hervorrufen.

# Krankheiten

Jeder gewissenhafte Hundehalter und -züchter wird auf das Wohlergehen seines Hundes achten und jede Veränderung im Verhalten oder Abnormitäten sogleich feststellen. Das frühzeitige Erkennen einer Erkrankung ist wichtigstes Kriterium für eine erfolgreiche Therapie.

> Die nordischen Rassen sind gerade wegen ihres ›wetterfesten Mantels‹ nicht zu den empfindlichen und erkältungsanfälligen Hunden zu zählen, aber gewisse Vorsorge ist auch hier vonnöten, und gegen manche Krankheiten ist auch der robusteste ›Nordische‹ nicht gefeit. Dazu gehört es, im Zwinger für Reinlichkeit zu sorgen und den Hund dort vor Zugluft wie auch vor starker Sonneneinstrahlung zu schützen. Ferner sollte man auf das Auftreten von Endo- und Ektoparasiten und sonstigen Schmarotzern achten und den Hund nicht öfter als notwendig baden.

Gemeinhin wird davon ausgegangen, dass zum gesunden Hund eine **feuchte Nase** gehört. In den allermeisten Fällen ist das auch so. Umgekehrt findet man aber auch kerngesunde Hunde mit einer ständig trockenen Nase. Sicher ist dies nicht die Regel und hier kommt es auf das erfahrene Auge des Hundehalters an.

**Erhöhte Temperatur** hingegen ist immer ein Alarmzeichen. Die Normaltemperatur – rektal gemessen – liegt beim Hund zwischen 37,5 und 38,5 °C. Ab 39,5 °C ist berechtigte Sorge am Platz und der Tierarzt zu benachrichtigen oder aufzusuchen, dem alle beobachteten Auffälligkeiten zu schildern sind.

Als Ergebnis der Diagnose ist es oft notwendig, **geeignete Medikamente zu verabreichen,** die der Hund sicher nicht freiwillig schluckt. Schwerwiegende Erkrankungen, die mit totaler Nahrungsverweigerung einhergehen, machen sowieso das Verabreichen von Spritzen durch den Tierarzt notwendig. Wenn Tabletten verordnet werden, hilft eine kleine List: Die Tablette, Kapsel oder das Dragee wird in einem Hackfleischbällchen versteckt und in den meisten Fällen frisst der Hund das Fleisch samt Füllung. Tabletten, weit in den Rachen geschoben, werden bei auf der flachen Hand ruhendem Kopf beziehungsweise bei gestrecktem Hals durch den ausgelösten Schluckreflex abgeschluckt. Ein wenig Kraulen am Hals als Ablenkungsmanöver unterstützt diesen Vorgang. Flüssige Medizin ist etwas leichter zu verabreichen, da man sie bei hochgehobenen Lefzen in die Seitentaschen träufeln kann. Auch hierbei krault man den Hund am Hals, damit er abschluckt und sich nicht etwa verschluckt, wenn die Medizin direkt in den Rachen gelangt.

Wurde bereits mit dem jungen Hund in spielerischer Weise das ›**Fangöffnen**‹ geübt, bereitet es kaum Schwierigkeiten, auch eine nicht nach Leckerbissen schmeckende Arznei zu verabreichen.

Wovor die Hunde nicht immer geschützt werden können, sind **Verletzungen** bei Unfällen oder Beißereien, die sowohl bei den Schlittenhunden auf der Strecke als auch bei den Jagdhunden während ihres Einsatzes vorkommen können. Bei im Rudel gehaltenen Hunden geht das Austragen von Rangkämpfen um ›Führungsansprüche‹ oft nicht ohne Schrammen ab. Wenn nur **oberflächliche Wunden** entstanden sind, braucht man hier nicht einzugreifen. Es empfiehlt sich jedoch, die Haare um die Verletzungsstelle herum abzuscheren, damit keine Verklebungen und Eiterungen entstehen können. **Tiefere Verletzungen** bedürfen möglichst umgehender tierärztlicher Versorgung, da sie meist genäht werden müssen.

Aber auch durch Eintreten von Glassplittern können an den **Pfoten** Verletzungen entstehen. Aus diesem Grund, und um ein Wundlaufen zu vermeiden, tragen manche Schlittenhunde Schuhe.

Eine Dose Chloromycetin-Spray (mit Gentiana-Violett) sollte immer zur Hand sein. Dieses Mittel trocknet zum einen nässende Wunden aus und durch den bitteren Geschmack des Medikaments wird der Hund abgehalten, die Wunde zu belecken.

Bei Bissverletzungen, wenn Schmutzpartikel in die Wunde eindringen, ist an die Gefahr des **Wundstarrkrampfes** zu denken und es ist beruhigend für den Hundebesitzer, wenn er weiß, dass sein Hund gegen Tetanus geimpft wurde.

Nach Unfällen, wenn der Hund von einem Auto angefahren wird, bei einem Sturz oder Aufprall (gerade Schlittenhunde können zuweilen an einem Baum landen!), gilt es vor allem Ruhe zu bewahren. Umsichtiges, ruhiges Verhalten überträgt sich auch auf den Hund und das ist im Moment das Allerwichtigste. Tritt nach einem Unfall ein **Schockzustand** mit Bewusstseinstrübung, ansteigender Pulsfrequenz und abfallendem Blutdruck mit gestörter Atemrhythmik ein, ist ohnehin schnellstmöglichste tierärztliche Hilfe notwendig. Bis dahin soll der Hund in Seitenlage gebracht und es sollte versucht werden, ihm die Zunge seitlich herauszuziehen. Ebenso können auch **Knochenbrüche** und **Prellungen** im Gefolge von Unfällen auftreten.

Die Aufzählung aller möglichen Erkrankungen würde den Rahmen dieses Buches sprengen. Im Folgenden wird deshalb nur auf die bekanntesten und ›typischen‹ Hundekrankheiten eingegangen. In allen weiteren Krankheitsfällen wendet man sich an den Tierarzt oder zieht die entsprechende Fachliteratur zu Rate.

Zuvor noch einige Worte zum **alternden und alten Hund;** ein Thema, das allzugerne aus den Überlegungen verdrängt wird, mit dem sich aber doch jeder Hundebesitzer eines Tages konfrontiert sieht.

Dem Hund, der uns willig im Gespann Freude – Lebensfreude – bereitete, ebenso wie dem Jagd- und Hütehund, schulden wir als ›Wohlstandsbürger‹ einen hundewürdigen Lebensabend voller Rücksichtnahme auf das Alter.

Ist der Hund dann, wenn eines Tages die Beine ihren Dienst versagen, nicht mehr in der Lage, sich von seinem Lager zu erheben, oder ständige Schmerzen lassen das alte Tier leiden, sollte der Mensch durch den Tierarzt ein erlösendes und gnädiges Ende herbeiführen lassen. Ein solcher Entschluss wird ohnehin nicht spontan gefasst und meist lange hinausgeschoben, ehe man zusammen mit dem Tierarzt die letzte bittere Entscheidung trifft.

## Staupe

Neben den Virus-Infektionen Hepatitis, Tollwut, Leptospirose, Herpesvirus und Zwingerhusten steht die Erkrankung an Staupe noch immer an erster Stelle, wenn auch dank der vorbeugenden Schutzimpfungen ihre Häufigkeit abnimmt. Die Ansteckung geschieht durch den Kontakt mit an Staupe erkrankten Tieren bzw. deren Absonderungen aus Nase oder Augen. Die Inkubationszeit beträgt 1 bis 3 Wochen. Am anfälligsten sind Tiere im ersten Lebensjahr, aber auch alte Hunde werden zuweilen befallen.

Da die ersten Krankheitssymptome oft übersehen werden, sei ausführlicher auf die Krankheit eingegangen. Jede Form der Staupe ist äußerst ansteckend.

Das 1. Stadium (= Virusstadium), das einige Stunden bis mehrere Tage dauert, geht einher mit meist hohem Fieber, Bindehautentzündung mit wässrigen Augen und Nasenausfluss.

Das 2. Stadium (= Sekundärstadium) tritt nach 1- bis 7tägigem fieberfreiem Intervall im Anschluss an das Virusstadium auf und befällt durch Infektion mit Sekundärerregern vornehmlich Atem- und Verdauungstrakt und kann Herz-, Nieren-, Augen- und Ohrenerkrankungen zur Folge haben.

Die katarrhalische Form ist eine mögliche Verlaufsform des Sekundärstadiums.

Es können zusammen oder allein betroffen sein: die Augen, die Luftwege, Magen und Darm. An den Augen ist eine Schwellung zu beobachten, bei der anfangs wässriger, später eitrigschleimiger Ausfluss abgesondert wird. Zuweilen sind die Augenschwellungen neben Fieber, Unlust, Mattigkeit, wenig gestörter Fresslust die einzigen Krankheitserscheinungen. Der Befall der Luftwege äußert sich durch wässrigen bis eitrigen und blutigen Ausfluss aus der Nase. Sind Atembeschwerden, Rasselgeräusche, Ansteigen des hohen Fiebers, Durst, Abmagerung, Kräfteverfall zu beobachten, liegt die sehr häufige und gefährliche Bronchopneumonie vor.

Die Magenstaupe tritt auf mit Erbrechen, Würgen, Futterverweigerung, Durst; das trockene Maul ist mit pappigem, zähem Speichel bedeckt, die Zungenspitze ist gerötet. Nach anfänglicher Verstopfung ist der Kot dann dünnflüssig, schaumig.

Das 3. Stadium (= nervöse Form) kann anschließend an das Sekundärstadium oder einige Zeit später auftreten (Gehirn- und Rückenmarksstaupe). Nach starker Erregung mit Schreckhaftigkeit, Angst, Scheu, Verkriechen, Unruhe, Zittern, boshaftem und bissigem Benehmen (ähnlich wie bei der Tollwut), veränderter Stimme, anhaltendem, aufgeregtem Schreien, stellen sich bei mäßigem Fieber, gestörter und falscher Futteraufnahme meist rasch Niedergeschlagenheit, Benommenheit, oft

hochgradige Schwäche, Bewegungsstörungen, Krämpfe und Rückenmarks-
lähmung (Lähmung der Hinterhand) ein.

Die sogenannte **Hartballenkrankheit**
stellt eine abgewandelte, bösartige,
schneller verlaufende Form der Staupe
dar, die hauptsächlich mit derben Ver-
dickungen der Ballen, aber auch des Na-
senspiegels einhergeht. Nervöse Erscheinungen treten früher als bei anderen
Staupeformen auf.

Erwähnt sei auch das Staupegebiss: Es
zeigt Schmelzdefekte am bleibenden Gebiss und braun verfärbte Zähne.

## Hepatitis

Die *Hepatitis contagiosa canis,* wie die
ansteckende Leberentzündung heißt, tritt
weit weniger auf als die Staupe und zeigt
ähnliche Krankheitserscheinungen.

Die Ansteckung erfolgt über die Mund-
schleimhäute.

Charakteristische Anzeichen für eine Erkrankung an *Hepatitis contagiosa* sind:
Temperaturanstieg auf 41 °C, Appetitlo-
sigkeit, jedoch häufig starkes Trinkbedürf-
nis mit anschließendem Erbrechen, selten
Durchfall, gelegentlich Krämpfe der Gliedmaßen sowie Lähmungserscheinungen
der Hinterhand.

Die Heilungsprognose ist infaust, d. h.
ungünstig.

## Leptospirose

Zur großen Gattung der Spirochaeten
zählen die Leptospiren. Als Leptospiro-
seerkrankung beim Hund ist die sogenannte Stuttgarter Hundeseuche bekannt

(so genannt, weil sie erstmals als Seuche
nach einer Hundeausstellung in Stuttgart
im Jahre 1898 auftrat).

Infektionen mit *Leptospira icterohae-*
*morrhagiae* verursachen auch beim Menschen eine ansteckende Gelbsucht, die
›Weilsche Krankheit‹. Da sich die Infektionen des Hundes mit *Leptospira canicola*
oft in einer schleichenden Nierenentzündung, welcher natürlich auch andere Ursachen zu Grunde liegen können, äußert,
sollte man zur Sicherung der Diagnose
Blutproben untersuchen. Häufigste Zwischenträger von Leptospiren sind Mäuse
und Ratten, aber auch Schweine und Rin-
der. Die Ansteckung vollzieht sich demnach nicht ausschließlich von Hund zu
Hund, sondern auch über die Ausschei-
dungen vorgenannter Zwischenwirte.

## Herpesvirus-Infektionen

Welpensterben kann u. a. durch ein cani-
sches Herpesvirus verursacht sein. Das
Muttertier hat zwar ausreichend Milch,
aber die Welpen saugen nicht mehr und
gehen ein. Es kommt sogar vor, dass solche erkrankten Jungen von der Mutter
totgebissen werden.

Akute Herpesvirus-Infektionen bei
Welpen sind nicht behandlungsfähig,
wohl aber eine leichte Herpeserkrankung,
die in Form von Schleimhautentzündun-
gen auftritt und nach kurzer, äußerlicher
Behandlung beispielsweise mit Chloram-
phenicol wieder abheilt.

## Zwingerhusten (Laryngotracheitis)

Vom sogenannten ›Zwingerhusten‹ werden sowohl die Bronchien als auch die Luftröhre befallen. Welpen sind anfälliger, aber auch ältere Tiere können an Zwingerhusten erkranken. Nur im Anfangsstadium, das mit harten, trockenen Hustenanfällen einhergeht, erhöht sich die Temperatur auf 40 °C. Wenn im Gefolge keine Lungenentzündung auftritt, bleibt der Hund fieberfrei.

Bei dieser Krankheit gilt – wie überhaupt bei fast allen beschriebenen Virusinfektionen – Behandlung bei den ersten Anzeichen; Vorbeugen ist jedoch besser als heilen! Mit guter Fütterung und hygienisch einwandfreier Unterbringung ist schon viel getan.

## Tollwut

Immer wieder ist von aufgetretenen Tollwutfällen zu hören. Diese gefährliche Infektionskrankheit wird durch ein im Speichel erkrankter Tiere enthaltenes Virus übertragen. Befallen werden können nicht nur alle Warmblüter, sondern auch der Mensch.

Beim Hund macht sich die Krankheit unterschiedlich bemerkbar. Es treten 3 Stadien auf, die aber auch völlig ineinander übergehen können. Es sind dies:
1. Die ›stille Wut‹. Die Hunde zeigen sich teilnahmslos, bisweilen unruhig und bissig.
2. Die ›rasende Wut‹ mit verstärkter Unruhe und Drang zum Weglaufen. Sein Futter rührt der Hund nicht an; aber er zerbeißt Fremdkörper wie Holz usw.

Wird er eingesperrt, versucht er, sich freizubeißen.
3. Das Endstadium. Nach Lähmungserscheinungen, insbesondere des Unterkiefers tritt der Tod ein.

Da es bislang noch keine Behandlungsmöglichkeit gegen Tollwut beim Hund gibt, müssen besonders in gefährdeten Bezirken (Waldnähe) die Hunde schutzgeimpft werden. Die Impfung sollte auf Hunde beschränkt werden, die über 3 Monate alt sind.

Um einen dauerhaften Schutz gegen Tollwut zu erzielen, sind jährliche Wiederholungsimpfungen erforderlich.

## Aujeszky-Krankheit (Pseudowut)

Bis auf die Aggressivität und die im späteren Stadium der Tollwut eintretende Kieferklemme, sind die Symptome bei der sogenannten ›Pseudowut‹ ähnlich. Zwischen dem Tollwuterreger und dem der Aujeszkyschen Krankheit besteht aber keinerlei Verwandtschaft. Muskelzuckungen an Kopf und Hals – etwa wie sie bei der nervösen Form der Staupe auftreten – sind bei der ›Juckseuche‹, wie die Gehirn-Rückenmarksentzündung auch wegen des im Krankheitsbild vorherrschenden Juckreizes genannt wird, zu beobachten. Die Infektion erfolgt, wenn Fleisch erkrankter Tiere, hauptsächlich Schweinen, aufgenommen wird. Aber auch Ratten und andere Haussäugetiere werden als Überträger angesehen.

Die Inkubationszeit beträgt 4 bis 6 Tage. Danach wechseln Apathie und Unruhe einander ab, die Atmung ist beschleunigt; der Hund erbricht, leidet unter

Schluckstörungen und binnen 10 bis 72 Stunden tritt der Tod ein.
Eine Behandlungsmöglichkeit dieser Viruserkrankung ist noch nicht gegeben.

## Wundstarrkrampf (Tetanus)

Auch dadurch, dass der Wundstarrkrampf relativ selten auftritt, verliert er nicht seine Gefährlichkeit, denn einmal ausgebrochen, verläuft diese Infektionskrankheit meist tödlich, vor allem dann, wenn sie zu spät erkannt wird und tierärztliche Hilfe nicht rechtzeitig einsetzen kann.

Vor Verletzungen bei Unfällen oder Beißereien und damit einhergehender Verschmutzung der Wunde kann der Hund nicht immer bewahrt, wohl aber durch eine Immunisierung vor einer Tetanus-Infektion geschützt werden.

Die Inkubationszeit beträgt 20 bis 30 Tage. Die dann typischen Krankheitszeichen sind: gestreckte und steife Haltung von Kopf und Hals, starrer, ängstlicher Blick, steifer, stelzenartiger Gang. Die Stirnhaut verläuft in Längsfalten, wodurch die Ohren enger gestellt erscheinen. Auch die Mundwinkel verziehen sich nach hinten. Kieferklemme erschwert oder verhindert die Nahrungs- und Flüssigkeitsaufnahme. Charakteristisch ist auch die sogenannte ›Sägebockstellung‹, eine stelzenartige Stellung verbunden mit aufgezogenem Bauch und abgedrehter Rute. Die Muskelspannung wird durch Berührung und akustische Reize noch verstärkt, weshalb der Hund in einem ruhigen dunklen Raum untergebracht werden sollte. All das kann dem Hund durch eine vorsorgliche Immunisierung erspart bleiben.

## Toxoplasmose

Vor noch nicht allzu langer Zeit wurde die Toxoplasmose beim Hund als wahres Schreckgespenst angesehen, weil man glaubte, sie würde vom Hund auf den Menschen übertragen. Schwangere Frauen bzw. deren ungeborene Kinder schienen besonders gefährdet. An dieser Gefährdung hat sich auch nichts geändert; nur weiß man heute, dass nicht der Hund die vermeintliche Ansteckungsquelle ist, sondern Hund und Mensch gleichermaßen ansteckungsfähig sind.

Nach neuesten wissenschaftlichen Erkenntnissen lebt die geschlechtliche Form der Toxoplasmen im Dünndarm der Katze. Die dort entstehenden Eizysten des Erregers gelangen mit dem Katzenkot in das Freie, wo sie nun von warmblütigen Individuen mit der Nahrung aufgenommen werden können. Demnach ist nur über den Kot der Katzen oder durch Verzehr rohen Fleisches von Tieren, das Toxoplasmosezysten enthält, eine Übertragung möglich.

Der einzellige Erreger *Toxoplasma gondii* gelangt über die Blut- und Lymphwege in die inneren Organe oder in das zentrale Nervensystem. Die Toxoplasmose kann einen akuten, chronischen oder auch völlig stillen Verlauf nehmen. Bei Lokalisation der Erreger im Zentralnervensystem können die Krankheitserscheinungen leicht mit den Symptomen einer nervösen Staupe verwechselt werden. Eine sichere Diagnose bietet eine Blutuntersuchung. Früher war die Feststellung von Toxoplasmose-Erregern im Blut des Hundes das sichere Todesurteil für diesen. Zum Glück verfügt der Tierarzt heutzutage über geeignete Medikamente zur Behandlung.

# Parvovirose

Von einer ›modernen‹ Krankheit könnte man bei der Parvovirose sprechen, denn erst 1979/80 befiel sie in Deutschland Hunde, nachdem sie kurz vorher Belgien, Holland, England und im Frühjahr 1979 auch Frankreich erreicht hatte. Als Katzenseuche war die Parvovirose schon etwas länger bekannt, und es scheint eine enge serologische Verwandtschaft zwischen dem Parvovirus der Katzen und dem des Hundes vorhanden zu sein.

Vorherrschende Symptome sind Magen-Darmstörungen bis hin zu stark blutigem Durchfall. Der Hund ist apathisch, erbricht ständig und verfällt zusehends; die Temperatur steigt auf ca. 41 °C. Im Blutbild zeigt sich eine starke Verminderung der weißen Blutkörperchen. Die Prognose ist als äußerst ungünstig zu bezeichnen. Schutz vor dieser noch relativ ›neuen‹ Infektionskrankheit bietet der mittlerweile mit Erfolg erprobte Impfstoff Canimed P, welcher auch in bedrohten oder bereits verseuchten Hundehaltungen durch Notimpfung noch einen raschen Wirkungseintritt und die mögliche Rettung der betroffenen Tiere bewirken kann.

# Schutzimpfungen

Gegen Staupe, Hepatitis und Leptospirose schützt eine Impfkombination, das heißt eine Immunisierung gegen alle drei genannten Krankheiten. Des weiteren geben Impfungen gegen Tollwut, Zwingerhusten und Parvovirose größtmögliche Sicherheit vor Ansteckung mit diesen Erkrankungen. Der nachfolgende Impfplan zeigt auf, in welchem Alter die Schutzimpfungen vorzunehmen sind.

# Parasiten

Mancherlei Schmarotzer können dem Hund das Leben zur Qual machen. In der Fachsprache werden Ekto-Parasiten, die auf der Oberfläche des Wirtstieres leben und Endo-Parasiten im Körper (Darm-Magen-Leber-Lunge) nistend, unterschieden.

Zu ersteren zählen **Flöhe,** Läuse, Haarlinge, Haarbalgmilben und Zecken, wovon die Flöhe am häufigsten vorkommen. Die Bekämpfung des Hundeflohs dient aber nicht nur der äußeren Pflege, sie ist vielmehr für die Gesunderhaltung des Hundes wichtig, denn Flöhe sind Zwi-

| Impfung gegen | Grundimmunisierung | | | | Auffrischungs-impfung nach Jahren |
|---|---|---|---|---|---|
| | Erstimpfung | | Zweitimpfung | | |
| | Lebenswoche | | | | |
| | 8 | 10 | 12 | 14 | |
| Tollwut | | × | | × | 1 |
| Staupe | | × | | × | 2 |
| Hepatitis c. c. | | × | | × | 2 |
| Leptospirose | | × | | × | 1 |
| Parvovirose | × | | × | | 1 |
| Zwingerhusten | × | | × | | 1 |

schenwirte des Bandwurms, der auch auf Menschen übertragen werden kann.

Eine vorbeugende Maßnahme, die diesen Schmarotzer vom Hund fernhält, ist das Anlegen eines im Zoofachgeschäft erhältlichen ›Anti-Flohhalsbandes‹. Eine Kontrolle auf weiteren Flohbefall ist jedoch unumgänglich.

Weniger häufig treten **Läuse** (Blutsauger) und **Haarlinge** (schuppenfressend) auf. Läuse halten sich ebenso wie Flöhe bevorzugt hinter den Ohren, am Hals und auf der Kruppe bzw. am Rutenansatz auf. Sie sind im Gegensatz zu diesen von heller, schmutzigweißer Farbe.

Insektizide in Spray- oder Puderform töten die Hauptparasiten ab und befreien den Hund von quälendem Juckreiz.

Beim täglichen Putzen findet man auch gelegentlich, besonders nach Spaziergängen oder Training im Wald, einen Holz- oder Waldbock **(Zecke),** der entfernt werden muss. Im Allgemeinen lassen sich diese Parasiten leicht durch schnelles Abdrehen vom Hundekörper und – was wichtig ist: mit dem Kopf – entfernen. Im Fachhandel erhältliche Zeckenzangen erleichtern das Vorgehen.

Die Saugwunde wird mit Desinfektionsmittel (z. B. Septotinktur) betupft, damit keine Entzündung entsteht.

## Milben

Wenn sich der Hund ständig an den Ohren kratzt, mit dem Kopf schüttelt und diesen gar schief hält, liegt der Verdacht einer durch die Ohrmilbe (Otodectes cynotis) verursachten Ohrräude nahe.

Neben der Ohrräude können Hunde noch von der Sarkoptes-Räude befallen werden, die sich ohne Behandlung auf dem ganzen Körper ausbreitet, und ebenso von der Demodikose (verursacht durch die Haarbalgmilbe). Bei der Sarkoptes-Räude bohren sich die Milben in die äußeren Hautschichten, wo sie auch ihre Eier ablegen. Während diese Art Räude relativ leicht durch Bäder mit einem Mittel, das Gammexan enthält, kupiert werden kann, ist es schwieriger, gegen die Haarbalgmilbe vorzugehen, da sie in den tieferen Hautschichten sitzt und dort kaum zu erreichen ist.

## Endoparasiten

Nicht nur Welpen, sondern auch erwachsene Hunde, können von verschiedenen Wurmarten befallen werden. Normalerweise genügt eine Wurmkur im Frühjahr und im Herbst, um die Hunde von den am häufigsten auftretenden Arten wie Spulwürmer usw. zu befreien. Mit den herkömmlichen Wurmmitteln werden jedoch nicht alle Wurmarten erfasst.

Letzte Sicherheit, vor allem, um die Hunde durch die Wurmkuren nicht unnötig zu belasten, sollte eine alljährliche Kotuntersuchung durch den Tierarzt geben.

## Spulwürmer bei Welpen

Während bei dem ausgewachsenen Hund die Spulwürmer keine sonderlichen Schäden verursachen, außer dass die Mutterhündin natürlich ihre ›Brut‹ den Welpen mitgibt, führen sie bei Welpen zu schweren Störungen und im schlimmsten Fall sogar zum Tod.

Ein plötzliches Zurückbleiben in der Entwicklung und ein aufgetriebener Leib legen den Verdacht auf Spulwurmbefall bei den Welpen nahe. Oft stellt sich als weiteres Symptom Durchfall ein, der bisweilen schleimig und blutig ist. Ein ›Rutschen‹ auf dem Hinterteil ist bereits ein Anzeichen für starken Befall. Wird nichts gegen die Spulwürmer unternommen, kann dies zu Erscheinungen führen, die der nervösen Staupe ähneln. Zuweilen sind Krämpfe und lähmungsartige Zustände zu beobachten.

Um die Welpen weitgehend vor Spulwurmbefall zu schützen, ist eine rechtzeitige Entwurmung der Mutterhündin erforderlich; sie muss vor dem Decken und in den ersten 14 Tagen der Trächtigkeit entwurmt werden. Wie an anderer Stelle erwähnt, ist außerdem erforderlich, dass ihr Wurflager – rechtzeitig vor dem Werfen natürlich – desinfiziert wird. Auch hier ist zu sagen, dass eine Kotuntersuchung beim Tierarzt von der Ungewissheit befreit, ob die Mutterhündin oder die Welpen von Spulwürmern befallen sind. Ein parasitologisches Institut führt ebenfalls solch eine Untersuchung durch.

Andere Darmparasiten sind Bandwürmer, Hakenwürmer, Peitschenwürmer und Kokzidien.

Außer dem gewöhnlichen **Hundebandwurm** *(Dipylidium caninum)* gibt es noch andere, höchst selten beim Hund auftretende Arten, die sich nicht zuletzt durch ihre Größe (von 2,5 mm bis über 2 m!) voneinander unterscheiden, aber auch von der Form her variieren. So kennt man den kürbiskernförmigen, gesägten, geränderten und den Quesenbandwurm.

Wenn die Hunde trotz guten Appetits abmagern, ist besonderes Augenmerk auf den Kot zu richten, denn bei Vorhandensein eines Bandwurmes werden mit dem Kot dessen Endglieder ausgeschieden. Erst

wenn nach tierärztlicher Behandlung der mit Saugnäpfen und Haken versehene Kopf des Schmarotzers mit den Gliedern abgegangen ist, ist der Hund von dieser Plage befreit. Wie an anderer Stelle erwähnt, ist der Hundefloh Zwischenträger des Bandwurms; d. h., die Bandwurmeier werden von den Flohlarven aufgenommen und entwickeln sich dort zur ansteckungsfähigen Jugendform.

> Als oberstes Gebot gilt auch hier: Hundeflöhe – wenn erst einmal vorhanden – sofort bekämpfen und anschließend eine Wurmkur gegen Bandwürmer durchführen.

## Hakenwürmer und Peitschenwürmer

Hakenwürmer gelangen durch verseuchte Eier, die mit dem Futter aufgenommen werden, meist jedoch durch Larven, die sich durch die Haut bohren, in die Blutbahn. Von dort erreichen sie schließlich den Dünndarm, wo sie sich ansiedeln. Ebenso wie die Hakenwürmer sind Peitschenwürmer Blutsauger, so dass ihr Auftreten beim Hund zu schwerer Blutarmut und beim Welpen gar zum Tod führen kann.

Dem Tierarzt stehen geeignete Behandlungsmittel zur Verfügung.

Weitere mögliche Endoparasiten, die den Hund bzw. dessen Darm befallen können, sind Salmonellen, Kokzidien, Kolibakterien und Spirillen.

Angesichts der Vielzahl an möglichen Ekto- und Endoparasiten könnten ängstliche Gemüter von vornherein die Haltung eines Hundes ablehnen, da der eine oder andere Schmarotzer auch auf den Menschen übertragen werden kann. Wenn jedoch die selbstverständlichen Pflegemaßnahmen entsprechend beachtet werden und dem Hund einwandfreies Futter und Trinkwasser verabreicht wird, ist übertriebene Sorge in dieser Hinsicht fehl am Platze.

> Sollten einmal abnorme Kotabsonderungen (blutig, wässrig, schleimig) auftreten, muss allerdings unverzüglich eine tierärztliche Konsultation erfolgen und entsprechend der Diagnose eine geeignete Behandlung eingeleitet werden.

## Rachitis

Die Rachitis oder Knochenweiche entsteht meist durch fehlerhafte Ernährung. Aber auch Umweltfaktoren, wie dunkle Stallungen und zu wenig Bewegung an frischer Luft, können dabei eine wesentliche Rolle spielen. Die Anlage zur Rachitis kann durch schlechte Haltung und Fütterung bereits bei den Welpen entstehen. Die bekannteste Erscheinung der Rachitis ist die Verformung der Vorderbeine; aber auch das übrige Knochenskelett kann von der Knochenweiche befallen werden.

Wenn ›weiche‹ Knochen festgestellt werden, wäre es jedoch falsch, nun im Übermass ein Präparat, etwa Vigantol, zu verabreichen. Rechtzeitig erkannte rachitische Veränderungen, beispielsweise an den Vordergliedmaßen, können bei im Wachstum befindlichen Hunden vor allem durch entsprechende Fütterung günstig beeinflusst werden. Eine Behandlung

primär mit Tabletten ist bei Jungtieren oder Welpen meist erfolglos. Allenfalls kann hier der Fachtierarzt mit entsprechenden Spritzen helfen.

Der an Rachitis erkrankte Hund hat verständlicherweise kein Verlangen nach anstrengenden Spaziergängen. Die Bewegung ist ebenso wie die Medizin genau zu dosieren. Große Touren oder das Mitlaufenlassen beim Training sind jetzt fehl am Platze. Dagegen tut ihm der Aufenthalt in frischer Luft, besonders in der Sonne, gut.

Die Behandlung der Rachitis kann immer nur eine Besserung des Zustandes herbeiführen. Eine völlige Heilung wird nicht erreicht; mehr oder minder große Schäden bleiben in jedem Fall zurück. Zur Zucht darf das Tier daher nicht verwendet werden, so wie dies die Körbestimmungen des DCNH im Interesse einer gesunden Zuchtbasis verhindern.

Zwar vererbt sich die Rachitis nicht direkt, wohl aber die Veranlagung bzw. Anfälligkeitsbereitschaft.

## Magendrehung

Die Magendrehung, die besonders bei großen Hunden, aber auch bei kleinen Rassen auftreten kann, führt zum Tode, wenn sie nicht rechtzeitig erkannt wird. Sie entsteht zum Beispiel dadurch, dass der Hund sich mit den Vorderbeinen am Zwingerzaun aufrichtet und beim Heruntergehen sich dann der volle Magen abdreht. Das ist eine der Möglichkeiten – es gibt noch andere –, denn auch der in der Wohnung gehaltene Hund kann davon befallen werden. Doch hat er, da er ständig unter menschlicher Beobachtung steht, die größeren Chancen, diese Gefahr zur überstehen. Nur durch sofortiges operatives Eingreifen ist eine Rettung möglich.

Werden die äußeren Zeichen – schnelles Aufblähen des Abdomens (Bauches) und anschließend rasche Hinfälligkeit und Kreislaufschwäche – zu spät beobachtet, tritt schon nach kurzer Zeit der Tod ein. Eine Sektion ist angezeigt, wenn der Hundehalter die auslösenden Symptome – die an sich eindeutig sind – nicht beobachten konnte, sei es, dass sie beispielsweise während der Nachtzeit auftraten und der Tod erst am Morgen entdeckt wurde oder dass der Besitzer aus anderen Gründen nicht bei seinem Hund weilte. Hier sollte sicherheitshalber eine mögliche Vergiftungsursache durch die Obduktion ausgeschlossen werden.

## Vergiftungen

Je nach Art des aufgenommenen Giftes sind auch die Vergiftungserscheinungen verschieden. Manche Gifte wirken auf das Nervensystem, andere auf das Blut, das Herz und den Kreislauf und wieder andere auf die Muskulatur.

Neben verdorbenem Fleisch bildet ausgelegtes Ködergift für Nager (Mäuse und Ratten) oder Schnecken die größte Gefahr für den Hund. Zwar sollen kleine Mengen an Rattengift für den Hund unschädlich sein, doch wie soll der Hund dies wissen?

Rattengifte blockieren die Blutgerinnung und führen infolge innerer Verblutungen zum Tod. Beim Verdacht auf eine Vergiftung ist unverzügliches tierärztliches Eingreifen vonnöten. Inzwischen soll man dem Hund warmes Salzwasser verabreichen, um durch Erbrechen zu versuchen, den Mageninhalt herauszubefördern.

## Verdauungsstörungen

Störungen der Verdauungsorgane sind beim Hund meist auf unsachgemäße Fütterung zurückzuführen. Kaltes Futter oder Wasser können die Ursache sein, aber auch das Verschlingen zu großer Fleischbrocken oder das Aufnehmen von Fremdkörpern. Außerdem werden bei starkem Wurmbefall Magen-Darm-Störungen beobachtet, aber auch Infektionskrankheiten, wie vor allem die Staupe, können dafür verantwortlich sein, ebenso wie Vergiftungen.

In jedem Fall ist der Rat des Tierarztes einzuholen, der die Ursache ergründet und eine entsprechende Therapie einleitet. Wenn man die Ursache von Verdauungsstörungen nicht kennt, sollte man nicht eigenmächtig, etwa bei Durchfall mit Kohletabletten, experimentieren, da sich daraus oft schwerwiegende Komplikationen ergeben.

Auf die richtige Ernährung wird an anderer Stelle eingegangen.

## Nierenerkrankung

Besonders ältere Hunde – vornehmlich Rüden – können an Nierenentzündung erkranken. Ein starkes Bedürfnis Flüssigkeit aufzunehmen und übelriechender Atem sind alarmierende Zeichen. Im fortgeschrittenen Stadium der Erkrankung kommt es zunächst zu Erbrechen und später zur Bildung von Geschwüren im Maul. Der anfänglich noch ordentliche

Appetit läßt nach und der Hund wird zusehends matter.

Häufig liegt einer Nierenentzündung eine Erkältung zugrunde, da aber die Nordischen Hunde nicht gerade anfällig für Erkältungen sind, muss man auch andere mögliche Ursachen in Betracht ziehen.

## Augenkrankheiten

Entzündete Augen (z. B. bei einer Erkältung) säubert man vorsichtig mit einem nicht fusselnden Leinenlappen, auf den man Augentropfen gibt, und behandelt weiter mit Augentropfen oder -gel (bzw. Aureomycinsalbe 1 %ig).

Das Entropium (Einstülpen des Lidrandes), welches zu einer chronischen Bindehautentzündung führen kann, oder das Ektropium (Auswärtsstülpen des Lidrandes: ›Offenes Auge‹) können durch einen tierärztlichen operativen Eingriff beseitigt werden.

## Ohrerkrankungen

Bei den verschiedenen Ohrerkrankungen ist wichtig, dass sie im Anfangsstadium erkannt und behandelt werden. Das gesamte Ohr ist mit Schleimhaut ausgekleidet und schon bei der geringsten Entzündung lässt der Hund durch Schütteln mit dem Kopf bzw. den Ohren und durch Kratzversuche erkennen, dass ihn die Ohren schmerzen oder jucken. Eine nicht rechtzeitig behandelte chronische Ohrentzündung vermag sogar die empfindliche Schleimhaut zu zerstören.

Zu viel Ohrenschmalz im äußeren Gehörgang erzeugt starken Juckreiz und

schließlich eine Entzündung der Schleimhaut. Medizinisch spricht man von Otitis externa, was gleichbedeutend mit den Bezeichnungen ›Ohrwurm‹ oder ›Ohrenzwang‹ ist (Ohrräude s. unter Milben).

Ohrbehandlungen gehören grundsätzlich in die fachkundige Hand des Tierarztes, weil der Hundebesitzer oft gar nicht um die anatomische Beschaffenheit des Gehörganges weiß.

Eine vorsichtige Reinigung mittels Watte oder eines um den Finger gewickelten Papiertaschentuchs wird etwa alle 14 Tage vorgenommen.

## Ekzeme

Krankhafte Veränderungen auf der Hautoberfläche werden mit dem Sammelbegriff Ekzem umschrieben. Im normalen Sprachgebrauch ist die Bezeichnung ›Ausschlag‹ vielleicht noch bekannter.

Diese meist stark juckende, nicht ansteckende Entzündung der Haut kann durch äußere Reize wie Ektoparasiten, Verletzungen, chemische und thermische Einflüsse, Toxine, Pilze, Bakterien, ultraviolettes Licht und Fehlernährung bedingt sein. Ebenso bedeutsam sind aber auch die inneren Einflüsse: Störungen des Stoffwechsels und Hormonhaushaltes, Erkrankung innerer Organe, Endoparasiten und Tumore. Auch Altersekzeme sowie vom Geschlecht abhängige und rassenspezifische Ekzeme kommen vor.

Wie kompliziert und langwierig eine Ekzemtherapie sein kann, zeigt sich an den vielfältigen Erscheinungsformen trockener oder nässender Ekzeme: Bläschen mit seröser oder eitriger Flüssigkeit, abgestoßene Hornschicht (Talg), eingetrocknetes Exsudat (Blut), Schrunden, flächenhafte Bläschen-, Pustel- und Krustenbildung, Rötung und Schwellung der Haut, dicke, fettige Schuppen und Borken, flächenhafte Kahlstellen durch Haarausfall.

> Bei allergisch bedingten Ekzemen muss die auslösende Ursache ermittelt und der Hund vor diesem Allergen künftig bewahrt werden. Häufig reagieren Hunde auf Strohstaub allergisch (das gilt aber auch oft für Kunstfasern) und entsprechend muss das Hundelager umgerüstet werden. Grundsätzlich gehören sämtliche Ekzeme in tierärztliche Betreuung, wobei zuerst die auslösende Ursache ermittelt und behoben werden sollte und danach erst eine gezielte Therapie einsetzen kann.

Während des Heilungsprozesses empfiehlt es sich, dem Hund eine Halskrause anzulegen, die man aus stabiler Pappe selbst herstellt, um so das ständige Kratzen und Knabbern an den befallenen Stellen zu unterbinden.

# Hüftgelenksdysplasie (HD)

Die klinischen Symptome bei Hüftgelenksdysplasie (Beschwerden beim Treppensteigen, schnelle Ermüdung, Entlastung der Hintergliedmaße – möglicherweise auch beidseitig –, steile Haltung, Muskelatrophie der Hintergliedmaße[n], Beschwerden beim Aufstehen und bei den ersten Schritten, unkoordinierte Bewegung, Bewegungsaktion im Hüftgelenk beeinträchtigt, schwankende Bewegung

der Hinterhand, Lahmheit der Hintergliedmaße[n] regelmäßig oder bei anstrengender Arbeit) zeigen deutlich, wie eminent wichtig gerade für den Leistung erbringenden Hund eine einwandfreie Funktion der Gliedmaßen ist.

Wild lebende Hunde mit derartigen Beschwerden würden einer natürlichen Selektion zum Opfer fallen. So ist es auch verständlich, dass bei einer Untersuchung von 94 Grönländischen Schlittenhunden nur 3 Fälle von leichter HD gefunden werden konnten. Demgegenüber ergab sich bei in Zoologischen Gärten gehaltenen Dingos, die zudem noch untereinander verwandt waren, eine starke HD-Verbreitung.

Dass die Hüftgelenksdysplasie vererbbar ist, darüber bestehen heute keine Zweifel mehr. Ganz sicher ist sie aber nicht angeboren, denn beim neugeborenen Welpen lässt sich noch kein Anzeichen einer HD beobachten. Überhaupt sind nur an ca. 20% der an HD erkrankten Hunde Veränderungen an den Gliedmassen festzustellen, die erst bei ausgewachsenen Tieren auftreten.

Als 1935 erstmals über die HD beim Hund berichtet wurde, maß man dieser Beobachtung keine große Bedeutung bei. Heute sind fast alle Rassehundezuchtvereine – so auch der DCNH – dazu übergegangen, die Körung und eine damit verbundene Zuchttauglichkeit vom Ergebnis der Röntgenuntersuchung auf HD abhängig zu machen. Die Röntgenaufnahme der Hüftgelenke beim ausgewachsenen Hund gibt über das Vorliegen bzw. Nichtvorhandensein einer HD sichere Auskunft. Anerkannte Fachtierärzte führen die Röntgenaufnahme vor der Vorstellung zum Körtermin durch und eine zentrale Röntgenbild-Auswertungsstelle waltet ihres Amtes. Bei normaler anatomischer Beschaffenheit und entsprechend regelrechter Funktion des Hüftgelenks wird der Gelenkkopf zu zwei Dritteln von der Gelenkpfanne umfasst. Besonders das *Ligamentum teres,* als kräftiger Strang, verankert den Gelenkkopf in der Pfanne.

Die Hüftgelenksbefunde unterscheiden sich nach dem Schwergrad: HD-frei, HD-verdächtig, leichte HD, mittlere HD, schwere HD.

Alle Autoren beschreiben bei röntgenologisch gesicherter HD eine mehr oder weniger, aber immer deutlich flachere und länglichere Gelenkpfanne. Eine Gestalts- und Lageveränderung des Gelenkkopfes lässt sich bei ausgeprägter Hüftgelenksdysplasie röntgenologisch stets nachweisen.

Wenn die Pfanne und der Oberschenkelkopf nicht richtig zusammenpassen, führt das in mittleren und schweren Fällen zu einer teilweisen oder vollständigen Ausrenkung des Gelenks, was die zuvor genannten Bewegungsstörungen zur Folge hat.

Die HD-Auswertungen der Nordischen Hunde teilten sich für das Jahr 1989 wie nachstehend aufgeführt auf:
(Abkürzungen: SH = Siberian Husky, AM = Alaskan Malamute, S = Samojede, G = Grönlandshund, AI = Akita Inu, NE = Norwegischer Elchhund, KB = Karelischer Bärenhund, IH = Islandhund, LPP = Lapinporokoira, LK = Lapinkoira, FiSp = Finnenspitz, LH = Lapphund, SI = Shiba Inu, WSL = Westsibirischer Laika, ReL = Russisch-europäischer Laika.)

Zur Zucht sind ausschließlich Hunde mit den auf der Abstammungsurkunde vermerkten Gutachten-Befunden »HD-frei« und/oder »HD-Verdacht« zugelassen sowie Hunde mit »leichter HD« nur unter der Bedingung, dass der Zuchtpartner HD-frei oder HD-verdächtig ist.
Von beträchtlicher Bedeutung ist die Möglichkeit – ja sogar Wahrscheinlichkeit – später arthrotischer Deformationen infolge der Fehlbelastung des Hüftgelenks verbunden mit zunehmenden Beschwerden.

| Rasse | | frei | ver-dächtig | leicht | mittel und schwer | total |
|---|---|---|---|---|---|---|
| SH | R | 61 | 27 | 8 | – | 96 |
| SH | H | 70 | 47 | 21 | 1 | 139 |
| AM | R+ H | 17 | 17 | 9 | 1 | 45 |
| S | R+ H | 7 | 8 | 4 | 1 | 20 |
| G | R+ H | 10 | 2 | 3 | – | 15 |
| AI | R+ H | 6 | 1 | 3 | – | 10 |
| NE | R+ H | – | – | – | – | – |
| KB | R+ H | 1 | – | 3 | – | 4 |
| IH | R+ H | – | – | 1 | 1 | 3 |
| LPP | | – | – | – | – | – |
| LK | | – | – | – | – | – |
| FISP | | – | 1 | 1 | – | 2 |
| LH | | – | – | 1 | – | 1 |
| SI | | 1 | – | – | – | 1 |
| WSL | | 1 | 2 | – | – | 3 |
| REL | | 2 | – | – | – | 2 |
| | | 176 | 106 | 54 | 4 | 340 |

# Zucht

## Vererbung und Methoden

Der Wunsch eines Hundebesitzers, von seinem Hund Nachkommen zu züchten, ist durchaus verständlich. Leider geschieht das häufig in der Weise, dass man die Hündin dem nächsterreichbaren Rüden der Rasse zuführt und sicher ist das ein bequemer und einfacher Weg, um Hunde zu vermehren. Eine andere Möglichkeit besteht darin, sich für eine auf Ausstellungen hochprämierte Hündin einen ebensolchen Rüden auszusuchen und voller Spannung erwartet der Züchter die künftigen Bundessieger und Champions. In beiden Fällen kann dies angesichts der Nachkommen zur großen Enttäuschung führen, denn der angehende Züchter hat sich nur auf jenes Quäntchen Glück verlassen, das allein nicht ausreicht, wenn man wertvolles Erbgut nicht nur erhalten,

> Die Vererbung ist ein so komplexer Vorgang, dass sie ein Laie kaum zu erfassen vermag. Ohne jegliche Vorkenntnisse sollte man sich jedoch nicht in das Abenteuer der Zucht stürzen und wenigstens die wichtigsten Vererbungsregeln anwenden, um die Zucht zu einem Erfolg werden zu lassen.

sondern es vielmehr noch verbessern möchte.

Die heutige Vererbungslehre beruht weitgehend auf den von Gregor Mendel (1822–1884) aufgrund langjähriger Kreuzungsversuche erkannten Gesetzmäßigkeiten. Danach ist es möglich, bestimmte Erbgänge über Generationen hinweg mit großer Wahrscheinlichkeit vorauszubestimmen.

In die Wissenschaft eingegangen sind drei mendelsche Gesetze und zwar:

1. das **Uniformitätsgesetz,** wonach alle Nachkommen (F1-Generation = 1. Filialgeneration) bei Kreuzung reiner Pflanzen- oder Tierrassen (Parentalgeneration) unter sich gleich sind, wobei die männlichen und die weiblichen Geschlechtszellen für die Vererbung gleiche Positionen einnehmen;

2. das **Spaltungsgesetz.** Werden Individuen der F1-Generation unter sich gekreuzt, spalten die Erbmerkmale der Parentalgeneration in der Enkel-Generation (F2-Generation) auf und zwar in einem ganz bestimmten und konstanten Zahlenverhältnis (1:2:1 oder 25%:50%:25%);

3. das **Unabhängigkeitsgesetz** = Gesetz der freien Kombination der Gene. Danach erfolgt bei mehrfachen Kreuzungen die Verbindung der Merkmale in

der F2-Generation unabhängig von den Kombinationen, die beide Elternteile in die Kreuzung einbrachten.

Diese Gesetze haben jedoch für die Praxis nur dann Gültigkeit, wenn nur einige wenige, eindeutig festzulegende Merkmalsunterschiede zu berücksichtigen sind. Sie verlieren jedoch ihre Berechtigung dort, wo man die Erbvorgänge insgesamt nicht mehr nur als Folge eines einfachen mendelschen Mechanismus betrachten kann, da bei der ungeheuer großen Zahl der wechselseitig wirkenden Gene (= Erbanlagen) sich die Wirkung jedes einzelnen Gens nicht gesondert feststellen lässt.

Nach der mendelschen Theorie erhält ein Welpe von jedem Elternteil eine gewisse Anzahl von Genen. Träger der Erbanlagen sind die Chromosomen, die im Kern der Körperzellen zu einem diploiden (doppelten) Chromosomensatz vereint sind. Dagegen enthalten die Geschlechtszellen nur einen haploiden (einfachen) Chromosomensatz. Während der Befruchtung vereinigen sich zwei entsprechende haploide Garnituren zu einem diploiden Satz.

Die Körperzellen des Hundes besitzen 39 Chromosomenpaare. Bei der Bildung der Geschlechtszellen erfolgt eine Trennung der Paare. Jede Ei- und jede Samenzelle enthält nur die Hälfte des Chromosomenpaares. Wenn sich Samen - und Eizelle vereinigen, dann ist die ursprüngliche Zahl von 78 Chromosomen wieder erreicht. So erhält jeder Nachkomme von jedem Elternteil den halben Satz eines jeden Chromosomenpaares. Beide Elternteire sind gleichermassen an der Erbmasse beteiligt, ausgenommen an der Bestimmung des Geschlechts. Die männliche Samenzelle bestimmt das Geschlecht der

Nachkommen. 38 Chromosomenpaare sind identisch; nur ein Paar unterscheidet sich davon. Man nennt es X-Chromosomenpaar. Der Rüde besitzt nur ein X-Chromosom, das zweite Chromosom ist von anderer Gestalt und trägt die Bezeichnung Y-Chromosom. Die männlichen Keimzellen enthalten entweder ein X-Chromosom oder ein Y-Chromosom. Wenn nun bei der Befruchtung zu einem X-Chromosom das Y-Chromosom einer Samenzelle hinzutritt, entsteht ein XY-Chromosom, was gleichbedeutend mit einem männlichen Nachkommen ist. Tritt aber zu einem weiblichen X-Chromosom ein X-Chromosom einer Samenzelle, resultiert daraus ein weiblicher Nachkomme mit dem Chromosomensatz XX.

Die Gene sind auf den Chromosomen in einem bestimmten System angeordnet. Diejenigen, die sich an der gleichen Stelle der entsprechenden Chromosome befinden, bewirken auf verschiedene Weise ein bestimmtes Merkmal; sie verhalten sich allel zueinander. Bei Vorliegen von zwei Allelen eines Gens, beispielsweise der Anlage für schwarze (= dominant) und braune (= rezessiv) Farbe ist der Hund für diese Eigenschaft heterozygot (mischerbig).

> Eine Mutation tritt ein bei einer Änderung eines erblichen Merkmals infolge eines Strukturwandels des Genotypus. Genotypus ist die Bezeichnung für die Gesamtheit der Gene eines Organismus (= Erbmasse, Erbgut, genetische Konstitution). Mit Phänotypus wird das äußere Erscheinungsbild umrissen, das durch die Wirkung von Erb- und Umweltfaktoren geprägt wird.

Besitzt er von beiden Elternteilen das gleiche Gen für eine Eigenschaft, so ist er in bezug auf diese Eigenschaft homozygot (reinerbig).

Hier wird bereits einer der Gründe deutlich, warum auf Ausstellungen erworbene Auszeichnungen, die nach dem Erscheinungsbild des einzelnen Tieres vergeben werden, nicht gleichbedeutend mit guten Zuchterfolgen sein müssen.

Vererbt wird nur der Genotyp, der Phänotyp ist Ausdruck des Zusammenwirkens von Genotyp und Umwelt.

Die Umwelteinflüsse sind nicht zu unterschätzende Faktoren im Zuchtgeschehen. So können zwei Organismen vom gleichen Erbgut unter verschiedenen Umweltbedingungen zu völlig verschiedenen Erscheinungsbildern gelangen. Andererseits lässt das gleiche Erscheinungsbild zweier Individuen nicht den Schluss auf identische Erbmasse zu.

Als Folge unterschiedlicher Umwelteinflüsse (Ernährung, Klima usw.) resultiert die nicht vererbbare Abweichung von der normalen Körperform (z. B. Größe), die Modifikation. Modifikationen sind also von außen her einwirkend entstanden; sie können auch Eigenschaftsveränderungen bewirken. Sobald sich die äußeren Einflüsse ändern, verschwinden die Modifikationen entweder völlig oder stellen sich in anderer Form dar. Sie gehen nicht auf die nachfolgende Generation über. Wohl aber wird die Art und Weise, wie ein Organismus auf bestimmte Umwelteinwirkungen reagiert, die sog. Reaktionsnorm, vererbt.

Ein Gen ist nicht nur auf eine Wirkung beschränkt, z. B. die Bildung nur der schwarzen Fellfarbe. Vom gesamten Erbbild des Tieres ist die Wirksamkeit eines jeden Gens abhängig. Auf biochemischen Vorgängen beruht z. B. die Bildung des schwarzen Pigments, um bei diesem Beispiel zu bleiben. Dazu müssen die richtigen chemischen Substanzen in jeder Entwicklungsstufe vorhanden sein. Bei der Anwesenheit eines Gens, das – hier im Beispiel – die Entwicklung von Haar verhindert, oder eines anderen Gens, das die Umwandlung des schwarzen Pigments in gelbes veranlasst, kann das dominante Gen keine schwarze Haarfarbe hervorbringen. Dennoch ist es in den Körper- und Geschlechtszellen des Hundes vorhanden und es kann, wenn das dominante Gen bei der Fortpflanzung sich von den beiden anderen Genen löst, dennoch ein Welpe mit schwarzer Farbe entstehen. Wenn ein Gen seine volle Wirkung auch in Gegenwart rivalisierender Gene entfaltet, ist es dominant, vorausgesetzt, sein Rivale ist sein Allel; epistatisch (unterdrückend) ist es, wenn der Rivale nicht sein Allel ist. Ein Gen schließlich, das nur wirksam werden kann, wenn es doppelt vorhanden ist, bezeichnet man als rezessiv.

Über Generationen vermögen sich rezessive Anlagen unsichtbar (verdeckt) weiterzuvererben. Wenn Vater und Mutter zufällig das gleiche rezessive Gen in der Erbmasse führen, können Nachkommen ein Doppel-Gen für diese rezessive Anlage erhalten, so dass erst dann das betreffende Merkmal sichtbar wird. Für dieses Merkmal sind die Nachkommen dann reinerbig. Bei nur einem vorhandenen Rezessiv-Gen bleibt die betreffende Eigenheit vom dominanten Gen überdeckt.

Dominante Gene hingegen sind in jeder Generation sichtbar und werden auch sichtbar vererbt. Nur Nachkommen, die ein sichtbar dominantes Merkmal zeigen, vererben es weiter. Sich dominant verhaltende Eigenschaften sind immer sichtbar, auch wenn der Träger für die betreffende Eigenschaft mischerbig ist. Da nicht alle Genpaare doppelt rezessiv oder doppelt dominant – also reinerbig sind – vererben sie sich nur dann konstant, wenn der Träger dafür reinerbig ist, d. h. wenn er ein identisches Genpaar besitzt. In Bezug auf ein Merkmal können die Tiere sowohl reinerbig als auch mischerbig sein. Da die Dominanz eines Merkmals über das entgegengesetzte in den seltensten Fällen ganz vollständig ist, unterscheiden sich die auf eine Eigenheit mischerbigen Tiere kaum oder gar nicht von den reinerbigen.

Die Intensität, mit der die betreffenden Merkmale in den einzelnen Tieren sichtbar werden, nennt man Expressivität (= Prägungsgrad) der Gene.

Nach der mendelschen Theorie zur Gesetzmäßigkeit der dominantrezessiven und intermediären Vererbung einzelner Merkmale sind die qualitativen Merkmale – wie z. B. die Fellfarbe – phänotypisch noch recht gut zu erfassen. Schwieriger ist die Erfassung der quantitativen Merkmale wie Körpergröße, Brustbreite und -tiefe u. a. Sie unterliegen dem Einfluss mehrerer Gene, wobei deren einzelne Erbgänge sich infolge ihrer gemeinsamen Wirkung so überlagern, dass die mendelschen Regeln eine Erbanalyse nicht zulassen. Die Mehrzahl der wesentlichsten Rassenmerkmale hängt von so vielen Faktoren ab, dass der Hundezüchter den vielzitierten mendelschen Gesetzen relativ hilflos gegenübersteht. Er weiß, dass nach Mendel jedes Individuum für jedes seiner Merkmale und für jede Eigenschaft eine doppelte Erbeinheit besitzt und dass es dominante Merkmale gibt, die sich sichtbar weitervererben und rezessive, die sich zwar vererben, aber durch die dominanten überlagert werden.

Nun kann sich der Züchter aber einiger Zuchtmethoden bedienen, die sowohl positive als auch negative Erbmerkmale rasch ans Licht bringen.

Um eine erwünschte Erbsubstanz zu erhalten, wählt man die Inzucht-Methode. Inzucht fördert durch subvitale, rezessive Allele bedingte und vorher durch den heterozygoten Status verdeckte, ungünstige Eigenschaften zutage; es entsteht eine sogenannte ›Inzucht-Depression‹. Sind schädigende rezessive Gene nicht oder nicht mehr vorhanden, so bleiben die erwünschten Eigenschaften oder Merkmale erhalten.

Erbmäßig reine Linien lassen sich also nur durch die Methode fortgesetzter Inzucht erreichen. Bei der Inzucht (Verwandtschaftszucht) kommen Tiere zur Paarung, die innerhalb der letzten Generationen gemeinsame Vorfahren haben. Es wird dem Verwandtschaftsgrad nach unterschieden zwischen leichter, enger und engster Inzucht. Letztere entspricht der Paarung von Vollgeschwistern oder Elterntieren mit direkten Nachkommen. Bei sorgfältiger Auswahl der Partner lässt sich jede körperliche und psychische Eigenschaft in einer Linie festhalten. Das oberste Gebot bei der Anwendung der Inzucht als Zuchtmethode ist das Züchten mit fehlerlosen, gesunden und dem Rassestandard in höchstem Maße entsprechenden Tieren. Nur Tiere, welche in ihrer Erbmasse keine nachteiligen (sichtbaren)

Erbanlagen aufweisen, darf man dazu verwenden. Der Züchter muss wissen, dass durch Inzucht nichts Neues in seine Zucht hineinkommt. Sie kann nur das hervorbringen, was in der Erbmasse der Partner schon vorhanden ist. Für Fehler oder unerwünschte Eigenschaften, die durch Inzucht zutage treten, sind bestimmte Gene der Vorfahren verantwortlich. Wenn solche Gene bei rezessivem Erbgang nur in der Einzahl vorhanden sind, werden die Fehler nicht manifest. Bei Vorkommen des fehlerhaften Faktors bei beiden Partnern tritt das nachteilige Merkmal nach außen hin in Erscheinung. Bei Anwendung der Inzucht werden schon in der ersten, mit Sicherheit aber in der zweiten Generation sämtliche fehlerhaften Erbmerkmale aufgedeckt. Strengste Selektion der zur Weiterzucht zu verwendenden Tiere ist unerlässlich.

> Durch Inzucht entstehen keine neuen Fehler, aber die rezessiv in den beiden Elterntieren vorhandenen Mängel kommen zum Vorschein. Die Zuchtlinie lässt sich in relativ kurzer Zeit konsolidieren; wenn die Auswahl der Zuchttiere jedoch nicht ganz gezielt erfolgt und keine strenge Selektion der Nachzucht stattfindet, kann sie ruinöse Auswirkungen haben.

Mit der Linienzucht werden wünschenswerte Eigenschaften eines Stammes durch die Paarung verwandter Partner gefestigt und Fehler durch Paarung mit Partnern, deren Blutlinie von diesen Fehlern frei zu sein scheint, ausgemerzt. Durch die Linienzucht erreicht man die

gewünschten Resultate langsamer als durch die Inzucht; dafür sind auch die Fehlerquellen geringer, zumal sich die Verdoppelung der zumeist rezessiv vorhandenen Fehler sofort bemerkbar macht. Die Verdoppelung der Gene für Vorzüge hingegen tritt erst in der nächsten Generation zutage.

Die am häufigsten angewandte Zuchtmethode ist die der Fremdzucht. Man versteht darunter die Paarung nicht verwandter Tiere.

Durch die Ungleichheit der Genpaare wird das Zuchtergebnis sehr vielfältig und unterschiedlich ausfallen. Bei der Fremdzucht ist durchaus die Möglichkeit eines guten Wurfes gegeben. Diese ›Zufallsprodukte‹ können nur dann auch gute Zuchttiere werden, wenn sie mit einem Partner ihrer eigenen Blutlinie verpaart werden, der die erwünschten Erbmerkmale rein weitergibt. Diese Zuchtmethode entspricht mehr oder weniger einem Lotteriespiel, wobei mehr der Zufall seine Hand im Spiel hat.

Empfehlenswert bleibt die konsequente Linienzucht und Erhaltung des Erbgutes eines hervorragenden Tieres mit Hilfe der Inzucht, was ein Verantwortungsbewusstsein des Züchters generell zur Schaffung neuen Lebens und die Bereitschaft zur notwendigen Selektion voraussetzt.

## Zuchtordnung

Der Deutsche Club für Nordische Hunde e. V. (DCNH) führt das Zuchtbuch für die durch Satzung und in Abstimmung mit dem Verband für das Deutsche Hundewesen e. V. (VDH) betreuten Rassen. Der DCNH kann die Zuständigkeit für die von ihm betreuten Rassen auf Antrag der Zuchtkommission im Einvernehmen mit dem VDH jederzeit ändern. Grundlegend und verbindlich für die Zucht sind das Internationale Zuchtreglement der FCI sowie die Zuchtrichtlinien des VDH in der jeweils gültigen Fassung und die Satzung des DCNH. Mit diesen Zuchtvorschriften sind für alle in der Bundesrepublik Deutschland für die Zucht zu verwendenden Hunde der vom DCNH betreuten Rassen verbindlich. Eintragungen in das Zuchtbuch des DCNH können sowohl von DCNH-Mitgliedern als auch von Nichtmitgliedern beantragt werden, sofern der Nachweis für die Einhaltung der geltenden Zuchtbestimmungen geführt werden kann. Gewerbliche Hundehalter sind jedoch ausgeschlossen. Die satzungsgemäßen Aufgaben werden von der Zuchtkommission, der erweiterten Zuchtkommission und den Zuchtwarten wahrgenommen. Die erweiterte Zuchtkommission als oberste Instanz in Zuchtangelegenheiten überwacht die Zucht und die Einhaltung der Zuchtvorschriften.

> Zum Schutz der Zuchthunde und zur Erhaltung der gewünschten Eigenschaften der einzelnen Rassen darf nur planmäßige Zucht betrieben werden. Jede Zuchtverwendung muss gewährleisten, dass die Elterntiere nicht überfordert werden und dass für die Nachzucht eine qualitätsvolle Entwicklung erwartet werden kann.

Zur Zucht nicht zugelassen sind Hunde, die zuchtausschließende Fehler haben, zum Beispiel Wesensschwäche, angebore-

ne Taubheit oder Blindheit, Hasenscharte, Spaltrachen, erhebliche Zahnfehler und Kieferanomalien, Kryptorchismus, Monorchismus, Albinismus, Skelettdeformationen, Progressive Retina-Atrophie (PRA), Epilepsie. Ebenfalls nicht zugelassen sind Hunde mit schwerer und mittlerer Hüftgelenksdysplasie. Hunde mit leichter HD dürfen nur mit einem Zuchtpartner gepaart werden, der einen besseren HD-Grad aufweist.

Beim Auftreten von Fehlern, bei denen eine Vererbung nicht ausgeschlossen werden kann oder bei anderen Risiken für die Zucht, ist die Zuchtkommission ermächtigt, alle ihr notwendig erscheinenden Maßnahmen zur Verhinderung der Gefährdung der Zucht zu treffen. Jeder Züchter ist verpflichtet, Beobachtungen, die eine Gefährdung der Zucht bedeuten können, unverzüglich dem Hauptzuchtwart zu melden.

Jeder Deckrüdeneigentümer soll ein Deckbuch mit genauen Eintragungen führen; jeder Züchter muss ein Zwingerbuch führen. Es darf nur mit gesunden, standardgerechten und wesensfesten Hunden gezüchtet werden, die im Zuchtbuch (Register) des DCNH eingetragen sind und die die in der Zuchtordnung festgelegten Voraussetzungen erfüllen. Das Deutsche Tierschutzgesetz muss beachtet werden. Die Hundehaltung und -fütterung muss artgerecht sein. Für Zuchthunde und Welpen muss in jedem Fall sehr gute Zwingerhaltung gegeben sein; dafür sind Freiauslauf und menschliche Zuwendung Grundvoraussetzungen.

Importierte Hunde müssen mittels Vorlage des ordnungsgemäßen von der FCI anerkannten Export-Pedigrees als Einzeleintragung in das Zuchtbuch (Register) des DCNH übernommen werden, bevor sie unter den geltenden Bestimmungen zur Zucht verwendet werden dürfen.

Bei importierten Hunden aus Ursprungsländern, in denen die Erstellung von Abstammungsurkunden noch nicht erfolgt oder bei offensichtlich rein gezüchteten Hunden mit von der FCI nicht anerkannten Abstammungsurkunden entscheidet die Zuchtkommission auf Antrag über die Eintragung ins Register aufgrund einer speziellen Begutachtung des Hundes auf seine Reinrassigkeit.

Ausnahmen von dem Erfordernis der Eintragung im Zuchtbuch des DCNH stellen im Ausland stehende Zuchtrüden dar.

Für die züchterische Betätigung sind die Zulassung eines Zuchtzwingers sowie die Zuchtordnung und der Schutz eines Zwingernamens durch den DCNH nötig. Anträge auf Zwingerzulassung und nationalen Schutz eines Zwingernamens sind vor dem ersten Deckakt unter Angabe der Rasse(n) an die Zuchtbuchstelle zu richten. Es empfiehlt sich, mehrere Namen vorzuschlagen (wobei der bevorzugte Name an die erste Stelle zu setzen ist), falls einer bereits für einen anderen Züchter geschützt ist oder ein Züchter der gleichen Rasse von seinem Einspruchsrecht Gebrauch macht.

Vor der Zwingerzulassung wird die künftige Zuchtstätte vom Zuchtwart begutachtet.

Rüden und Hündinnen müssen zum Zeitpunkt des Deckaktes mindestens 15 Monate alt und bei bester Gesundheit sein. Das Zuchtalter bei Akita Inus wird auf 18 Monate angehoben. Das Höchstzuchtalter für Hündinnen soll acht vollendete Lebensjahre nicht überschreiten. Hündinnen, die aus dem letzten Wurf

mehr als sechs Welpen aufgezogen haben, ist eine Ruhepause von mindestens 11 Monaten zu gewähren. Es ist keinesfalls gestattet, aus einer Hündin pro Kalenderjahr mehr als einen Wurf zu ziehen.

## Körung

Die Ankörung dient der fachgerechten Beurteilung und Auslese von Zuchthunden und ist, von Sonderregelungen abgesehen, obligatorisch. Sie wird nur von eigens beauftragten Körmeistern, die auch Spezialrichter sind, vorgenommen. Die Hunde müssen zum Zeitpunkt der Körung mindestens 13 Monate alt und gesund sein.

Zur Ankörung können nur Hunde der vom DCNH betreuten Rassen vorgeführt werden, die im DCNH-Zuchtbuch oder in einem anderen, von der FCI anerkannten Zuchtbuch des Auslandes eingetragen sind. Die Ankörung importierter Hunde erlangt erst dann Gültigkeit, wenn die Eintragung in das DCNH-Zuchtbuch erfolgt ist.

Zur Körung sind die Abstammungsurkunde und das HD-Gutachten mit den vorgeschriebenen Auswertungsergebnissen vorzuweisen. Ohne Vorlage dieser Unterlagen werden keine Hunde gekört. Bei Wiederankörung ist der letzte Körbericht vorzulegen.

Organisation und Durchführung der Körungen sind Aufgabe der Landesverbände in Abstimmung und Absprache mit der Zuchtkommission.

Die Ankörung kann sich auf verschiedene Zeiträume erstrecken: Erstankörung: für ein bis zwei Würfe, falls der Körmeister bei der Beurteilung Vorbehalte und

Auflagen geltend macht (beschränkte Zuchttauglichkeit) – auf maximal drei Jahre befristet. Wiederankörung: – befristet, mit Angabe des Ablaufdatums; – auf Lebzeiten (nur für Rüden).

Für jeden Hund wird auf einem speziellen Körschein ein detaillierter Bericht angefertigt, dessen Ergebnis von der Zuchtbuchstelle in die Abstammungsurkunde eingetragen wird. Angekörte sowie auf einer Ankörung von der Zucht ausgeschlossene Hunde – letztere mit Begründung – werden im Publikationsorgan des DCNH veröffentlicht.

Die im Körbericht vermerkten Auflagen und Bedingungen des Körmeisters sind zu beachten.

## Leistungsnachweis

Der DCNH führt für die von ihm betreuten Rassen in Analogie zum Körbuch ein Leistungsbuch, in dem alle Hunde mit Angabe ihrer Leistungskennzeichen geführt werden, die nach besonderen, vom DCNH für die jeweiligen Rassen anerkannten Prüfungsordnungen erfolgreich erworben wurden. Die Leistungsprüfungen dienen der Feststellung von Fähigkeiten, die über die Körbeurteilung hinausgehende Auskunft über physische und psychische Leistungsbereitschaft und Belastbarkeit geben und für eine züchterische Verwendung von ausschlaggebender Bedeutung sind.

Sowohl bei den Leistungskriterien als auch bei der Abhaltung und Anerkennung von Prüfungen ist auf rassespezifische Eigenschaften und artgerechte Bestimmung sowie tierschutzrechtliche Auflagen besondere Rücksicht zu nehmen und auf die

Vermeidung von Überforderung zu achten.

Als Prüfungen kommen in Frage:

- Jagd- und Hütehundrassen: Jagdprüfungen (anerkannter Jagdverbände), Fährtenhundprüfungen, Ausdauerprüfungen, Leistungs-Hüteprüfung und DCNH-anerkannte Prüfungen nach den Richtlinien des Deutschen Hundesport-Verbandes (DHV), des Internationalen Rettungshundewesens, etc.
- Schlittenhunderassen: Leistungszertifikat »Sled Dog« (SD) sowie Leistungszertifikat »Sled Dog Excellent« (SDE), eine weitere Leistungsprüfung, Arbeitsprüfungen.

In den Abstammungsurkunden werden die Leisungskennzeichen in geeigneter Weise deutlich kenntlich gemacht.

## Wurfbestimmungen

Jeder Wurf ist innerhalb einer Woche der Zuchtbuchstelle zu melden. Welpen mit groben anatomischen Fehlern oder deutlichen Krankheiten sind umgehend fachgerecht und schmerzlos von einem Tierarzt zu töten. Afterkrallen sind den Welpen innerhalb der ersten drei Lebenstage fachgerecht zu entfernen (Ausnahmen: Lundehund, Islandhund). Der Zuchthündin sollen zur eigenen Aufzucht nicht mehr Welpen gelassen werden, als es ihre Kondition und die tierschutzmäßigen Aufzuchtbedingungen zulassen. Spezieller Sorgfalt und Aufmerksamkeit bedürfen Welpen, die mittels Amme oder mit künstlichen Nährmitteln aufgezogen werden.

Bei der Vergabe von Rufnamen muss innerhalb eines Wurfes jeder Name mit dem gleichen Buchstaben beginnen (1. Wurf mit A, 2. Wurf mit B usw.). Der gesamte Wurf muss im Zuchtzwinger im Beisein der Mutterhündin zwischen der 7. und 10. Lebenswoche durch einen vom Züchter verständigten DCNH-Zuchtwart abgenommen werden. Die Welpen müssen bei der Wurfabnahme in einem Ohr tätowiert sein.

Jungtiere dürfen frühestens in der neunten Lebenswoche nach erfolgter Schutzimpfung, Ohrtätowierung und Wurfabnahme abgegeben werden.

## Zuchtplanung

Ebenso wichtig wie alle genetisch-züchterischen Planungen sind auch die Überlegungen, die der Hündinnenbesitzer anstellen muss in Bezug auf die gegebenen Räumlichkeiten und den Zeitaufwand, den er selbst und möglichst die ganze Familie aufzubringen hat. Wenn nur ein Familienmitglied züchterische Ambitionen hegt, ist die mit der Zucht verbundene Arbeit nur schwer zu bewältigen. Ideal ist es, wenn alle mithelfen. Auch solche Überlegungen zählen neben den eigentlichen züchterischen Fragen doch ganz wesentlich mit zu den Vorausplanungen um den Aufbau einer Hundezucht.

Man hat sich mit den Zuchtbestimmungen des DCNH vertraut gemacht und die Hündin zur Ankörung vorgestellt, nachdem sie auf Hüftgelenksdysplasie geröntgt worden war. Das Studium der Ahnentafeln bildete die Hauptbeschäftigung der letzten Wochen, so dass nun die Suche nach einem passenden Rüden beginnen kann. Auch beim Rüden muss selbstverständlich alles im Hinblick auf die

Zucht- und Körbestimmungen in Ordnung sein, es sei denn, man wolle fern aller Zuchtvorschriften seine Welpen bzw. Jungtiere ohne Papiere – also ohne Eintrag in das Zuchtbuch – verkaufen. Doch nur wenige Interessenten möchten einen Hund, der zwar billiger im Anschaffungspreis ist, aber über keinen Stammbaum verfügt. So wandern diese ›Stammbaumlosen‹ oft von einer Hand in die andere, und nicht selten landen sie im Tierheim. Wer einen Hund ohne Abstammungspapiere erwirbt, tut dies oft ahnungslos und bereut schon bald seinen Kauf, dann nämlich, wenn er ins Gespräch mit anderen ›ahnentafelbesitzenden‹ Haltern Nordischer Hunde kommt und schließlich bemerkt, dass ›sein‹ Nordischer nie auf eine Ausstellung darf und an eine Zucht überhaupt nicht gedacht werden kann. Die ganze Verärgerung fällt schließlich auf den Züchter zurück, der zu bequem war, seine Mutterhündin ankören und zuchttauglich erklären zu lassen. Wer erwägt, mit seiner Hündin zu züchten oder seinen Rüden der Zucht zuzuführen, hat verschiedene Möglichkeiten, um sich darüber zu informieren, denn selbst ein langes Züchterleben reicht nicht aus, um alle Geheimnisse in der Zucht zu ergründen. Wertvolle Hilfe bieten die Zuchtschauen, aber auch die Vorsitzenden und Zuchtwarte der Landesgruppen, die wiederum dem Hauptclub unterstellt sind, geben gerne Auskunft. Sie kennen die verschiedenen Blutlinien und können bei der Auswahl des geeigneten Deckrüden behilflich sein. Ist man sicher, sich das notwendige Wissen angeeignet zu haben, so heißt es, für die bevorstehende Hochzeit und die 60 bis 65 Tage spätere Geburt alle Vorkehrungen zu treffen.

## Rüdenauswahl

Zur Rüdenauswahl sei auf das vorher Gesagte verwiesen. Ganz grundsätzlich gilt, keine ›Extreme‹ miteinander zu paaren, etwa eine kleine Hündin mit einem sehr großen Rüden; kleine Mängel kann man durch die Korrektheit des Partners auszugleichen versuchen.

> Aber – wie auch schon erwähnt – zwei völlig korrekte Elterntiere sind noch kein Garant für Spitzennachwuchs, denn die Einflüsse vieler Ahnengenerationen spielen hier eine Rolle und es ist darauf zu achten, dass es sich nicht um ›Zufallsprodukte‹ handelt, sondern um Tiere aus einer bekannt guten Blutlinie.

## Decktag

Wenn der Rüde feststeht, ist es für den Erfolg der Paarung ausschlaggebend, den richtigen Decktag zu erwischen. Im Allgemeinen ist dies der 12. Tag, gerechnet vom ersten Tag der Hitze. Nun bluten manche Hündinnen sehr stark – also gut sichtbar –, andere hingegen kaum, und bei diesen ist besondere Aufmerksamkeit geboten. Man wischt mit einem Tempotaschentuch morgens, bevor die Hündin zur Verrichtung ihrer Geschäfte herausgelassen wird, ihre Scheide ab. Manche Hündinnen ›färben‹ so wenig, dass es Schwierigkeiten bereitet, den ersten Tag der Hitze zu bestimmen. Eine Vorankündigung, dass das Heisswerden bald bevorsteht, ist ein Anschwellen der äusseren Scheide.

In der Regel wird die Hündin zum Rüden gebracht und nicht umgekehrt. Der Deckrüde ist es gewohnt, die Hündin in seiner ihm gewohnten Umgebung zu ›empfangen‹.

## Paarung

Vorteilhaft ist es, wenn Rüde und Hündin schon Erfahrung im Deckgeschäft besitzen. Das bedeutet aber nicht, dass sich die beiden völlig selbst – ohne Aufsicht – überlassen bleiben. Sicher, in der Natur ist menschliches Zutun auch nicht vonnöten; aber unsere zivilisierten Hunde leben nicht mehr in Gottes freier Natur und dürfen sich ja auch sonst nicht benehmen wie die Wilden.

Die Gründe, warum die Hunde während der Paarung nicht ohne Aufsicht bleiben sollten, ergeben sich aus den nachfolgend aufgeführten möglichen Zwischenfällen, die jedoch Rüden und Hündin des gleichen Besitzers nicht betreffen; diese Paare kennen sich, so dass menschliche Hilfe und ein Eingreifen meist nicht erforderlich sind.

Im günstigsten Stadium der Hitze bietet sich die Hündin dem Rüden an; sie drückt ihm ihr Hinterteil entgegen. Gerade bei Hündinnen, die zum ersten Mal gedeckt werden, kommt es vor, dass sie sich ängstlich zu verkriechen versuchen. Dann muss die Hündin unter gutem Zureden an der Leine gehalten werden; Geduld und ruhiges Verhalten seitens der Helfer sind ohnehin Grundbedingung während der Paarung. Zwei Helfer sollten in jedem Fall vorhanden sein, am besten der Rüden- und Hündinnenbesitzer. Fremde, nicht vertraute Personen könnten die Hunde nur unnötig ablenken. Möglicherweise beißt die Hündin bei Annäherungsversuchen des Rüden um sich; dann kann der rechte Zeitpunkt zum Decken noch bevorstehen oder aber es ist schon zu spät, vielleicht ist der Rüde aber auch zu stürmisch und verängstigt die Hündin. Damit die Hündin den deckwilligen Rüden nicht durch Beißversuche vergrault, bindet man ihr mit einer elastischen Binde, die überkreuzt geschlungen und hinten am Hals zusammengebunden wird, das Maul zu; es genügt auch, wenn der Hündinnenhalter nur die Leine um das Maul schlingt. Versucht sich die Hündin hinzusetzen, müssen die beiden Helfer eingreifen, wobei sie sich unter dem Bauch der Hündin die Hand geben (in diesem Fall ist eine Sitzgelegenheit für die Helfer angezeigt). Auch ein unter die Hündin plaziertes Knie hindert sie zuweilen am Hinsetzen, während ein unter dem Bauch durchgezogener Sack, mit dem die Hündin hochgehalten werden kann, oft den Rüden beim Aufsteigen stört, da er die Hündin mit den Vorderläufen umklammert. Die meisten Rüden wollen da ›freie Hand‹ haben und ein Verheddern mit den Krallen im Sackgewebe ist leicht möglich.

So geschickt oder ungeschickt sich auch die Hündinnen mitunter anstellen, so unterschiedlich verhalten sich auch die einzelnen Rüden bei der Paarung. Einer ist besonders zärtlich und bei ihm läuft das Ganze nicht ohne Liebesspiel ab: Er schleckt der Hündin den Kopf ab und wenn diese seine Liebkosungen erwidert, ist damit eine ideale Voraussetzung für den Deckvorgang gegeben. Anders der stürmische Rüde: Ohne großes Werben kommt er zur Sache; entweder reagiert die Hündin dann verängstigt oder aber

der Rüde hat sie buchstäblich überrumpelt, noch ehe sie weiß, was passiert ist. Dann gibt es noch die desinteressierten Rüden, mit denen es oft besonderer Geduld bedarf. Oft zeigt sich das Interesse erst, wenn die Hündin zum Schein aus dem Deckraum weggeführt wird; so deckfaul ist kaum ein Rüde, dass er sich eine heiße Hündin entgehen lässt. Kommt die Hündin nach einiger Zeit wieder zurück, ist die Freude meist groß und er bequemt sich doch noch seine Pflicht als Rüde wahrzunehmen.

Die beiden Tiere sollten nur kurze Zeit ohne Leine laufen; es kann sonst sein, dass die liebesbereite Hündin ihr Spiel mit dem Rüden zu lange treibt und dieser, wenn die Hündin freiwillig steht und sich anbietet, sich völlig verausgabt hat und einfach nicht mehr die Kraft zum Decken aufbringt.

Rüden, die ein zärtliches Kennenlernen von Angesicht zu Angesicht bevorzugen, sind meist sehr ›treffsicher‹. Anders die stürmischen, heftigen Rüden. Bei ihnen ist es nur gut, wenn sie gelernt haben und gewohnt sind, dass die helfende Hand des Herrn eingreift.

All das ist zwar nervenaufreibend, aber keineswegs problematisch. Was aber unter gar keinen Umständen passieren darf, ist das voneinander Losreißen nach erfolgtem Decken. Der Geschlechtsapparat des Rüden ist so konstruiert, dass er nach dem Eindringen des Penis nicht mehr zurück kann. Einem etwaigen Hinwerfen der Hündin oder anderen Versuchen loszukommen, muss man durch gutes Festhalten entgegenwirken. Auch hier leistet ein unter den Bauch der Hündin geschobenes Knie gute Dienste. Bei einem vorzeitigen Loskommen wären schlimme

Verletzungen der beiden Geschlechtsteile die Folgen und der Rüde könnte als Deckrüde für immer verdorben sein. Die Dauer des ›Hängens‹ der Hunde ist unterschiedlich; sie kann zwischen 5 Minuten und einer Stunde variieren. Während dieser Zeit samt der Rüde immer wieder ab. Bei großen und schweren Rassen sollte der Rüde, um die Hündin zu entlasten, vorsichtig von ihr heruntergehoben werden, d. h. ein Bein des Rüden wird über die Hündin gehoben, so dass die Hunde entweder nebeneinander oder sich mit dem Hinterteil zugekehrt stehen. Die zärtlichen Rüden lieben es, neben der Hündin zu stehen, weil sie diese während des Hängens auch noch belecken möchten.

Nachdem sich die Hunde voneinander gelöst haben, bringt man die Hündin am besten gleich zurück in das Auto und den Rüden an seinen Ruheplatz.

Die Meinungen angesichts einer Wiederholung des Deckaktes am anderen Tag sind immer noch geteilt. Wenn die Hündin gut stand, kann man annehmen, dass der richtige Zeitpunkt des Decktages gegeben war und eine Nachbedeckung eigentlich nicht notwendig ist. Im Hinblick darauf, dass sowohl die Ei- als auch die Samenzellen nur wenige Stunden befruchtungsfähig sind, ist jedoch das Argument einer zweiten Bedeckung durchaus stichhaltig.

Anspruch hat der Hündinnenbesitzer nur auf eine einmalige Paarung während einer Hitze und auf einen Wiederholungsdeckakt in der nächsten Hitze, wenn die Hündin leer geblieben sein sollte. Es hängt jedenfalls ganz von der Beanspruchung des Rüden ab, wie oft er zugelassen werden kann.

Die Hündin ist auch nach dem Deckakt bis zum völligen Abklingen der Hitze gut

zu verwahren, denn eine ungewollte ›Fremdbedeckung‹ könnte erfolgreich sein und Welpen von zwei Vätern wären die Folge. Sollte das Malheur trotz aller Vorsichtsmaßnahmen doch passiert sein, kann der Tierarzt durch Verabreichung von entsprechenden Spritzen die Schwangerschaft unterbrechen. Die Hündin ist dadurch keinesfalls ›verdorben‹, wie man landläufig oft noch hören kann. Während der nächsten Hitze kann sie wieder zum Rüden gebracht werden.

## Tragezeit

Die Hündin sollte rechtzeitig vor der Trächtigkeit, kann aber danach auch noch in den ersten 14 Tagen entwurmt werden. Das Futter muss jetzt besonders gehaltvoll zusammengestellt werden. Beigaben von einem kombinierten Vitamin-Kalkpräparat sind sowohl für das Muttertier als auch für die heranwachsenden Foeten nützlich. Generelle Futterumstellungen hingegen sollte man nicht vornehmen. Im letzten Drittel der Trächtigkeit empfiehlt es sich, das Futter auf zwei oder drei Mahlzeiten zu verteilen, denn die Welpen nehmen nun schon viel Platz weg und da muss der Magen nicht auch noch überladen werden.

In den ersten fünf Wochen der Trächtigkeit ist am Äußeren der Hündin kaum eine Veränderung feststellbar, nur in ihrem Wesen erscheint sie anders. Sie wird ruhiger und mit der Zeit verweigert sie ganz von selbst große Spaziergänge. Zwar kann man es auch wie die Eskimos halten, die die Hündin bis zum Werfen am Schlitten mitgehen lassen und ihr auch danach nur wenig Erholung gönnen. Aber das muss in unseren Regionen nicht sein, hier ist der Hund in erster Linie Kamerad und nicht Arbeitstier. Bewegung soll der Hündin während der gesamten Tragezeit ausreichend gewährt werden, übermäßige Anstrengungen sind jedoch tunlichst zu vermeiden. Die Züchter von Schlittenhunden planen deshalb auch die Zucht für die Sommermonate ein, d. h. bei Läufigkeit der Hündin im Frühjahr erfolgt die Bedeckung, rund zwei Monate später wirft sie und bis zum beginnenden Herbsttraining sind die Welpen längst abgesetzt.

Ab der fünften Woche der Tragezeit ist eine Vergrößerung der Zitzen zu beobachten. Ein sicheres Anzeichen für eine Trächtigkeit ist dies jedoch nicht. Eine Hündin kann auch eine Trächtigkeit simulieren diese sogenannte Scheinträchtigkeit geht oft so weit, dass sogar Milch einschießt, wenn der Tag des vermeintlichen Werfens naht. Eine ›echte‹ Schwangerschaft darf angenommen werden, wenn sich ab der siebten Woche die Welpen im Mutterleib bewegen. Liegt die Hündin auf der Seite, kann man dies mit der auf den Bauch gelegten flachen Hand deutlich erspüren. Zu sehen ist die Bewegung der Welpen bei den dickfelligen ›Nordischen‹ jedoch kaum.

# Geburt der Welpen

Die lange Zeit des Wartens ist vorüber. Zwischen dem 60. und 65., meist am 63. Tag nach dem Decken (zwei Tage früher oder später sind nicht besorgniserregend) kündigt sich durch starke Unruhe der Hündin das bevorstehende Werfen der Welpen an. Sie verweilt nicht lange an

einem Platz; einmal sucht sie die Nähe des Menschen, dann möchte sie wieder herausgelassen werden.

Rechtzeitig hat man die Hündin mit ihrem Wurflager vertraut gemacht. Im Zwinger ist es ihre gewohnte Lagerstatt, die frühzeitig mit einem handelsüblichen, im Zoofachgeschäft erhältlichen Desinfektions-Spray desinfiziert wurde. Dass sich vor allem die Hündin in sauberem, parasitenfreien Zustand mit reinem Gesäuge befindet, erscheint wohl selbstverständlich. Bei ihrer Unterbringung ist wichtig, dass sie von den anderen Hunden des Zwingers möglichst separiert wird und zumindest die Trennwände der Hundebox bis zur Decke reichen, damit die Hündin ungestört werfen kann.

Zu viel Stroh ist im Wurflager des Zwingers nicht angebracht, damit in der Aufregung während des Werfens nicht so ein kleiner Welpe unter das Stroh gerät und womöglich erstickt. Oft schiebt die Hündin selbst alles Stroh beiseite und bringt ihre Jungen lieber auf dem blanken Boden zur Welt.

Im Haus – falls es die Hündin gewohnt ist, dort zu leben – wird an ruhiger Stelle eine Wurfkiste aufgestellt. Sie sollte ähnlich wie ein Sandkasten konstruiert sein, also mit einem nach innen übergreifenden Rand, damit die Mutterhündin die Kiste nicht bis auf den letzten Zentimeter ausfüllt, sondern ein kleiner Spielraum rundum bestehen bleibt, die Hündin also kein Junges an der Wand der Kiste ungeschickterweise erdrücken kann. Innen angebrachte Leisten erfüllen den gleichen Zweck, und alle scharfen Kanten müssen abgestumpft werden. Die Größe der Wurfkiste sollte etwa 1,20 × 1,20 m (je nach Rasse und Größe des Hundes) betragen. In die Kiste legt man einen dicken Packen Zeitungen, die lagenweise leicht entfernt werden können, wenn sie beschmutzt oder durchnässt sind. Mutter und Kind liegen dadurch stets trocken.

Mit abgedrehter Rute, teils liegend, teils sitzend, immer wieder die Scheide ableckend, erträgt die Hündin die Presswehen. Endlich ist es soweit und das erste Welpchen tritt, zumeist mit dem Köpfchen und den Vorderbeinchen voran, aus dem Geburtsweg. Noch ist es in die Fruchthülle eingeschlossen, die von der Hündin entfernt wird. Dann beginnt sie eifrig, das Kleine abzulecken und sofort ist das zunächst noch klägliche Wimmern des Welpen zu hören.

So glatt läuft nun leider nicht immer die Geburt der Welpen ab. Komplikationen kann es zum Beispiel geben, wenn das Mäulchen des Welpen durch Fruchtblase bzw. -wasser verstopft ist oder das Hinterteil des Kleinen zuerst hervortritt. Im ersten Fall ist leicht zu helfen, indem man mit dem kleinen Finger das Mäulchen freimacht; weitere Gefahr besteht zunächst nicht, solange das Kleine durch die Nabelschnur noch mit der Mutter verbunden ist. Diese wird von der Hündin durchgebissen. Besonders bei Erstwerfenden kommt es zuweilen vor, dass sie die Nabelschnur nicht abbeißen. Man schneidet sie dann bis auf 2 cm mit einer desinfizierten Schere ab, nicht kürzer, da sonst leicht ein Nabelbruch entstehen kann.

Mehrgebärende Hündinnen bedürfen meist keinerlei eingreifender Hilfestellung.

Schwieriger ist, einem Welpen Hilfestellung zu leisten, wenn das Hinterteil zuerst hervortritt. In einem solchen Fall ist die erfahrene Hand des Tierarztes nötig, um Mutter und Kind gefahrlos zu helfen.

Ist das erste Welpchen ohne menschliche Hilfestellung zur Welt gekommen, so ist es ratsam, die Hündin völlig in Ruhe zu lassen. Die nächsten Welpen kommen etwa in einem Abstand von einer halben bis einer Stunde, aber auch längere Zeitabstände dazwischen sind nicht ungewöhnlich. Im Allgemeinen hat der Nordische Hund einen ausgeprägten Mutterinstinkt und weiß selbst, was er bei der Geburt zu tun hat. Die Menschen dagegen bewirken eher, dass die Hündin aufgeregt oder gestört wird.

Es muss ohnehin von Fall zu Fall entschieden werden, ob die Anwesenheit des Menschen während des Werfens den Hund beruhigt oder ob er lieber alleine sein möchte. Auf keinen Fall jedoch sollte die Hündin längere Zeit sich selbst überlassen bleiben; wenigstens in Intervallen von einer Stunde muss man nach ihr sehen und sich von dem ordnungsgemäßen Geburtsvorgang überzeugen.

Mit oder unmittelbar nach jedem Welpen geht die Nachgeburt ab, die man keinesfalls wegräumen darf. Während des massierenden und kreislaufanregenden Abschleckens der Welpen, das unentwegt geschieht, nimmt die Hündin die Nachgeburt mit auf, die sie wegen der darin enthaltenen Hormone zur Anregung der nächsten Wehen benötigt. Zieht sich die Geburt zu lange hin, dann kann man den Tierarzt bitten, der Hündin ein wehenanregendes Mittel zu verabreichen.

Im Allgemeinen setzt der Milcheinschuss mit dem Werfen gleichzeitig, oft schon einen Tag vorher ein. Dann muss man beobachten, ob die Welpen zu trinken beginnen; Sicherheit, dass genügend Milch da ist, gibt der Versuch, manuell etwas Milch aus der Zitze – natürlich sehr sachte und vorsichtig – herauszudrücken. Hat man Zweifel oder schreien die Welpen viel, kann auch hier der Tierarzt durch eine Spritze die Milchdrüsentätigkeit anregen. Das trifft alles besonders auf die Erstgebärende zu; die erfahrene Mutterhündin kennt der Züchter genau und er weiß, wann es eventuell zu Komplikationen kommen kann.

Wenn die Welpen sehr rasch hintereinander geboren werden, muss der Züchter mit einem Frotteetuch die Welpen vorsichtig trockenreiben, da die Hündin mit ihrer Zungenmassage und dem Trockenlecken in diesem Fall gar nicht so schnell nachkommt.

Sollten so schwere Geburtsschwierigkeiten vorliegen, dass der Tierarzt zu einem Kaiserschnitt rät, ist dieser ohne Verzögerung durchzuführen, um die Welpen zu retten. Die Hündin ist danach durchaus imstande, ihre Welpen zu säugen und aufzuziehen. Wenn es sich nicht um körperliche Anomalien der Hündin handelt, kann die nächste Geburt durchaus normal und ohne Komplikationen verlaufen. Manchmal sind die Welpen zu groß, um via naturalis geboren zu werden.

Freiwillig verlässt das Muttertier die Welpen nach dem Werfen nicht; aber es ist gut, wenn sie zum Entleeren kurz herausgeführt wird. Futter verweigert sie zuerst noch, aber etwas zum Trinken nimmt sie gerne an.

Sobald die Hündin eine entspannte, gestreckte Lage einnimmt, kann davon ausgegangen werden, dass der Geburtsvorgang beendet ist. Abgang von rötlichem Schleim, in den nächsten zwei Wochen wässrig werdend, ist normal, nicht aber, wenn dunkelgrüner, dicker Schleim beobachtet wird. Dann ist schnellstens ein tierärztliches Eingreifen nötig, weil vermutlich ein abgestorbener Welpe zurückgeblieben ist.

Wenige Stunden vor dem Werfen, manchmal auch erst drei Tage danach, in den meisten Fällen aber erst drei bis vier Wochen nach der Geburt kann infolge einer Stoffwechselstörung und Absinken des Kalziumspiegels eine Eklampsie der Hündin – oft auch unter der Bezeichnung ›Milch-Fieber‹ bekannt – auftreten. Sie macht sich durch starke Unruhe, Hecheln, Zusammenbrechen auf der Hinterhand, krampfartige Muskelkontraktion mit lebhaftem Zucken der Gliedmaßen und fliegender, keuchender Atmung bemerkbar. Intravenöse Kalziumgaben führen zu schlagartiger Besserung.

## Aufzucht der Welpen

Nachdem die Welpen trocken liegen, wird das Geburtsgewicht ermittelt, um damit einen verlässlichen Ausgangswert für die weitere Gewichtsentwicklung zu erhalten. Sogleich müssen die Welpen auf etwaige Körperanomalien untersucht werden. An dieser Stelle sei nochmals auf die bereits zuvor erwähnten tierschützerischen Auflagen verwiesen.

Bereits bei dem Neugeborenen lässt sich feststellen, ob infolge der Kieferstellung ein standardgemäßes Gebiss zu erwarten ist; das ist dann der Fall, wenn bei geschlossenem Mäulchen der Oberkiefer etwas weiter vorsteht als der Unterkiefer. Während des Wachstums kann sich die

Kieferstellung gelegentlich bis zum Vorbiss verändern; aber das bleibende Gebiss reguliert sich schließlich entsprechend der beim neugeborenen Welpen erkannten Kieferstellung.

> Die sogenannte Kolostralmilch, die erste Milch, die der Welpe von der Hündin bekommt, bewirkt die Entleerung des vorgeburtlichen Darminhalts, des Geburtspechs. Sie ist reich an Gammaglobulinen, die ein Eiweißbestandteil des Blutplasmas und als Aufbaustoffe ebenso wichtig sind wie zur Abwehr von Krankheitserregern.

Die Milchquelle der Hündin ist so beschaffen, dass sie 6 Welpen gut nähren kann; auch in der Natur wären alle weiteren Welpen zum Verkümmern verurteilt, da sich ohnehin die kräftigsten Welpen die ergiebigsten hinteren Zitzen sichern. Die schwachen Welpen suchen anfangs noch nach einer Zitze, aber bald verlässt sie die Kraft beim Kampf ums Überleben. Zuchtwart und Tierarzt sollten entscheiden, wenn mehr als 6 Welpen lebensfähig und stark sind, ob eine Amme benutzt werden kann oder künstliche Aufzucht in Frage kommt.

Wenn ein Welpe nicht trinken will, kann man ihm vorsichtig das Mäulchen öffnen und etwas Milch aus der Zitze hineindrücken. Er wird mit der Zitze im Mäulchen in dieser Lage mit der Hand fixiert und wenn er nach einiger Zeit saugt, haben wir gewonnen. Oft ist es aber vergebliche Liebesmüh', dann nämlich, wenn die Hündin ein schwaches Welpchen nicht annimmt und es bei jeder Gelegenheit

wieder beiseite schiebt und gar mit Stroh bedeckt. Besser als die Menschen weiß eine Hündin um die Nichtlebensfähigkeit eines Welpen.

Das Muttertier erhält jetzt dreimal täglich reichlich gutes Futter: viel rohes Fleisch, durch den Wolf gedrehtes rohes Gemüse, ab und zu ein rohes Eigelb (ein ganzes Ei nur in gekochtem Zustand füttern!). Als Beigabe wird Kalk in Form von Calcipot-Tabletten und Lebertran oder Vigantol nach Anweisung verabreicht.

Bereits nach wenigen Tagen kriechen die Jungen um die Hündin herum und die viel zu schweren Köpfe wackeln hin und her. Sie befinden sich immer in Reichweite der Mutter und wenn es ihr nötig erscheint, holt sie die Kleinen mit ihrem Maul zurück. Die instinktive Fürsorge für ihre Kinder scheint keine Sekunde zu ruhen. Am liebsten legt sie den Kopf über die ganze Gesellschaft, dann kann ihr nichts entgehen. Die Beschäftigung der

*Noch schauen diese beiden Husky-Welpen etwas unsicher in die Welt.*

Welpen besteht jetzt ohnehin nur im Trinken und Schlafen. Das kleine rosige Zünglein umschließt saugend die Zitze, bis das Köpfchen satt und müde zur Seite fällt.

Die Hündin hingegen gönnt sich kaum Ruhe; immer wieder schleckt sie die Jungen ab; die Zunge massiert die runden Bäuchlein und auch der Kot der Welpen wird von der Hündin aufgeleckt. Das ändert sich erst, wenn die Zufütterung beginnt.

Noch sehen die Kleinen nichts, die Augen sind verschlossen und auch das Gehör ist noch nicht da. Lediglich der Geruchssinn ist schon stark ausgeprägt ebenso wie der Sinn für zuträgliche Temperaturen.

Gegen Ende der zweiten Woche öffnen sich die Augen allmählich, zuerst an der Augeninnenseite, danach sieht man einen kleinen Schlitz, der sich langsam vollends erweitert. Sind die Augen verklebt, werden sie lauwarm vom Augenwinkel zur Seite vorsichtig ausgewaschen. Die Welpen blinzeln zunächst noch zaghaft in die Welt und es ist gut, wenn sie grellem Licht nicht ausgesetzt sind.

Das Saugen der Welpen wird von heftigen Tretbewegungen der Füßchen, dem sog. ›Milchtritt‹ begleitet. Deshalb ist es notwendig, nach einer Woche erstmals die nadelscharfen Krallen zu stutzen, um der Hündin Schmerzen oder eventuell sogar Entzündungen am Gesäuge zu ersparen.

Je nach Stärke des Wurfes und der Gewichtszunahme der Welpen beginnt man um die dritte Woche, zur Entlastung er Hündin zuzufüttern. Das erste Futter besteht aus einem Milchbrei, dem nach einer Woche etwas mageres Hackfleisch und hin und wieder ein rohes Eigelb beigegeben werden. Der Milchbrei setzt sich entweder aus gebrühten oder gekochten Haferflocken oder speziellen Hundeflocken und Kuhmilch zusammen, wobei die Milch in einer Mischung aus 3/4 Kuhmilch und 1/4 Kondensmilch verabreicht werden soll, da Kuhmilch allein zu wenig Fett enthält (17% weniger Fett, dafür aber 22% mehr Laktose). Geeignet ist auch ein eigens für Tiere hergestelltes Milchpulver, das die erforderlichen Zusätze bereits enthält und nur mit Wasser angerührt wird. Für das Hackfleisch können Muskelfleisch, Leber, Herz und Pansen durch den Wolf gedreht werden; als Beigabe eignen sich rohe geriebene Möhren. Wichtig ist die Verabreichung eines Kalkpräparates und von Lebertran oder Vigantol. Auf die genaue Dosierung muss sorgfältig geachtet werden, denn ein Zuviel kann ebenso schädlich sein wie ein Zuwenig!

Jetzt ist die Zeit gekommen, da die Hündin gerne einmal die kleinen Plagegeister verlässt. Da der Welpenkot von der Mutter nicht mehr aufgenommen wird, müssen die Kleinen an einen Ort gewöhnt werden, wo sie ihr Geschäft verrichten können. Deshalb muss die Wurfkiste an einer Seite zu öffnen sein, vor der ein Plätzchen mit Torfmull oder Sägespänen ausgelegt ist. Wenn man die Welpen sofort nach dem Aufwachen dorthin bringt, verrichten sie ihre Notdurft am gewünschten Platz und begeben sich alleine wieder zurück in die Kiste. Ihr Lager beschmutzen sie nur, wenn sie nirgendwo sonst Gelegenheit haben, sich zu lösen.

Bei gutem Wetter dürfen sie auch an die frische Luft, nicht aber in die pralle Sonne. Die Mutterhündin hat im Garten eine erhöhte Pritsche stehen (oder im Zwinger), auf die sie sich gerne ab und zu zurückzieht.

Mit der dritten Woche kommen die ersten Milchzähne, die dann dem Gesäuge der Hündin arg zusetzen können.

Alle Jungen haben ihren eigenen Fressnapf; jeder erhält seinen Stammplatz zugeteilt, um den späteren Raufereien um das Futter etwas vorzubeugen. Rangkämpfe entwickeln sich ohnehin schon bald und das Spielen artet zuweilen in eine von Knurren begleitete Rangelei aus.

> Zwischen der 7. und 9. Lebenswoche erfolgt die erste Schutzimpfung gegen Staupe, Hepatitis und Leptospirose, in der 12. bis 14. Woche die zweite. Die Tollwutschutzimpfung wird erst bei über 3 Monate alten Jungtieren vorgenommen. Dabei muss gewährleistet sein, dass die Welpen vor der Impfung entwurmt wurden und zum Zeitpunkt der Impfung wurmfrei sind.

Nach sieben Wochen beginnt langsam die Entwöhnung. Die Jungen saugen nur noch morgens und abends kurz und ab der achten Woche gar nicht mehr. Die Hündin darf jetzt für einige Tage nicht übermäßig gefüttert werden; sie bekommt wenig zu trinken, damit die Milchquelle bald versiegt.

Wichtig bei der Welpenfütterung ist die pünktliche Einhaltung der auf 5 Mahlzeiten verteilten Futtergaben. Auch hier gilt das im Kapitel Fütterung Gesagte: Was in 10 Minuten nicht aufgefressen ist, wird weggenommen und – sofern es sich noch in unverdorbenem Zustand befindet – zur nächsten Mahlzeit wieder angeboten. Niemals bleibt das Futter über den ganzen Tag erreichbar stehen.

## Ammenaufzucht

Für überzählige oder verwaiste Welpen kann eine fremde Hündin, die wenig oder gar keine Welpen aufzuziehen hat, Mutterpflichten übernehmen. Hat die als Amme ausgewählte Hündin eigene Welpen, muss die Größe der eigenen Jungen mit der der ›Adoptivkinder‹ in etwa übereinstimmen. Dass für Welpen nordischer Rassen keine Amme einer sehr kleinen oder Zwergrasse in Frage kommt, muss nicht näher ausgeführt werden. Auch die Zeit des Werfens sollte weitgehend übereinstimmen, damit die anzunehmenden Welpen auch Milch der gleichen Zusammensetzung wie die eigenen Welpen erhalten.

Man darf aber nicht davon ausgehen, dass alle fremden Welpen der Amme einfach angelegt werden können. Es sind dazu einige Tricks nötig, mit denen man die Amme zu überlisten versucht. Meistens merken gute Mutterhündinnen aber doch, dass ihnen fremde Kinder untergeschoben wurden und es ist nur eine Frage ihrer Gutmütigkeit, ob sie sie akzeptieren oder nicht.

Bevor die ›fremden Welpen‹ zu den eigenen kommen, müssen sie ordentlich mit deren Geruch identifiziert werden. Die Hündin darf dabei nicht zusehen. Nach ihrem Zurückkommen beginnen zuerst ihre eigenen Welpen zu trinken, dann muss eines nach dem anderen der fremden Welpen angelegt werden. Sicher wird sie die Hündin im Beisein des Züchters auch saugen lassen; das bedeutet aber noch nicht, dass sie die Kleinen wirklich angenommen hat. Davon kann man erst ausgehen, wenn sie die Welpen wie ihre eigenen leckt.

# Künstliche Aufzucht

Bei dem Entschluss, Welpen künstlich auf-zuziehen, muss man sich klar darüber sein, welch ungemein zeitaufwendige Belastung bevorsteht. Anfangs bedürfen die Welpen einer Fütterung im Zwei-Stunden-Turnus rund um die Uhr, was von einer einzelnen Person kaum zu bewältigen ist. Nach ein paar Tagen wird ein größeres Zeitintervall (alle 3 Stunden) gewählt und im Alter von 14 Tagen erhalten die Welpen alle 4 Stunden ihre Nahrung. Soll Kuhmilch Verwendung finden, ist zu bedenken, dass diese 17% weniger Fett enthält als Hundemilch. Das Fett muss also zugesetzt werden. Die Kombination von 3/4 Kuhmilch und 1/4 Kondensmilch gleicht den Fettmangel aus.

> Während noch vor wenigen Jahren die Welpennahrung individuell zusammengestellt wurde (z.B. Kinder- oder Babynahrung + Traubenzucker + keimfreies Rinderserum (Boviserin)) erleichtern heutzutage auf den Welpenorganismus abgestimmte Trockenmilchprodukte, die im einschlägigen Handel erhältlich sind, dem Züchter die mutterlose Aufzucht erheblich.

Beim Füttern zeigt sich, welche Nahrungsmenge jeder Welpe benötigt. Noch wichtiger als bei normaler Aufzucht ist die ständige Gewichtskontrolle. Wenn die Welpen ständig wimmern, sind die Rationen zu erhöhen. Das Bäuchlein soll rund sein, sich aber mit dem Finger noch eindrücken lassen. Ein praller, fester Bauch zeigt, dass der Welpe überfüttert wurde.

Das größte Problem bei der Fütterung, gerade in den ersten Tagen, stellt sich durch das Fehlen der schon an anderer Stelle erwähnten Kolostralmilch. Etwas vergleichbar Wertvolles steht den Welpen aber nicht zur Verfügung. Die Kolostralmilch bewirkt vor allem das Abgehen des sog. ›Darmpechs‹, des vorgeburtlichen Darminhalts des Welpen. Diesen Vorgang ersetzt beim mutterlosen Welpen ein Massieren des Bäuchleins, was mittels eines feucht-warmen Handtuches nach vorheriger Reinigung mit Zellstoff o. ä. geschehen kann.

Die Fütterung geschieht mit einer Säuglingsflasche, deren Sauger mit mehreren Sauglöchern versehen ist. So ist die Gefahr des Verschluckens geringer, als bei einem zu großen Saugloch. Die Nährflüssigkeit soll blutwarm (Körpertemperatur einer Hündin) sein.

Die Wärme der Mutter muss ein untergelegtes Heizkissen oder eine Gummiwärmflasche ersetzen.

Die günstigste Raumtemperatur für die Welpen liegt bei 23 °C. Die Gefahr der Unterkühlung der Welpen ist sehr groß; eine Infrarotlampe kann dem entgegenwirken. Wichtig ist eine gleichmäßige Temperatur, und Zugluft ist ebenso wie ein feuchtes Lager zu vermeiden. Üblicherweise sorgt die massierende Zunge der Hündin für die Entleerung des Welpen von Kot und Urin. Diese Bauch-Massage muss bis zur 3. Lebenswoche die Menschenhand übernehmen.

Während der Fütterung soll der Welpe eine möglichst natürliche Haltung einnehmen, d. h. so, als ob er an der Zitze der Hündin trinkt. Mit einem kleinen Frotteetuch in der Hand wird das Welpchen in der richtigen Stellung fixiert, wobei darauf zu achten ist, dass der ›Milchtritt‹ ausgeführt werden kann, der hier natürlich nichts anderes bewirkt, als dass der Welpe eifrig bei der Sache ist.

Mit der dritten Woche erfolgt die langsame Entwöhnung von der Flasche, d. h. die Ernährung passt sich allmählich der natürlichen Welpenaufzucht an.

Wenn all die Arbeit, welche sonst die Hündin besorgt, wie Reinigen der Welpen nach der Mahlzeit durch Ablecken und Massieren zur Anregung des Verdauungsapparates, neben der Fütterung von Menschenhand verrichtet werden muss, kann man sich leicht vorstellen, welche immense Belastung dem Züchter bevorsteht. Wenn dann aber die Welpen gedeihen, ist dies rasch vergessen und entschädigt für alle Mühen.

Nun könnte man – vor allem was die angegebene Raumtemperatur für die Welpen betrifft – entgegnen, dass zum Beispiel bei den Eskimos von solch relativ

Wie schon an anderer Stelle sei auch hier noch einmal gesagt: Bei allem Bemühen um möglichst natürliche Zucht- und Aufzuchtvoraussetzungen sind unsere ›Nordischen‹ in erster Linie Haushunde (wobei mit der Bezeichnung ›Haus‹ nicht der ständige Aufenthalt in der Wohnung gemeint ist), nicht aber – wie bei den Eskimos – ausschließlich Arbeitstiere.

hohen Temperaturen nicht die Rede rein kann. Gewiss sind die Hunde in ihren Ursprungsländern mitunter andere Klimate gewöhnt und gerade die Welpen einer Grönlandshündin werden im zarten Alter bereits auf dem Schlitten in einem Art Sack, der mit Luftlöchern versehen ist, mitgenommen und während einer Ruhepause von der Hündin gesäugt. Aber eine solche Welpenaufzucht soll und kann hierzulande nicht als Richtschnur dienen.

▬ *Samojeden-Welpe.*

# Elchjagdprüfung

Normen und Richtlinien zur Elchjagdprüfung,
herausgegeben vom Finnischen Kennel-Club.

Für Halter der Rassen Finnenspitz, Karelischer Bärenhund, Elchhund, Jämthund und Schwarzer Norwegischer Elchhund sind die Forderungen, die anlässlich in Skandinavien stattfindender Elchjagdprüfungen an die Prüflinge gestellt werden, auch hierzulande interessant.

Geprüft wird in der Offenen- und Siegerklasse. Wenn die Prüfung gleichzeitig mit der Jagd stattfindet, so wird nur in der Offenen Klasse geprüft.

Jedem Richter wird von einem Oberrichter sein Gelände zugewiesen und das Gelände für jeden Hund wird ausgelost. Jedem Hund werden mindestens 4 Stunden Zeit eingeräumt, um einen Elch aufzuspüren.

Der Hund wird von dem Zeitpunkt an, zu dem er den Elch gefunden hat, höchstens 4 Stunden in der Offenen und 5 Stunden in der Siegerklasse geprüft. In der Offenen Klasse verlangt man:

1. Platz 70 Punkte (Siegerkl. 75 Punkte)
2. Platz 60 Punkte (Siegerkl. 65 Punkte)
3. Platz 50 Punkte (Siegerkl. 55 Punkte)

In nachfolgenden Fällen werden dem Hund noch einmal zusätzlich 4 Stunden gewährt: falls es auf dem Prüfungsgelände keine Elche gibt; falls der Elch sich auf ein Revier verzieht, wohin der Hund ihm nicht folgen darf und der Hund bis dahin noch nicht genügend beurteilt wurde; falls der Hund aus einem anderen ernsthaften Grund noch nicht genügend beurteilt wurde.

Extra-Prüfungen werden immer erst am nächsten Tag durchgeführt. Der Oberrichter bestimmt, wo und wann jeder Teilnehmer anfangen und aufhören darf, in welche Richtung er gehen und wann er den Hund loslassen darf.

Die Bestimmungen zur Teilnahme an der Elchjagdprüfung sind streng und von den Teilnehmern strikt zu befolgen.

| Nach folgenden Punktzahlen werden die Fehler und Verdienste des Hundes bewertet | |
| --- | --- |
| 1. Sucharbeit (Such- und Findefähigkeit) | $1–10 \times 3 = 30$ |
| 2. Geschicklichkeit des Hundes (wie er den Elch stoppt, stehen lässt und wie er sich dabei verhält) | $1–10 \times 3 = 30$ |
| 3. Wie der Hund dem weglaufenden Elch folgt und ihn erreicht | $1–10 \times 2 = 20$ |
| 4. Bellstil (Bellqualität und Belllaute) | $1–10 \times 1 = 10$ |
| 5. Zusammenarbeit und Gehorsam | $1–10 \times 1 = 10$ |
| Höchstpunktzahl | 100 |
| *Fehler:* | |
| 1. Der Hund gibt die Prüfung einfach auf | $0–10 \times 1 = 10$ |
| 2. Der Hund läuft dem Elch bellend hinterher | $0–10 \times 1 = 10$ |
| 3. Der Hund bellt Kleinwild störend an und läuft ihm hinterher | $0–10 \times 1 = 10$ |
| 4. Fehlende Kondition und mangelnder Eifer des Hundes | $0–10 \times 1 = 10$ |
| 5. Offensichtliche Ungehorsamkeit | $0–10 \times 1 = 10$ |
| Höchste Minuspunktzahl | 50 |

Für den 1. Platz wird zusätzlich noch verlangt: Bei den Verdienst-Punkten (Pluspunkte) dürfen es in keinem Bewertungsfall weniger als 6 sein (Siegerklasse 6); Fehlerpunkte (Minuspunkte) in keinem Fall mehr als 4 Punkte (Siegerklasse 4); zusammengezählte Standzeit des Elches mindestens 60 Minuten (Siegerklasse 90 Minuten); der Richter hätte die Möglichkeit zum Schuss haben müssen (Siegerklasse ebenso).

Die Pluspunkte ergeben sich nach folgenden Kriterien:

## 1. Sucharbeit, Such- und Findefähigkeit

Bei der Bewertung muss man vor allem beobachten, wie zielstrebig und zweckmäßig der Hund nach dem Elch sucht.

Als gute Sucharbeit wird bewertet, wenn der Hund sich ca. alle 10–20 Minuten bei seinem Führer meldet und er mindestens 200–300 m voraus und seitlich von der Gruppe sucht. Ein besonderes Verdienst für den Hund ist es, wenn die gefundenen Spuren einige Stunden oder Tage alt sind und er trotzdem den Elch findet.

Bei der Bewertung müssen immer die Wetterbedingungen beachtet werden. Wind, Nässe und Wärme beeinträchtigen die Prüfung besonders.

## 2. Geschicklichkeit des Hundes

Hat der Hund den Elch gefunden, muss der Preisrichter genau beobachten, was jetzt passiert.

Ein guter Hund nähert sich dem Elch vorsichtig und ruhig. Dadurch bleibt der Elch meistens am Fundort, was besonders wertvoll ist. Das Gleiche gilt, wenn das Benehmen des Hundes den Elch anzieht und er sogar dem Hund folgt. Eine besondere Leistung ist es, wenn der Hund gleichzeitig auf die sich nähernden Beobachter aufpasst und die Aufmerksamkeit des Elches auf sich lenkt, und das um so geschickter, je näher die Männer kommen.

Zu der Bellstelle darf jedoch niemand ohne Erlaubnis des Besitzers hingehen, und auch nicht eher als 1/2–1 1/2 Stunden nach Beginn des Bellens.

## Verfolgung und Erreichen des weglaufenden Elches

Läuft der Elch weg, so muss ihm der Hund zielstrebig, schnell, ausdauernd, still und in genügender Entfernung folgen, aber auch die Verbindung mit seinem Führer halten.

Folgt der Hund dem Elch nicht weiter als 2 km oder länger als 20–40 Minuten, ohne ihn wieder zu stellen, wird dies nur als ›befriedigend‹ bewertet.

## Bellstil (Qualität und Laute)

Der Sinn des Bellens ist ja, die Stelle des Elches zu melden und zu verhindern, dass der Elch die herankommenden Männer hört.

Gut ist ausdauerndes Bellen, das sich gleichmäßig steigert, wenn sich die Gruppe der Männer nähert. Es ist wichtig, dass das Bellen dicht und laut genug ist. Rauhes, böses und grelles oder heulendes Bellen ist nicht erwünscht. Auch spärliches, ununterbrochenes und zwischendurch explodierendes Bellen ist schlecht. Das Bellen des Elchhundes muss ruhig, dicht genug und stattlich voll sowie laut genug sein, so dass der Elch ihm zuhört.

> **Das Bellen kann man wie folgt bewerten:**
> höchstens 60mal Bellen
> pro Minute                       = spärlich
> 60–80mal Bellen pro Minute       = mittel
> über 80mal Bellen pro Minute     = dicht

Ein guter Elchhund erzählt also mit seinem Bellen, was bei der Jagd passiert.

## Zusammenarbeit, Gehorsam

Bei der Prüfung muss der Hund sich mit seinem Führer alle 10–30 Minuten in Verbindung setzen. Nach der Verbindungsaufnahme muss er von sich aus – oder auf kurzen Befehl des Führers – zu dem stehenden Elch zurückgehen oder die Verfolgung des Elches wieder aufnehmen. Als grobe Fehler gelten, wenn der Hund ohne erkennbaren Grund die Jagd unterbricht und sie auch nach Aufforderung nicht mehr aufnehmen will oder keinen Eifer bei der Jagd zeigt; wenn der Hund dem Elch bellend hinterherläuft (der Hund soll dem Elch seitlich oder seitlich-vorne folgen); wenn er störend anderes Kleinwild anbellt oder jagt; wenn er keinen Eifer oder keine Kondition zeigt (falls dem Hund bei guten Bedingungen z. B. nach der Prüfung die Beine weh tun oder sie bluten, muss man Fehlerpunkte wegen mangelnder Kondition geben); wenn der Hund offensichtlich ungehorsam ist.

Außer der Elchjagdprüfung werden in Finnland die Nationale Elch-Bellprüfung und die Nationale Elch-Meisterschaftsprüfung durchgeführt.

# Schlittenhundesport

Die Anschaffung eines Hundes ist neben Futter- und Unterbringungsfragen immer mit den Überlegungen verbunden, wie viel Zeit für ein Tier aufgebracht werden kann und muss und ob auch die gesamte Familie einem Hundeerwerb positiv gegenübersteht.

Das trifft insbesondere für den Schlittenhund zu, der seiner Veranlagung entsprechend gefordert werden muss.

> Wenn der Tatendrang des Schlittenhundes – wie bei allen anderen Nordischen Hunden auch – nicht in Arbeit umgesetzt wird, verkümmert er psychisch und physisch und auch auf die nachfolgenden Generationen wird dies nicht ohne Folgen bleiben.

Ein um das Wohlergehen seiner Hunde bemühter Schlittenhundezüchter, der in den meisten Fällen selbst dem Schlittenhundesport frönt, wird die Käufer seiner Jungtiere dazu anhalten und sie ermuntern, den Schlittenhund – und sich selbst – sportlich einzusetzen. Und das ist ein ganz entscheidender Punkt aller Überlegungen, nämlich dass für den, der sportliche Ambitionen hegt, nicht nur ein eiserner Wille, sondern auch körperliche Fitness vonnöten sind. Zwar gibt es noch die Möglichkeit der Beschäftigung für den Schlittenhund, während Wanderungen eine Packtasche tragen zu lassen, und auch diese Aufgabe wird er mit Freuden erfüllen. Sie bietet dem Hund immerhin ein gewisses – wenn auch eingeschränktes – Maß an Bewegung, kann aber immer nur als ›Ersatzbeschäftigung‹ angesehen werden.

Die Ausbildung eines Schlittenhundes zum Lastenzieher erfordert von dem Ausbilder unendlich viel Geduld. Der Hund ist bereit zu lernen; nur muss ihm hinreichend begreiflich gemacht werden, was er lernen soll. Jeder Schritt der Ausbildung geschieht unter konsequenter Beibehaltung aller einmal eingeführten Befehle. Gegebene Kommandos erfahren nie mehr eine Änderung.

Bis zum Alter von sechs Monaten wird mit dem jungen Schlittenhund noch nicht im Sinne eines Trainings gearbeitet. Der mit dem Trainingsablauf nicht Vertraute ist gut beraten, wenn er sich zuvor die langjährigen Erfahrungen aktiver Schlittenhundehalter zunutze macht. Natürlich kann und wird kein Musher bindende Ratschläge erteilen können, da die Reaktionen der einzelnen Hunde zu verschieden sind. Patentrezepte im Umgang mit Tieren schlechthin gibt es nicht; entscheidend ist letztlich das eigene Einfühlungsvermögen.

## Verschiedene Arten der Anspannung

Die hierzulande für Rennen gebräuchlichste Art der Anspannung ist die des Doppelgespanns – auch Gang-hitch-Gespann genannt. Sie ist aus dem amerikanischen Rennsport übernommen. Dabei werden die Hunde paarweise nebeneinander eingespannt und an der Spitze läuft der Leithund, mitunter auch zwei. Direkt hinter dem Leithund sind die nächstbesten Hunde des Gespanns plaziert, die kräftigsten gehen als sogenannte Deichselhunde direkt vor dem Schlitten und den Rest bilden die Mittelhunde. Eine Zentralleine führt vom Schlitten zum Leithund; die Hunde sind sowohl mit der Zentralleine durch eine Zugleine, die im Geschirr eingehängt wird, verbunden als auch mit der Halsleine, die am Halsband befestigt ist.

Das Fächergespann ist die von den Eskimos bekannte Einspannungsweise. Die einzelnen Zugleinen sind direkt am Schlit-

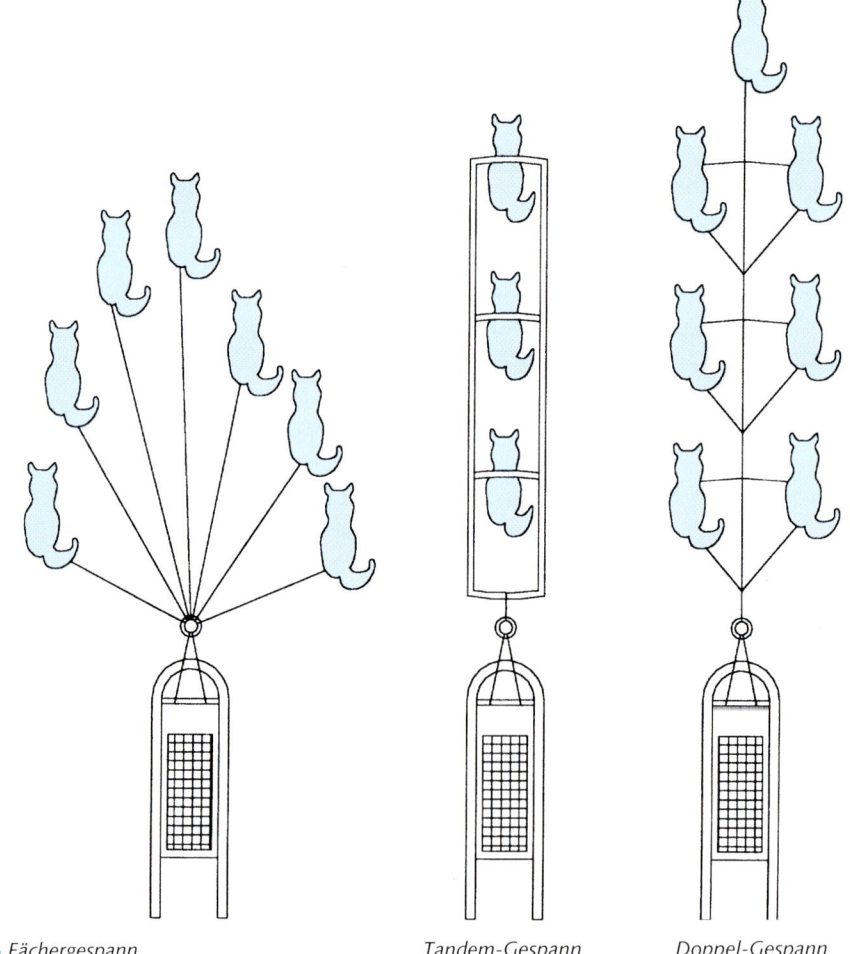

Fächergespann          Tandem-Gespann          Doppel-Gespann

ten befestigt, denn eine Zentralleine gibt es beim Fächergespann nicht. Für die Hunde hat diese Art der Anspannung den Vorteil, dass sie sich auf Eisfurchen und bei anderen Unebenheiten im Gelände selbst die sicherste Spur suchen können. Der sich auf der Jagd befindende Eskimo hat die Möglichkeit einzelne Zugstränge zu kappen, um einen oder mehrere seiner Eskimohunde ein Beutetier verfolgen zu lassen.

Im Tandemgespann laufen die Hunde hintereinander zwischen zwei Seitenleinen. Es hat gegenüber den beiden vorgenannten Gespannen den Vorteil, dass man mit ihm noch auf schmalsten Wegen vorankommt.

## Ausbildung

Die erste Etappe der Ausbildung kann darin bestehen, dass der junge Schlittenhund zunächst noch am Halsband, an welchem eine lange Leine befestigt wird, läuft. Das Halsband ist aus Polyestergurt gefertigt, ist im Handel aber auch aus rundgenähtem oder flachem Leder erhältlich. Durch Anordnung zweier Ringe wird der Zug so reguliert, dass er den Hund nicht beengt, dieser aber das Halsband auch nicht über den Kopf abstreifen kann.

Niemals darf der Hund freudig über die vollbrachte Leistung zu seinem Herrn kommen. Wenn sich der Hund dies angewöhnen würde, hätte dies im Verlauf der weiteren Ausbildungszeit mit mehreren Hunden im Gespann fatale Auswirkungen. Ruhig stehenzubleiben auf Befehl ist also für den Hund die erste Gehorsamspflicht und für spätere Rennen wichtige Voraussetzung.

Der Hund soll fleißig vorausschreiten, ohne sich von irgendwelchem Geschehen rechts und links des Weges ablenken zu lassen. Diese Vorübung kann auch am Fahrrad ausgeführt werden, wobei der Hund aber noch keine Zugarbeit leistet. Schon während dieser Phase der Ausbildung lernt der Hund das Tempo zu verändern und vor allem auf Kommando stehenzubleiben. In diesem Falle muss der Hundeführer eilends zu dem Hund vorgehen, um ihn zu loben.

Die abzulaufende Strecke wird in verschiedenen Distanzen absolviert, beginnend mit 100 m und sich allmählich steigernd, wobei der Hundeführer möglichst hinter dem Hund laufen soll.

Der Hund versucht bald, das Tempo von sich aus zu forcieren. Damit ist dann der Zeitpunkt gekommen, ihm erstmals das Zuggeschirr anzulegen. Das erste Anschirren ist vergleichbar mit dem ersten Aufzäumen und Satteln eines jungen Pferdes. Je behutsamer und ruhiger das vor sich geht, um so weniger störrisch gebärdet sich der Hund. Überhaupt sollten, um Störungen irgendwelcher Art fernzuhalten, besonders die ersten Trainingstage in abgelegener Gegend ohne Zuschauer absolviert werden.

Anfangs wird man die Leine noch am Halsband, baldmöglichst aber in die Zugöse des Geschirrs einklinken.

Nochmals läuft der Trainer mit dem Hund eine Wegstrecke ab, und wenn der Hund beginnt, eifrig im Geschirr vorwärts zu drängen, wird versucht, ihm eine Last anzuhängen. Das kann wahlweise ein

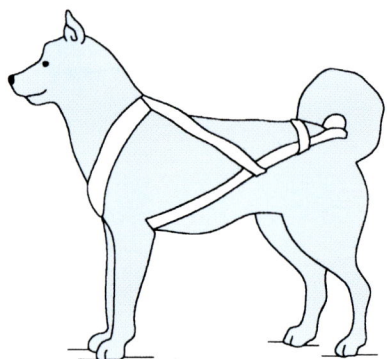

Verschiedene Renngeschirre.

Holzbalken, ein Autoreifen und später auch ein Kinderschlitten sein. Der zu ziehende Gegenstand wird an der Zugleine aus Polyethylenseil befestigt, die ca. 1,50 m lang und mit einem sogenannten Ruckdämpfer versehen ist. Dieser ist zwischen der Zugleine und der zu ziehenden Last eingearbeitet und fängt weitgehend die Ruckbewegungen auf.

Zu Beginn dieser Übung kann der Führer noch vorne in Höhe des Hundes laufen, nicht zuletzt, um dem Hund Sicherheit zu geben und um ihn zu beruhigen. Das Mitgehen des Führers vorne darf dem Hund natürlich nicht zur Gewohnheit werden und in kürzester Zeit muss er sich darauf einstellen, von hinten gelenkt zu werden. Wichtig ist das ›Anziehen‹ auf das gegebene Kommando und das Durchlaufen ohne Unterbrechung bis zum Halte- bzw. Stoppbefehl. Natürlich können beliebige Worte als Kommandos gewählt werden, es empfiehlt sich aber, die international gebräuchlichen anzuwenden: Go! oder Allez! oder auch Allright! für den Start; Come on! oder Hike! als Anfeuerung zum Vorwärtslaufen und Whoa! oder Halt! für einen Halt. Die ein-

mal eingeführten Kommandos müssen für den Hund stets die gleichen bleiben.

Auch ist daran zu denken, dass die Schlittenhunde – wie Hunde überhaupt – ein äußerst feines Gehör haben. Die Kommandos sollen zwar energisch und bestimmt, aber nicht brüllend gegeben werden, da die Hunde gegenüber ständig schreiend vorgebrachten Befehlen allmählich abstumpfen und der Hundeführer schließlich seinen Tonfall nicht noch mehr steigern kann. Wird hingegen von Anfang an ein normaler ›Umgangston‹ bevorzugt, so kann schon durch geringe Lautverstärkung die Aufmerksamkeit der Hunde geweckt und eine entsprechende Reaktion erreicht werden. Abgesehen davon macht es bei Zuschauern am Rande des Rennge-

> Mit dem Hund soll während der Arbeit nur das absolut Nötige gesprochen werden. Nur so lernt der Hund, was wirklich von ihm erwartet wird. Ein ständiges auf ihn Einreden verwirrt und verunsichert ihn nur. Deshalb, was das Reden angeht: Weniger ist mehr!

schehens keinen sonderlich imponieren-
den Eindruck – oder erweckt einen völlig
falschen – wenn schon von weitem die
gebrüllten Kommandos und Anfeue-
rungsrufe des Mushers zu hören sind.

Mit dem Überziehen des Geschirrs soll
sich dem Hund einprägen, dass jetzt
ernsthafte Arbeit von ihm gefordert wird
und für Spielereien nicht die Zeit ist. Nach
dem Lauf und dem Lob für das befohlene
Halten empfindet der Hund deshalb das
Ausschirren als logische Folge für die von
ihm geleistete Arbeit.

Ein schlecht sitzendes Geschirr kann
dem Hund jegliche Freude an der Zugarbeit rauben. Es muss deshalb für jeden
Hund einzeln angepasst werden. Vor allem darf es die Atmung des Hundes nicht
einengen und muss den Schulterblättern
genügend Bewegungsfreiheit bieten. Das
Geschirr wird aus elastischem Polyestergurt nach den angegebenen Maßen mittels silikonisiertem Spezialfaden gefertigt.
Es stehen verschiedene ›Modelle‹ in verschiedenen Farben und meist im Vorderteil mit Teddyfutter abgepolstert, zur
Wahl. Vor dem Rutenansatz endet das
Geschirr und hat dort eine Schlaufe, in die
die Zugleine eingeklinkt wird.

Sobald der Hund auf das Kommando
›Go!‹ (oder welches auch immer gewählt
wurde), sich eifrig in das Geschirr legend,
die angehängte Last zieht, ist der Zweck
der Übung erreicht.

## Skandinaviersport

Der Hund kann in ein schon vorhandenes
Gespann integriert oder zusammen mit
anderen ›Anfängern‹ in ein neues Gespann aufgebaut werden.

Nicht jeder kann und möchte sich ein
ganzes Rudel Schlittenhunde halten. Aber
auch mit nur einem Hund muss man nicht
auf sportliche Betätigung verzichten. Hier
bietet sich die Skandinavier-Ausbildung
an. Der Hund zieht dabei eine Pulka (die
Vorform ist die Ackja, der Rentierschlitten) aus Holz oder Fiberglas, einen kleinen, flachen bootsförmigen Schlitten von
ca. 1 m Länge und 5 bis 7 kg Gewicht.
Der Musher läuft dazu auf Skiern, muss
aber ein gut trainierter Ski-Langläufer
sein, wenn er sich dieser Sportart zuwen-
den will; 12 bis 15 km sollte er gut durchlaufen können. Für den Hund gilt es – je
nach Rasse und Geschlecht – ein vorge-
schriebenes Gewicht zu ziehen. Die Pulka
wird mit einem Sandsack entsprechend
beschwert und nach dem Laden der rundum befestigte stabile Stoff zusammen-
geschnürt. Der Hund zieht nicht mit einem Zugseil, sondern mit einer starren,
beidseits verlaufenden Zugstange aus
Manila-Rohr oder Glasfiber. Das Gestänge verhindert ein Auflaufen der Pulka bei
Bergabfahrten. Die Zugstangen sind in
den meisten Fällen mit einem Bogen über
dem Geschirr versehen.

Als Geschirr dient eine Art Kummet –
ähnlich dem Pferdekummet. Das ist nun
für den Hund wieder etwas völlig Neues,
und es ist noch mehr Geduld vonnöten,
ihn damit vertraut zu machen, als bei der
Gewöhnung an das Renngeschirr. Hinzu
kommt, dass das Gestänge mit dem Kum-
met-Geschirr verbunden wird, wodurch
das Ganze für den Hund doch zu einer
ziemlich einengenden Angelegenheit
wird. Demzufolge ist das Lenken eines
Skandinaviers noch sehr viel schwerer, als
es schon mit dem Zugleinen-Geschirr der
Fall ist.

■ *Beim Skandinavier-Sport zieht der Hund die Pulka, während der Musher auf Skiern mitläuft.*

Das Gewöhnen an Kummet und Zugstangen geht am besten in zwei Etappen vor sich. Zuerst wird der Hund mit dem Kummet vertraut gemacht; er zieht aber noch am gewohnten Seil die angehängte Last. Beim zweiten Schritt wird das Seil durch das Zuggestänge ersetzt und der Hund muss die Rollpulka ziehen.

Die Rollpulka ist ein Trainingsgerät auf Rädern; sie wird meistens als Einachser mit Aufbau für entsprechendes Zusatzgewicht verwendet. Wichtig hierbei ist die richtige Gewichtsverteilung, denn wenn das Gewicht vor der Achse sitzt, drückt es hinten auf den Hund, wenn es hinter der Achse liegt, geraten die Stangen in Bewegung.

Der Musher ist mit der Pulka durch ein Seil verbunden, das er an einem Bauchgurt festhakt und das durch die sogenannte Antenne laufend, an der Pulka befestigt ist. Die Antenne hält das Seil dem Boden fern, so dass ein Verwickeln oder Überfahren mit den Skiern vermieden wird.

Die Leistungen eines Skandinavier-Hundes sind enorm und mindestens denen eines guten Leithundes gleichzusetzen. Von ihm wird erwartet, dass er auf Zuruf die Richtung ändert; er bestimmt zwar weitgehend das Tempo, aber spezielle Marschkommandos veranlassen ihn zum Zulegen – etwa während eines Überholvorganges – und andere zur Tempominderung. Die Spurtreue halten und gegebenenfalls problemloses Überholen sind ebenso selbstverständliche Forderungen an den Schlittenhund, der im skandinavischen Stil arbeiten soll. Das Training entspricht in etwa auch dem eines Leithundes.

Der Musher läuft neben dem Hund und das wirkt sich gerade im Anfangsstadium der Ausbildung des jungen Hundes günstig aus. Später soll sich der Hund zwar während des Rennens nicht umschauen; aber der noch unerfahrene Schüler sucht gerne den Blickkontakt zu seinem Herrn, was ihm aber zwischen den festen Zugstangen nur schwer möglich ist.

Trotz aller äußerer Beschwernisse für den Musher selbst darf doch niemals die Aufmerksamkeit für seinen Hund nachlassen. In jedem Fall muss dem Hund die Freude an der Zugarbeit erhalten bleiben, wobei die Trainingsstrecken anfangs besser kürzer zu wählen und erst allmählich zu steigern sind. Auch mit dem Gewicht ist so zu verfahren, dass der Ballast erst nach und nach schwerer wird. Langsames Vorgehen Schritt für Schritt wirkt sich positiv auf das Training aus.

Sowohl die Zuglast als auch die Länge der Strecke richten sich nach dem Zustand der Trainingsstrecke. Im Frühjahr und an kühlen Sommertagen genügen 3 bis 5 km als Trainingspensum; auf den Winter zugehend läuft der Hund 6 bis 8 km an der Rollpulka. Noch handelt es sich um Konditionstraining. Das eigentliche Zugtraining beginnt bei Schnee, wobei man sich ausgefahrene Skispuren später als Strecke zunutze machen kann. Da bei Rennen selten eine eigens für Skandinavier präparierte Spur angelegt wird und nicht zuletzt für den Musher (hier: Skiläufer!) Bodenwellen und sonstige Unebenheiten nur schwer aufzufangen sind und zusätzliche Konzentration erfordern, empfiehlt es sich, das Training auch auf entsprechend unwegsamem Gelände abzuhalten.

Eine Variante im Skandinavier-Sport bildet die Verwendung eines sogenannten Nansenschlittens. Dieser im Vergleich zur Pulka größere und schwerere Schlitten wird bevorzugt, wenn zwei und mehr Hunde hintereinander im Tandemgespann laufen. Die Zugvorrichtungen sind dann anstelle der zuvor beschriebenen Zugstangen wegen der größeren Flexibilität meist Seile oder Zugriemen aus Leder.

# Gespannbildung

Der Einzelhund, der später in einem Gespann mitlaufen soll, erfährt eine andere Weiterbildung als der Hund für den Schlittenhundesport nach skandinavischem Stil. Bei der Eingliederung in ein schon bestehendes Gespann empfiehlt es sich, den Neuling zuerst einmal mit zwei Hunden des Gespannes laufen zu lassen. Dabei hat der Musher eine bessere Kontrolle über jeden einzelnen Hund. In den seltensten Fällen wird ein ›Neuer‹ freudig von seinen Artgenossen im Gespann aufgenommen und es ist leichter, anfangs nur eine kleine Zahl von Rabauken zu bändigen, als eine große Meute, die sich über den Neuling hermacht. Haben sich die Hunde vor dem Einspannen schon beschnüffeln können und lief dies ohne Zwischenfall ab, so wird auch bald ein friedliches Miteinander im Gespann möglich sein; anderenfalls hilft ein Maulkorb.

Aus dem Gespann wählt man sich den Leithund und ein anderes zuverlässiges Tier für den ›Probelauf‹ aus. Handelt es sich bei dem Neuling um einen Rüden, empfiehlt sich als ›Lehrmeister‹ eine Hündin, da eine solche Zusammenstellung, auch in umgekehrter Form am wenigsten riskant ist. Der junge Hund versucht sicher, mit dem neben ihm laufenden Hund ›anzubändeln‹ – in aller Freundschaft versteht sich. Das wird sich jedoch der alte Gespann-Routinier verbitten. Das Kommando ›Go!‹, das der Neue ja bei der Vorbereitung bereits kennenlernte, lenkt ihn dann bald von seinen Annäherungsversuchen ab.

Nun wird sich zeigen, was ›Hänschen‹ gelernt hat. Wenn das Zeug zu einem guten Schlittenhund in ihm steckt, lässt sich sein Eifer fast nicht bremsen. Zunächst spielt die Laufgeschwindigkeit noch eine untergeordnete Rolle. Wichtig ist das gegenseitige Akzeptieren und demzufolge die Ruhe im Gespann. Einen in dieser Phase ausgebrochenen ›Streit‹ der Hunde untereinander vermag man zwar im Moment zu schlichten; unterschwellige Aggressionen können aber bald wieder aufbrechen. Im Idealfall treten Reibereien gar nicht erst auf, besonders dann nicht, wenn der Musher als Rudelführer anerkannt wird und so soll und muss es letztendlich auch sein.

Die Länge der Probefahrt umfasst ca. 3 km auf einem ebenen Weg. Anhalten, kurz verschnaufen lassen und neues Kommando zum Start erleichtern dem Hund das Begreifen der neuen Situation und zeigen dem Gespannführer, wie aktiv sich der Neuling einsetzt. Auch wenn alles wie am Schnürchen klappt, darf das nicht dazu verleiten, die Zeit des Arbeitens im Gespann weiter auszudehnen; die anhaltende Begeisterung des Hundes muss auf den nächsten Lauf übertragen werden.

Die Komplettierung des Gespannes geschieht nach und nach. Erst wenn der letzte Hund des Gespanns den Neuen problemlos annimmt, sind die möglichen Schwierigkeiten kommunikativer Art beseitigt.

Bei Einarbeitung eines völlig neu zusammengestellten Gespanns wird ähnlich, vorgegangen, wie zuvor beschrieben. Einerseits entfällt die Problematik des Aneinandergewöhnens der Hunde, nämlich dann, wenn es sich um Wurfgeschwister handelt. Arbeitstechnisch sind sie jedoch alle noch gleichermaßen ›roh‹ und entsprechend setzt sich hier das Training allmählich über die Grundausbildung hinaus fort. Erst im Laufe der Zeit trifft der Musher die Entscheidung, welchen der Hunde er beispielsweise als Leithund einsetzt und auch, wo er die anderen laufen lässt. Er kann jederzeit die Gespannformation umstellen, wenn sich zeigt, dass doch ein anderer Hund als Leithund befähigter erscheint und welche Hunde besser im Gespann nebeneinander passen. Es ist nicht zwingend notwendig, die übliche Form der Einspannung einzuhalten und dass

(eine ungerade Zahl an Hunden vorausgesetzt und angenommen, es seien 5) ein Leithund vorne geht und die anderen paarweise dahinter. Ebenso können 2 Leithunde an der Tete sein, in der Mitte ein einzelner und unmittelbar vor dem Schlitten wieder zwei. Jedenfalls wird durch einen ab und an vorgenommenen Positionswechsel das Training für die Hunde nicht zur stupiden Beschäftigung und es ergibt sich dadurch immer wieder eine leistungssteigernde, aufmerksame Spannung. Wenn auch die Plätze im Prinzip untereinander austauschbar sind, so eignet sich doch nicht jeder Hund als Leithund. Er muss nicht der Kräftigste im Gespann sein (die stärksten Hunde werden direkt vor den Schlitten gespannt), wohl aber der Intelligenteste und damit der absolut Zuverlässigste. Ohne ihn läuft nichts und wenn die Leitung funktioniert, sind alle anderen ›nur‹ Mitläufer. Auch eine Hündin kann natürlich als Leithund fungieren.

## Leithund

Der Leithund muss nicht nur schnell sein – schliesslich ist er der Schrittmacher für das ganze Team –, es werden ihm noch weitere und ganz spezielle Eigenschaften abverlangt. Durch nichts, aber auch gar nichts darf er sich ablenken lassen. Für ihn gilt nur die Stimme des Herrn, die ihn vorwärts treibt und ihn veranlasst, Tempo zuzulegen, zu verlangsamen und auf das Kommando ›Gee!‹ nach rechts und auf ›Haw‹! nach links abzuschwenken.

Auf die Kommandos ›Come Gee‹ oder ›Come Haw‹ vollbringt er gar eine Wendung um 180 °.

Bis ein Leithund jedoch all das zuverlässig beherrscht, ist eine lange Übungszeit vorausgegangen. Er hat sich durch eifriges, unbeirrtes Vorwärtsdrängen hervorgetan und wurde deshalb zum künftigen Leithund bestimmt. Das ist allerdings noch nicht sehr viel und die bisherige Ausbildung entspricht der aller Hunde des Gespanns. Für den künftigen Leithund ist deshalb eine weiterführende Schulung notwendig. Der Musher kann lange das Kommando für rechts und links brüllen, wenn der Hund keine Ahnung hat, wie er diesen Befehl ausführen soll.

Am sinnvollsten ist es, den Leithund anfangs allein zu trainieren, um ihn mit dem wohl schwierigsten Teil der gesamten Ausbildung – nämlich der Richtungsänderung – vertraut zu machen. Am schnellsten begreift er das von ihm Verlangte, wenn eine Hilfsperson nach vorne geht und ihn zu dem Kommando in die entsprechende Richtung führt. Die Kommandos des Mushers sollten immer von hinten kommen, daher ist ein Helfer in dieser Trainingsphase sehr nützlich. Oft genügt es schon, wenn er vor dem Hund in die gewünschte Richtung abbiegt.

Wurde das Abbiegen auf Befehl richtig und ohne Helfer ausgeführt, ist die Arbeit für diesen Tag zu beenden.

Eine andere Möglichkeit, dem Hund die Richtungsänderung beizubringen, ist die Arbeit mit einer Doppelleine, ähnlich der Doppellonge beim Pferd. Dafür benötigt der Hund zwei Halsbänder, mit denen der Führer durch entsprechenden Zug nach links oder rechts die gewünschte Richtung angibt, nachdem kurz zuvor das gesprochene Kommando erteilt wurde. Allerdings ist der Umgang mit der doppelten Leine nicht einfach und wer sich damit nicht auskennt, sollte es doch lieber mit einem Helfer versuchen.

Wenn bereits ein ausgebildeter Leithund zur Verfügung steht, ist das Ganze natürlich wesentlich einfacher. Dann läuft der junge Hund einfach nebenher und lernt, indem er sich alles von dem ›alten Hasen‹ abschaut.

Ist der Ausbilder sicher, dass die Kommandos zur Richtungsänderung prompt übernommen und umgesetzt werden, kann er die Arbeit mit dem gesamten Gespann fortsetzen.

> Möglicherweise versucht der Hund in seinem Übereifer, von sich aus an einer Wegkreuzung in die eine oder andere Richtung abzubiegen. Dem soll das einige Meter zuvor gegebene Kommando für Geradeaus, ›Straight ahead!‹ oder ›Go ahead‹! vorbeugen.

## Trainingswagen

Das unumgänglich notwendige Trainingsgerät für das Gespann während der Zeit ohne Schnee ist der Trainingswagen, da das Fahrrad als Vorübung für den Schlitten auf Dauer doch nur einen Notbehelf darstellt. Der Trainingswagen kann beim Fachhandel komplett erworben oder auch in Eigenbau gefertigt werden. Es gibt ihn drei- oder vierrädrig, wobei der vierrädrige die bessere ›Straßenlage‹ besitzt, der dreirädrige hingegen leichter ist. Sehr gute Bremsen sind für solch einen leicht rollenden Wagen oberstes Gebot und wenn eine Fußbedienung der Bremsen möglich ist, welche die ohnehin vollauf beschäftigten Hände freihält, erweist sich dies als ideal. Eine zusätzliche Handbrem-

_Trainingswagen_

se ermöglicht es, den Wagen festzustellen, damit der Musher seine Position hinter oder auf dem Wagen verlassen kann, um das Gespann in die gewünschte Richtung zu führen, wenn keine Hilfsperson zur Verfügung steht. Ebenso lassen sich dabei mögliche Verwicklungen lösen. Die Handbremse bewährt sich insbesondere bei Fahrten bergauf, um ein Zurückrollen zu verhindern.

Empfehlenswert ist auch das Anbringen eines Kilometerzählers am Trainingswagen, damit man die zurückgelegte Strecke kontrollieren kann.

Der Wagen muss eine solide Stabilität aufweisen und zudem gut steuerbar sein.

## Einspannen und Training

Das Einspannen der Hunde vor den Trainingswagen und später auch vor den Schlitten geschieht stets in gleichbleibender Reihenfolge. Zuerst wird das Gefährt

gewissermaßen ›verankert‹, d. h. mit einer Leine und einem Karabinerhaken (am besten mit einem sogenannten Panikhaken) an einem Baum, der Anhängerkupplung des Transporters oder einem Pfosten sicher befestigt. Danach erfolgt das Anbringen der Zentralleine (Gangline), die auf dem Boden ausgelegt wird, am Wagen bzw. Schlitten, ebenso wie die einzelnen von der Zentralleine jeweils zum Hundegeschirr führenden Zugleinen (Tuglines) und die Halsleinen (Necklines) als Verbindung vom Halsband zur Zentralleine. Beim Anschirren der Hunde sind allzu große Freudenausbrüche zu unterbinden. Wenn alles mit entsprechender Ruhe angegangen wird, überträgt sich dies schließlich auch auf die Hunde. Anfangs kann das Anschirren freilich noch nicht ohne Helfer vor sich gehen; man sollte dabei aber zumindest anstreben, später auf sie verzichten zu können. Schon das Sichten des Geschirrs muss für den Hund das Signal zu bevorstehender ernsthafter Arbeit sein.

Eingespannt wird von vorn nach hinten – als erster der Leithund. Er muss durch ruhiges Verharren während des Einspannens der übrigen Hunde die Zentralleine gespannt halten. Auch hierbei macht sich ein Helfer nützlich. Der perfekte Leithund allerdings vermag auf das Kommando ›line out‹ die Zugleine ohne Hilfe zu straffen, bis auch der letzte Hund eingespannt ist. Nach Lösen des Karabinerhakens erfolgt das Startkommando und das bedeutet für die Hunde endlich ›Vorwärts‹.

Die eisernen Regeln der Disziplin, die während des Trainingslaufes notwendig sind, gelten auch bereits beim Anschirren und Einspannen. Bein heben, Umschauen zum Musher, Annähern an fremde Hunde oder gar Kampfgelüste, Verfolgen von Wildspuren – all das sind Vergehen, die geahndet werden müssen. Reicht ein energisches ›Pfui‹ nicht aus, greift der Musher in der Weise ein, dass er den Übeltäter rasch im Genick packt und zurechtweist. Eine Peitsche o. ä. existiert entgegen der landläufigen Meinung in den Ausrüstungsutensilien für einen Schlittenhund nicht.

Natürlich darf die anfangs zu laufende Strecke nur kurz bemessen sein und erst allmählich kann eine Steigerung erfolgen. So genügt zu Beginn des Konditionstrainings durchaus 1 km. Das Endziel sind schließlich 15 bis 20 km an zwei aufeinanderfolgenden Tagen in einer angemessenen Zeit. Das Training soll immer dann beendet werden, wenn die Hunde noch keine Ermüdungserscheinungen zeigen; das schafft freudigen Einsatz für den nächsten Trainingstag.

> Mit dem Konditions- bzw. Wagentraining beginnt man erst, nachdem die heißen Sommermonate vorüber sind, bei einer Temperatur, die 15 °C nicht übersteigt.

Nach Möglichkeit vollzieht sich das Training auf abgelegenen Waldwegen, allerdings nicht ausschließlich, denn Abwechslung bei der Wahl der Trainingsstrecke ist wichtig. Wenn auch gewisse Dinge – wie das Anschirren und Einspannen der Hunde – nach einem festen Schema in bestimmter Reihenfolge vollzogen werden, so darf das Training selbst in Bezug auf die Strecke, nicht monoton verlaufen. Der Rückweg beispielsweise sollte möglichst anders verlaufen. Ein Rundkurs,

der so groß ist, dass einmaliges Durchfahren für das Training ausreicht, bietet ideale Voraussetzungen.

Von der Bodenbeschaffenheit her eignen sich sandige Feldwege ebenso wie abgemähte Felder im Herbst. Asphaltierte Wege wird man wegen der Gefahr wundgelaufener Ballen möglichst meiden.

Während des Konditionstrainings, das ganz auf kräftigen Zug im Geschirr ausgerichtet ist, braucht man das Gespann durch Mittreten nicht zu unterstützen. Erst beim Übergang des Trainings auf Schnelligkeit muss der Musher – vor allem bergauf – tüchtig mitpedalen.

Bevor das Gespann auf die Trainingsstrecke geschickt wird, empfiehlt sich eine Kontrolle des vorgesehenen Weges. Wenn man zuvor Glasscherben, spitze Steine und ähnliches mehr weggeräumt und den Weg von möglichen Hindernissen wie Baumholz usw. befreit hat, vermeidet man verletzte Hundepfoten und erspart dem Musher die Konfrontation mit kritischen Situationen, die ohnehin nicht immer völlig zu umgehen sind.

Auf ebener Strecke und bei vollem Einsatz ist die Gangart der Hunde der Galopp. Ein aufmerksamer Musher wird sofort bemerken, wenn das Gespann langsamer wird und es anhalten, bevor die Hunde in Trab fallen. Nach kurzer Verschnaufpause geht es dann weiter. Auf diese Weise kann erreicht werden, dass sich die Hunde eine gemütlichere Gangart erst gar nicht angewöhnen. Auf Langstreckenrennen hingegen ist die für den Hund schonendste und dennoch schnellste Gangart der ›Passgang‹, das ist ein seitengleiches Abfußen.

Kann ein einzelner Hund das Tempo noch nicht durchhalten, dann mag es –

wenn er ansonsten körperlich bzw. auch gesundheitlich fit ist – daran liegen, dass er noch zu jung ist. Hier kommt es auf die Vernunft des Führers an, denn junge Hunde verausgaben sich schnell über ihre Kräfte hinaus. Höchstleistungen sind von einem Schlittenhund erst ab einem Alter von 3 Jahren zu erwarten.

Zu einem unvorhersehbaren, schwierigen Problem kann es kommen, wenn einer der Hunde während des Trainings oder Rennens ein ›großes Geschäft‹ erledigen möchte. Es gibt zwei Möglichkeiten, damit fertigzuwerden. Zum einen kann ein forciertes Tempo dem Hund die Möglichkeit nehmen, sich hinzusetzen; dass er den Rest der Strecke in freiem Lauf absolviert, ist allerdings kaum vorstellbar. Das kleinere Übel ist wohl, anzuhalten und nach der ›Verrichtung‹ wieder zu starten. Bei noch jungen Hunden geschieht dies vielfach vor Aufregung. ›Alte Hasen‹ hingegen vermögen sich auch während des Laufes zu lösen.

Die Häufigkeit des Trainings bestimmt der Musher individuell. In der Regel erweisen sich drei bis vier Läufe pro Woche als ideal, wobei zwei Läufe ohne dazwischenliegenden Ruhetag zu absolvieren sind, wie es auch beim Rennen verlangt wird. Das betrifft aber ausschließlich die kühlere Jahreszeit, im Sommer sollte man mit den Hunden nicht im Sinne eines Leistungstrainings arbeiten. Hier bietet sich beispielsweise die Arbeit mit dem Leithund an, damit zum eigentlichen Trainingsbeginn das Gespann komplett und einsatzbereit ist.

Nach dem Training dürfen die Hunde erst einmal gründlich verschnaufen. Der Trainingswagen wird abgesichert, damit die Hunde nicht womöglich unaufgefordert noch einmal starten. Jetzt ist die Gelegenheit, um die Tiere zu loben. Solange sie noch eingespannt sind, kontrolliert man die Pfoten auf Verletzungen oder eingetretene Steinchen u. ä. Das Ausspannen geschieht in umgekehrter Reihenfolge wie das Einspannen, d. h. der Leithund muss bis zuletzt stehenbleiben und die Zugleine angespannt halten. Die Geschirre nimmt man nach dem Ausspannen sogleich ab, denn dies ist für den Hund das Zeichen, dass er seine Arbeit für diesen Tag geleistet hat. Davon abgesehen wäre es auch zu gefährlich, die Hunde angeschirrt in den Zwinger zurückzubringen. Leicht könnten sie sich beim Spielen verheddern oder irgendwo hängenbleiben; aber auch vor gegenseitigem Annagen wäre das Geschirr sonst nicht sicher. Es ist aber weder zum Spielen noch zum Raufen gedacht und geeignet und soll die Hunde ohnehin nur an die ernsthafte Gespannarbeit erinnern.

> Wasser erhalten die Hunde etwa eine halbe Stunde nach dem Training; gefüttert wird zur üblichen Zeit, jedoch frühestens eine Stunde nach der Arbeit.

## Arbeit am Schlitten

Sobald es die Schneeverhältnisse erlauben, kann das mit dem Trainingswagen Erlernte am Schlitten angewandt werden. Jetzt beginnt für den Schlittenhundeführer die schönste Zeit des Jahres. Sein Gespann ist gut durchtrainiert – der Musher natürlich ebenso – und wenn der Schlitten über den Schnee gleitet, sind die Be-

■ *Schlitten.*

schwernisse, die es vom Training des Leithundes bis hin zur endgültigen Formung des Gespannes zu meistern galt, in weite Ferne gerückt.

Schlitten werden in vielen Ausführungen, in verschiedenen Größen je nach Gespann, im einschlägigen Handel angeboten. Handwerklich sehr Begabte können ihn auch selbst bauen; es gibt komplette Bausätze zu kaufen, die dieses Vorhaben erleichtern. Ideal ist es, wenn man sowohl einen Trainings- als auch einen Rennschlitten besitzt. Zwar soll beim Kauf eines Schlittens nicht gespart werden – wie überhaupt an dem wichtigsten Zubehör für den Schlittenhundesport –, aber nicht jeder kann neben allen anderen notwendigen Anschaffungen auch gleich zwei Schlitten erwerben.

Der etwas stabilere Trainingsschlitten ist mit weniger empfindlichen, breiteren Stahlkufen ausgerüstet, während die Kufen des leichteren Rennschlittens (8 bis 12 kg Gewicht) mit einem 2 bis 3 mm dicken, auswechselbaren P-tex-Belag optimale Gleitfähigkeit gewährleisten. Auf den Kufen kann der Musher stehen, wenn dies die Strecke erlaubt.

Für die Schlitten wird vorzugsweise Esche oder Hickory verarbeitet. Um eine größtmögliche Elastizität zu erreichen,

Das Rennreglement schreibt vor, dass für einen eventuell verletzten Hund eine Ladefläche auf dem Schlitten vorhanden sein muss. Ebenso ist die Bremse Vorschrift und der Brush Bow, ein Holzbogen am vorderen Schlitten, der verhindert, dass die Hunde bei plötzlichem Abstoppen unter die Kufen kommen.

verwendet man nur wenige Schrauben, statt dessen halten starke Lederriemen die einzelnen Teile zusammen.

Notwendige Schlittenzubehör sind der Schneeanker und die Notleine, die aus Nylonseil (Reepschnur) gefertigt und mit einer Schlaufe und einem Karabinerhaken versehen ist. Die Stärke der Notleine liegt zwischen 4 und 8 mm Durchmesser und die Länge variiert von 5 m bis 10 m. Wie der Name sagt, soll die Notleine im ›Notfall‹ dazu dienen, das Gefährt an einem Baum, Pfosten o. ä. festzumachen. Das eine Ende der Leine ist während der Fahrt am Schlitten verankert, das andere muss griff- und benutzungsbereit auf dem Schlitten untergebracht sein. Den gleichen Zweck – entsprechende Schneeverhältnisse vorausgesetzt – wie die Notleine erfüllt der Schneeanker, nämlich den Schlitten festzuhalten, wenn der Musher nach vorn zu den Hunden muss, um Seile zu entwirren unruhig gewordene Hunde wieder zu plazieren oder sonstige Hilfe zu leisten, was öfters nötig werden kann.

Das Einwachsen der Schlittenkufen ist fast eine Wissenschaft für sich, was unter den Mushern immer wieder Anlass zu heftigen Diskussionen gibt. Jeder schwört auf seine Methode und in der Tat kann das ›richtige‹ Wachsen entscheidenden Anteil am erfolgreichen Ausgang eines Rennens haben.

Im Allgemeinen werden sogenannte Alpinwachse, die man heiß aufträgt, verwendet. Die speziell vom Skiwachshandel angebotenen Wachsbügler und Wachsschmelzpfannen erleichtern diese Prozedur. Zuvor müssen die Kufen von alten Wachsresten befreit und eventuell vorhandene Rillen und Kerben ausgebessert werden.

◼ *Zwei Huskies voller Vorfreude.*

## Vor dem Rennen

Die Bekanntgabe der Renntermine erfolgt bereits im Herbst durch die Cluborgane. Zu Beginn der Saison, d. h. in der noch schneefreien oder -armen Zeit, werden einige Wagenrennen gestartet – ein guter Test für die bevorstehenden Schlittenrennen. Die Anmeldeformulare mit den Ausschreibungsunterlagen sind rechtzeitig anzufordern und ausgefüllt an die zuständige Rennleitung einzusenden.

Spätestens jetzt stellt sich die Frage, wie die Hunde, der Schlitten und das Zubehör zum Ort des Rennens transportiert werden. Bei einigen wenigen Hunden kann dies im PKW geschehen, möglichst mit einem Trenngitter zwischen hinterem Wagenteil und Fahrerraum. Ein umgebauter Kombiwagen oder Transporter ist bei mehreren Hunden angebracht. Ideal ist – allein schon angesichts der Geruchsbelästigung – ein Anhänger mit einer Aufteilung entsprechend der Anzahl der Hunde, auf dem außerdem der zu transportierende Schlitten verstaut werden kann. Für welche Transportmöglichkeit auch die Entscheidung fällt, eines ist wichtig und unumgänglich, nämlich das rechtzeitige Gewöhnen der Hunde an das doch relativ eng bemessene Gefährt. Das rechtzeitige Proben des ›Ernstfalles‹ erspart den Hunden die unerwünschte Aufregung bei der Fahrt zum ersten Rennen.

Wenn irgend möglich, sollte nicht erst am Vortag des Rennens die Anreise erfolgen. Leider lässt es sich von den meisten Mushern aber nicht anders realisieren, wenn der Jahresurlaub nicht den verschiedenen Rennen zum Opfer fallen soll. Vor dem ersten Lauf ist den Hunden unbedingt ein voller Tag Ruhe zu gewähren. Während des Rennens soll in keinem Punkt von den erprobten Gewohnheiten

abgewichen werden. Die Ruhe, die er Musher ausstrahlt, überträgt sich weitgehend auf die Hunde und das ist vor dem Rennen mit das Wichtigste.

Das Befestigen der Stake outs geschieht sinnvollerweise in nächster Nähe des Transporters. Das Stake out ist eine Anbindevorrichtung für die Hunde, bestehend aus einer Zentralkette, deren Länge sich nach der Anzahl der zu befestigenden Hunde richtet, und Anbindeketten von je 80 cm Länge, an denen Karabiner angebracht sind. Die mit sogenannten Wirbeln versehenen Anbindeketten müssen so weit auseinander angebracht sein, dass sich die Hunde gegenseitig nicht erreichen können. Das Ganze mittels Stahlpflöcken verankert, gestattet auch einmal ein kurzes Alleinsein der Hunde.

Etwa eine halbe Stunde vor dem Start wird der Schlitten in den Bereich, den

▬ *Warten auf das Startkommando.*

man in der Fachsprache mit Vorstart bezeichnet, verbracht und möglichst an einem Baum o. ä. befestigt. Der Platz muss so groß sein, dass man auch die Leinen auslegen kann.

Inzwischen konnten sich die Hunde am Stake out nötigenfalls lösen und etwa 15 Minuten vor dem Start beginnt das Anschirren. Beim Einspannen der Hunde kann sich eine Hilfsperson nützlich machen, die bei den Hunden am Schlitten bleibt, während einer nach dem anderen vom Stake out nachgeholt wird.

> Ein Einfetten der Hundepfoten schützt die empfindliche Haut zwischen den Zehen vor Rissen bei verharschtem Schnee oder sonstigen schlechten Streckenverhältnissen. Wenn es die Hunde gewohnt sind, mit Hundeschuhen zu laufen, umgeht man damit mögliche Verletzungen der Pfoten.

## Das Rennen

Jetzt gilt es, die Trainingserfahrungen zu nutzen. Der Musher kennt inzwischen sein Gespann sehr gut. Er weiß, wann er auf den Kufen stehend das Gespann dirigieren kann, aber auch, wann er durch Mittreten helfen und entlasten muss.

Im Idealfall, was in den allermeisten Fällen auch der Normalfall ist, kommen Hunde, Musher und Schlitten zugleich in das Ziel. Haben sich Gespann und Musher unterwegs ›verloren‹, wird die Zeit des Mushers beim ›Zieleinlauf‹ gewertet.

Sollte auf dem Trail eine Verletzung eines Hundes auftreten, so dass er nicht

mehr weiterlaufen kann, muss er laut Reglement auf dem Schlitten das Ziel passieren, da sonst das gesamte Gespann disqualifiziert würde. Nun bleibt nicht jeder Hund seelenruhig auf dem Schlitten sitzen; ein mitgeführter, entsprechender Transportsack kann sich da sehr bewähren.

## Nach dem Rennen

Nach dem Lauf darf der Zielraum mit dem Gespann nicht blockiert werden, damit nachfolgende Gespanne ungehindert einlaufen können.

Am Stake out lässt man die Hunde ausschnaufen; etwas später dürfen sie dann ihren Durst löschen.

Natürlich verbringen die Hunde nicht Stunden am Stake out. Hier finden sie die nötige Ruhe und Erholung für den zweiten Lauf sicher nicht.

## Rennreglement

### Ausrüstung

**1. Schlitten:**
- Müssen stabil genug sein, um den Musher zu tragen,
- müssen stabil genug sein, um einen Hund zu tragen,
- müssen ausgerüstet sein mit Notleine oder Schneeanker, einer soliden Bremse und einem Brush-Bow,
- sollen mit einer Matte oder Hundetasche versehen sein.

**2. Verboten:**
Maulkörbe (über Ausnahmen entscheidet der Richter), Würgehalsbänder,

*Ein Husky-Gespann im Thüringer Wald.*

Peitschen, Mitfahrer (ausser es sei Bedingung des Rennens).

**3. Renn-Nummern:**
Die Rennleitung besorgt jedem Musher eine Renn-Nummer. Der Musher muss diese während des ganzen Rennens sichtbar tragen.

## Auslosung

1. Die Reihenfolge und die Startzeit der Gespanne werden durch das Los bestimmt.
2. Für Musher, die die Anmeldefrist nicht eingehalten haben, wird eine zweite Auslosung mit den höheren Startnummern erfolgen.
3. Der Rennleiter oder dessen Beauftragter führt die Auslosung durch.

## Vorgehen am Start

1. Die Startreihenfolge für den ersten Renntag wird durch das Los bestimmt.
2. Die Startreihenfolge für den zweiten Renntag wird durch die Resultate des ersten Renntages bestimmt. Das schnellste Gespann wird zuerst starten, dann das zweite usw.
3. Wenn ein Rennen mehr als zwei Läufe hat, errechnet man die Gesamtzahl der vorangegangenen Läufe. Diese bestimmt die Reihenfolge.
4. Der Brush-Bow wird auf die Startlinie ausgerichtet.
5. Die Zeitnahme beginnt mit der planmäßigen Startzeit eines jeden Gespannes.
Bei jedem Lauf dürfen Gespanne, die nicht pünktlich an der Startlinie eintref-

fen, erst starten, nachdem das letzte Gespann planmäßig abgefahren ist. Sollte sich mehr als ein Gespann verspätet haben, werden diese in der ursprünglichen Reihenfolge gestartet. Die Zeitnahme für ein verspätetes Gespann beginnt nicht beim effektiven Start, sondern gemäß der ursprünglich für dieses Gespann vorgesehenen Startzeit.

## Markierung

Die Rennstrecke wird klar und deutlich markiert mit einer genügenden Anzahl von gut sichtbaren Wegweisern. Empfohlenes Mindestmaß ist 25 cm Durchmesser. Buchstabe oder Nummer der Rennklasse darf auf dem Wegweiser bezeichnet werden.

Wendung nach rechts: 15–20 m vor der Wendung rote Wegweiser auf der rechten Seite. Wendung nach links: 15–20 m vor der Wendung rote Wegweiser auf der linken Seite. Geradeaus: blaue Wegweiser. Wendepunkt: schwarzer Wegweiser, eventuell mit Bezeichnung der Kategorie.

## Das Vorgehen auf der Rennstrecke

1. Der Musher darf auf den Schlittenkufen stehen, pedalen oder rennen wie und wann er will.
2. Misshandlungen von Hunden mit oder ohne Instrumente (auch ausserhalb der Rennstrecke) sind verboten.
3. Jeder Hund, der zu einem Lauf startet, muss ans Ziel kommen.
4. Jeder Hund muss entweder eingespannt sein oder auf dem Schlitten mitgeführt werden.
5. Ein Gespann und sein Musher müssen die ganze Rennstrecke, wie sie von der

Rennorganisation markiert wurde, zurücklegen.
6. Wenn ein Gespann die Strecke verlässt, muss der Musher das Gespann zu dem Punkt zurückführen, an dem es die Rennstrecke verlassen hat. Von dort kann das Rennen fortgesetzt werden.
7. Es ist verboten, ein anderes Gespann zu behindern.

## Hilfe von Aussenstehenden

1. Alle Gespanne dürfen beim Start am Schlitten und an den Hunden fremde Hilfe in Anspruch nehmen.
2. Alle Gespanne dürfen von den an bestimmten Punkten der Piste sich befindenden Posten die gleiche Hilfe erhalten, sofern die Rennleitung dazu die Erlaubnis erteilt hat.
3. Ein einzelnes Gespann darf fremde Hilfe nur dann annehmen, wenn es unkontrollierbar geworden ist.
4. Hilfe an ein einzelnes Gespann kann nur darin bestehen, dass man das Gespann anhält. Nachdem das Gespann gestoppt und der Musher anwesend ist, beschränkt sich die Hilfe auf das Festhalten des Schlittens.
5. Niemand darf einem Gespann durch Schrittmachen Hilfe leisten.
6. Der Musher muss sein Gespann zu Fuß einholen.
7. Beide (Gespann und Musher) müssen die ganze Strecke ohne Hilfe zurücklegen.
8. Falls ein Musher sein Gespann nicht einholt, bevor es die Ziellinie passiert, wird die Zeit des Mushers bei deren Überquerung als gültige Zeit angenommen.

## Vortritt

1. Ein Gespann, das zu spät an den Start kommt, darf andere Gespanne nicht behindern und muss den Startraum verlassen.
2. Ein Gespann, das die Start- und Zielgerade nicht räumt, bevor das nächste Gespann starten soll, wird disqualifiziert.
3. Beim Kreuzen zweier Gespanne gilt: a) am Hügel hat das talwärts fahrende Gespann den Vortritt, b) auf der Ebene das auf dem Hinweg den Vortritt.
4. Auf der Zielstrecke kann kein einlaufendes Gespann Vortritt beanspruchen.

## Das Überholen

1. Ein überholendes Gespann hat das Vorfahrtsrecht, wenn es bis auf 15 m auf das vordere Gespann aufgeholt hat.
2. Unter dieser Bedingung muss das vordere Gespann die Bahn freimachen und auf Wunsch des überholenden Gespannes anhalten.
3. Ein überholtes Gespann hat wieder das Vorfahrtsrecht:
   a) Offene Klassen: nach 4 Minuten oder 1,5 km
   b) Limitierte Klassen: nach 2 Minuten oder 800 m
   c) nach kürzerer Zeit oder Distanz, bei Einverständnis beider Musher.
4. Verwickelt sich das Gespann des überholenden Mushers während des Überholens, so darf er den überholten Musher nicht länger als eine Minute warten lassen.
5. Sich folgende Gespanne haben einen Abstand von mindestens einer Gespannlänge einzuhalten.

## Zieleinlauf

1. Die Zeit wird genommen, wenn der erste Hunde des Gespannes die Ziellinie überquert.
2. Wenn ein durchgebranntes Gespann die Ziellinie vor dem Musher durchläuft, wird die Zeit des nachfolgenden Mushers genommen.

## Betragen

1. Alle Musher sind vor, während und nach dem Rennen verantwortlich für das Betragen ihrer Hunde und Helfer.
2. Unsportliches Betragen auf dem Rennplatz und der Rennstrecke ist verboten und führt zur Disqualifikation.

## Proteste und Disziplinarverfahren

1. Jeder Musher, der gegen eine Verletzung der Regeln protestieren will, hat dies unmittelbar nach Beendigung des Laufes, in dem die Verletzung erfolgte, zu tun. Der Protest darf mündlich beim Richter erfolgen.
2. Dem mündlichen Protest muss ein schriftlicher Bericht an das Schiedsgericht folgen, und zwar innerhalb einer Stunde nach Beendigung des Laufes.
3. Im Falle eines Protestes können die betroffenen Parteien eine Untersuchung verlangen. Der Rennleiter entscheidet darüber.
4. Für jede Verletzung dieser Regeln kann der Rennleiter auf Empfehlung des Richters eine Verwarnung oder Disqualifikation verfügen.

Die ersten Schlittenhunderennen wurden nach dem Rennreglement des DCNH gefahren. Es gab 5 Klassen. Offene Klasse (mindestens 5 Hunde), Kategorie A (4 bis 7 Hunde), Kategorie B (3 bis 5 Hunde), Kategorie C ( bis 3 Hunde) und schließlich die Skandinavierklasse mit 1 Hund vor der Pulka. Kat. A hatte 25 km, B 15 km, C 10 km und die Skandinavierklasse ebenfalls 10 Kilometer zurückzulegen. Es wurde eine nach Rassen getrennte Wertung durchgeführt, d. h. Klasse A: maximal 3 Siberian Husky, B: 2 SH, C: maximal 1 SH. Außerdem gab es gemischte Gespanne. Es war keine Frage, dass alle startenden Tiere reine und als Schlittenhunde anerkannte Rassen sein mussten.

An diesem Status hat sich einiges geändert, vor allem im Hinblick auf den 1982/83 gegründeten Deutschen Schlittenhunde-Sportverband (DSSV), der sich anfänglich voll dafür einsetzte, ausschließlich mit anerkannten Schlittenhunderassen Rennen zu bestreiten. Später trat der DSSV in den europäischen Schlittenhundedachverband (ESDRA) ein, der wiederum Mitglied im internationalen Weltverband der IS-DRA wurde. Auf diese Weise kamen die deutschen Musher dahinter, dass gerade in Alaska und Kanada alle möglichen Hunde für Rennen eingesetzt wurden, wenn sie nur schnell genug waren. Besonders der sogenannte ›Alaskan Husky‹ machte viel von sich reden und es dauerte nicht lange, bis Exemplare dieser Hunde nach Europa gelangten. »›Alaskan Husky‹ ist der Sammelbegriff für Gebrauchshybriden zur Verrichtung von Schlittenzugarbeit im Norden der USA (inkl. Alaska) und Kanada. Von den Tausenden dieser bereits existierenden und immer wieder neu produzierten Hunde mit ausserordentlicher Vielfalt der körperlichen Erscheinungsform hat ein relativ großer Prozentsatz Eingang in den Schlittenhun-

desport gefunden, und mit den schnellsten dieser Hunde wird eine rein auf sportliche Rennleistung ausgerichtete Zucht betrieben, die durch eine hohe Ausmerzrate zumindest hierzulande mit den Bestimmungen der Tierschutzgesetze in Konflikt kommen könnte.«

Die Gebrauchshybriden zur Verrichtung von Schlittenzugarbeit haben zumindest im Norden der USA ihr wetterbeständiges Haarkleid beibehalten, ohne das eine Existenz im Freien nicht möglich wäre. Windhundeinkreuzungen wie hierzulande stünden dem entgegen.

Dass diese Hunde aus dunklen Quellen auch noch Abstammungspapiere erhielten, machte es den Käufern leicht, sie speziell in die reine Husky-Zucht einzuschleusen.

Da konnten den ursprünglichen Zucht- und Rennsportregeln verpflichtete Züchter und Musher nicht tatenlos zusehen und die logische Folgerung war eine Absplitterung und die Gründung der Arbeitsgemeinschaft Schlittenhundesport Deutschland (AGSD). Die AGSD hat u. a. folgende Ziele: Sie veranstaltet, organisiert, unterstützt und koordiniert Schlittenhundesportveranstaltungen mit ausschließlich rassereinen Schlittenhunden im Sinne der FCI. Sie unterstützt und fördert alle Gespannklassen und alle zugelassenen Schlittenhunderassen. Sie setzt sich mit allen ihr zur Verfügung stehenden Mitteln gegen den Schlittenhundesport mit Mischlingshunden und Hunden anderer Rassen ein. Sie fühlt sich dem Amateursportgedanken verpflichtet und fördert den Breitensport. Die AGSD und ihre Mitglieder verpflichten sich zur vertrauensvollen Zusammenarbeit mit dem DCNH.

| | |
|---|---|
| Ab 1979 | DCNH eigenes Zuchtbuch – gibt eigene Ahnentafeln heraus |
| 1983 | Gründung des DSSV |
| 1986: | Erstmals in Deutschland Longtrail-Rennen |
| 1984: | Leistungsprüfung SD/SDE (kann von allen Schlittenhundrassen abgelegt werden) |
| 1986/87: | Arbeitsprüfung für Schlittenhunde (AP) |
| 1988: | Leistungsprüfung für Nordische Jagdhunde |
| | 2000stes Mitglied |
| | Erstmals Breitensportturnier |
| | Seminar für Nordische Jagdhunde: nicht nur Elchhunde, auch Akita Inus |
| 1986: | Absplitterung vom DSSV (der weiterbesteht, sich aber von seinen ursprünglichen Maximen, nur reinrassige Schlittenhunde, die als solche anerkannt sind, abwendet und alle schnellen Hunde zulässt) und Gründung der AGSD, die an den an anderer Stelle erläuterten Prinzipien festhält. |

# Entwicklung des Schlittenhundesports

Wenn die sibirischen Ureinwohner in ihren Zentren zusammentrafen, um Handelsware umzusetzen, konnte es vorkommen, dass sie Wettfahrten mit ihren Schlitten veranstalteten, um das schnellste Gespann zu ermitteln. Ähnlich mag es auch bei den Eskimos, wenn sie von der Jagd heimkehrten, zugegangen sein. Der Schlittenhundesport im modernen Sinn hat seinen Ursprung in Alaska. Als die Goldgräber bis zu den Küsten des Bering-Meeres auf ihrer Suche nach Gold vordrangen, haben sie anfangs sicher zur Abwechslung und zum Zeitvertreib ihre Hundegespanne vor dem Schlitten um die Wette laufen lassen. Damit war der Grundstein für die Schlittenhunderennen, wie sie noch heute in großem Stil organisiert und durchgeführt werden, gelegt. Auch in der Goldgräberstadt Nome hielt der Schlittenhundesport Einzug und bis zum Jahre 1917 veranstaltete der ›Nome Kennel Club‹, der 1908 gegründet wurde und sich rühmen darf, der älteste Hundeschlittenverein der Welt zu sein, die ›All Alaskan Sweepstakes‹. Von Nome nach Candle und wieder zurück waren 408 Meilen zu fahren.

Die Schlittenhunde waren damals alles andere als rasserein. Sie wurden ausschließlich auf Schnelligkeit gezüchtet und die Abstammung war mitunter undefinierbar. Man staunte nicht schlecht, als 1909 erstmals ein Gespann mit – im Größenverhältnis zu den anderen teilnehmenden Hunden – kleinen, ›echten‹ Siberian Huskies auftauchte und eine tolle Geschwindigkeit vorlegte. Daraufhin setzte ein reger Import dieser kleinen, schnellen Hunde ein.

Im Januar 1925 machte ein an sich trauriges Ereignis Furore: In Nome brach Diphtherie aus und es stand nicht genügend Serum zur Verfügung. Eine Epidemie war nur zu verhindern, wenn Serum von Anchorage herbeigeschafft werden konnte. Da der Seeweg durch Treibeis verschlossen war und es andere Verbindungswege nicht gab und Flugzeuge damals den arktischen Schneestürmen noch nicht trotzen konnten, mussten Hundeschlitten eingesetzt werden, und zwar im Stafettenlauf rund um die Uhr. In Nenana, wohin das Krankenhaus von Anchorage ein Serumpaket mit der Alaska-Bahn geschickt hatte, übernahm der erste Hundeschlitten am 27. Januar den Weitertransport. Man hoffte, damit die Zeit des Postschlittens, der zweimal im Monat von Nenana nach Nome verkehrte und dafür 25 Tage benötigte, erheblich abzukürzen. 12 Schlittenhundeführer lösten einander auf der 1100 km langen Strecke ab. Sie kämpften sich verbissen durch den Schneesturm, der auch die Telegrafenleitung außer Betrieb setzte, nutzten teilweise den gefrorenen Yukon als Wegstrecke, lenkten die Hunde durch hohe Schneewehen und trotzten der sie überkommenden Müdigkeit. Alle leisteten sie nicht nur ihr Bestes, vielmehr Übermenschliches. Zwei dieser Männer taten sich besonders hervor; der eine war Leonhard Seppala, der schon durch das vom Nome Kennel Club veranstaltete ›Bordon Cup Marathon‹-Rennen über 26 1/3 Meilen, das er viermal gewinnen konnte, bekannt geworden war. Er fuhr von Nome aus der Stafette entgegen. Schon völlig erschöpft schlief er auf dem Rückweg auf seinem Schlitten ein und bemerkte zu spät eine Rentierherde, deren Verfolgung durch die Hunde er gerade noch verhindern konnte. Nicht verhindern konnte er jedoch eine schlimme Beißerei, in deren Verlauf sich sein

Leithund Togo aus dem Geschirr wand und auf Nimmerwiedersehen verschwand. Nach 130 km legte Seppala eine Ruhepause ein, um anderntags das Serumpaket dem nächsten Schlittenhundeführer zu übergeben. Der letzte Mann in der Stafette hieß Gunnar Kaasen. Seinem Leithund Balto setzte man, gewissermaßen stellvertretend für alle treuen Hunde, die in 5 1/2 Tagen über 1000 Kilometer zurückgelegt hatten und halfen, eine Diphtherie-Epidemie in Nome zu verhindern, ein Denkmal, das im New Yorker Zentralpark steht und die Aufschrift ›Ausdauer–Treue–Klugheit‹ trägt.

Als die Goldschürfer von Nome nach Ruby und Fairbanks weiterzogen, fanden dann auch anderenorts Schlittenhunderennen statt. Der Ausbruch des ersten Weltkrieges stoppte aber erst einmal alle Aktivitäten in Richtung Schlittenhundesport. Zwischen den beiden Weltkriegen und auch während des zweiten war es um den Schlittenhundesport stiller geworden. Dann aber setzte ein besonders starkes Interesse ein. Die ›Alaska Dog Musher's Association‹ veranstaltete jede Woche ein Rennen und als Dreitagesrennen über 70 Meilen wird noch heute das ›North American Championship Sled Dog Races‹ in Fairbanks ausgetragen.

Auch in Anchorage wurde man in Sachen Schlittenhundesport wieder tätig. Das ›Fur Rendez Vous Sled Dog Race‹ über 3 × 25 Meilen wird alljährlich in Anchorage organisiert.

Ein zweites Zentrum des Schlittenhundesports war in New England entstanden, als 1924 ein Alaska-Heimkehrer mit seinen Freunden den ›New England Sled Dog Club‹ gründete. Höhepunkt der Rennsaison in den USA ist das ›World

Championship Sled Dog Race‹ in Laconia, New Hampshire.

In den übrigen Staaten, vor allem im Mittel- und Nordwesten, fanden sich ebenfalls Anhänger dieser Sportart in Clubs zusammen.

> In Kanada gehören Schlittenhunde-rennen zu den populärsten Winter-sportarten. Die wichtigsten Rennen werden in den Provinzen Quebec und Ontario ausgetragen.

Die im Jahre 1966 in Amerika gegründete »International Sled Dog Racing Association« (ISDRA) hat es sich zur Aufgabe gemacht, den Schlittenhundesport weltweit zu fördern. Diese Einrichtung ist sehr zu begrüßen und die noch sehr jungen europäischen Schlittenhundevereine haben mit kleinen Veränderungen die Rennregeln der ISDRA übernommen. Wenn auch hierzulande die Rennen nach ›amerikanischem Muster‹ gefahren werden, so gibt es doch bezüglich der Motivation ganz erhebliche Diskrepanzen. So waren hier zuerst einmal die Hunde da, und zwar die reinrassigen, nach einem festgelegten Standard anerkannten Schlittenhunde. Auf der Suche nach einer ihrer Veranlagung gemäßen Beschäftigung und einem artgerechten Einsatz wurden dann erst die Schlittenhunderennen ins Leben gerufen. Hier – wie auch in den USA – muss, um an einem Rennen teilnehmen zu können, viel Geld bei der Anschaffung der Hunde und der gesamten kostspieligen Ausrüstung investiert werden. Dabeisein, heil durchkommen und vielleicht noch einen der vorderen Plätze zu belegen, bedeuten hier einem Musher Ent-

schädigung genug für alle Anstrengungen und Kosten. Wie anders sieht das in Amerika aus. Seit der Zeit des Goldrausches in Alaska gab und gibt es Schlittenhunderennen. Die Hunde wurden also für die Rennen erworben und gezüchtet und hatten manchmal nur eine vage Ähnlichkeit mit Schlittenhunden unserer Vorstellung. Entscheidend für die Teilnehmer war jedoch nicht alleine die Freude am Rennen, sondern viel mehr die Aussicht auf einen beträchtlichen Geldpreis für den Sieger und die vorderen Plätze. Allerdings starten gerade in den letzten Jahren in den USA auch reinrassige Gespanne – vor allem Siberian Huskies – mit bestem Erfolg, was beweist, dass Mischlinge wie die sogenannten ›Alaskan Huskies‹ und ›Indian Dogs‹ rassereine Schlittenhunde an Schnelligkeit durchaus nicht übertreffen müssen.

In Amerika geht man sogar so weit, zwischen ›Racing Dogs‹ und ›Show Dogs‹ zu unterscheiden, d. h. erstere müssen nur schnell sein, die anderen nur schön. Deshalb versucht der Deutsche Club für Nordische Hunde durch die Kör- und Leistungszucht das eine mit dem anderen zu verbinden. Hunde, die sich sowohl auf Ausstellungen als auch bei Rennen bewährt haben, erhalten ein Schlittenhundesport-Zertifikat. Sie entsprechen den Forderungen des Rassestandards und haben zudem ihre Leistungsfähigkeit im Schlittenhundesport unter Beweis gestellt. Auch auf den Ahnentafeln der Jungtiere von solchen Elterntieren erscheinen entsprechende Vermerke.

Der Schlittenhundesport in Deutschland sowie auch in den Nachbarländern hat nach zaghaften Anfängen einen rasanten Aufschwung genommen. Bahnbrechend war die Schweiz, die 1954 den ersten Siberian Husky aus Amerika importierte. Kurz darauf folgten noch zwei weitere Vertreter dieser Rasse. Grönlandshunde gab es ja in der Schweiz schon seit der Erbauung der Jungfraubahn, wo sie als Lastenbeförderer innerhalb des Baugebietes eingesetzt wurden. Als der Bau der Bahn 1912 beendet war, behielt man die Hunde als Touristenattraktion. Ihre Kennels befinden sich in 2300 m Höhe auf der Station Eigergletscher und im Sommer fährt ein eigens für die Hunde angestellter Wärter mit ihnen auf das 3454 m hoch gelegene Jungfraujoch, wo Touristen eine Hundeschlittenpartie unternehmen können.

Als die Siberian Huskies in die Schweiz kamen, ordnete man sie unter dem großen Begriff ›Polarhunde‹ ein. 1959 erfolgte die Gründung des ›Schweizerischen Clubs für Nordische Schlittenhunde‹, der, als noch nordische Jagdhunde hinzukamen, in ›Schweizerischer Klub für nordische Hunde‹ umbenannt wurde. Mit Hilfe des Amerikanischen Kennel-Clubs gelang es, die einzelnen Rassen zu ›entwirren‹ und Rassestandards aufzustellen, die die Fédération Cynologique Internationale (FCI) in den sechziger Jahren offiziell anerkannte. Danach durften Nordische Rassen untereinander nicht mehr gekreuzt werden. Der SKNH organisierte ab 1965 ein jährlich stattfindendes sog. Schlittenlager, das allmählich zur Veranstaltung von Schlittenhunderennen überleitete.

In Deutschland vergingen noch ein paar Jahre, ehe das erste Rennen in die Annalen des Schlittenhundesports einging. Holländische Musher trugen im Februar 1972 in Latrop/Sauerland ein Rennen aus, und damit war auch in Deutschland der Grundstein für regelmäßige Schlittenhundesport-Veranstaltungen gelegt.

Ein Jahr später starteten in Bad-Sooden/Allendorf immerhin schon 16 Musher unter noch spärlicher Zuschauerkulisse. Dieses erste ›deutsche‹ Rennen hatte bei den Beteiligten das Rennfieber entfacht, so dass sie 1974 wiederum in Bad Sooden/Allendorf ein Rennen, diesmal schon unter Beteiligung dreier Skandinavier-Gespanne, veranstalteten.

Der grosse Durchbruch erfolgte schließlich, als 1975 in Todtmoos/Schwarzwald ein Internationales Schlittenhunderennen zur Durchführung kam. 25 Gespanne gingen in den verschiedenen Klassen an den Start. Ab 1977 wurde der Austragungsmodus der Internationalen Deutschen Meisterschaften in der Weise geändert, dass insgesamt drei Rennen zu absolvieren waren, der 1. Lauf in Winterberg, der 2. in Splügen/Schweiz, der 3. wieder in Todtmoos. Außer aus Deutschland gingen Teilnehmer aus Holland, der Schweiz, Dänemark und sogar aus den USA an den Start.

1978 kam als neuer Austragungsort Bad Wiessee hinzu. Beim letzten Lauf zur Internationalen Deutschen Meisterschaft in Todtmoos war eine Rekordbeteiligung von 115 Gespannen zu verzeichnen. Auch Österreicher, Finnen und Franzosen fanden den Weg nach Deutschland.

Als weiterer Rennort konnte Buchenberg im Allgäu gewonnen werden. Den stetigen Aufwärtstrend im Schlittenhundesport veranschaulichten 1980/81 131 Gespanne in Buchenberg. Die Orte Liebenscheid/Westerwald, Clausthal-Zellerfeld/Harz und der Nürburgring in der Eifel gesellten sich zu den bisherigen Austragungsorten noch hinzu.

Manchmal verhindern die Schneeverhältnisse, die in den hiesigen Regionen leider nicht immer ideal sind, die Durchführung eines Schlittenhunderennens. Die verschiedenen Renntermine sind aber schon so gelegt, dass ein Ausweichen in einen anderen, schneesichereren Ort möglich ist.

In Holland, Belgien und England verbietet ein unverständliches Tierschutzgesetz den Einsatz von Hunden vor dem Schlitten oder Wagen. Deshalb tragen die dort lebenden Musher ihre Rennen in benachbarten Ländern aus.

> Skandinavien hat naturgemäß eine schon ältere Schlittenhundesporttradition als Deutschland, wobei vor allem die Tandem-Einspannung vor Pulka oder Lastenschlitten bevorzugt wird.

Die Heimat der Siberian Huskies und der Samojeden, Russland, setzt teilweise auch Laika-Rassen zum Lasten- bzw. Schlittenziehen ein.

## Iditarod – Traum eines jeden Mushers

›I-did-a-rod‹ als Auslegung für ›Ich legte eine Strecke zurück‹ gab nicht nur dem härtesten Schlittenhunderennen der Welt seinen Namen; es ist auch die Bezeichnung eines Ortes am gleichnamigen Fluss im Westen Zentralalaskas. Einst Knotenpunkt zwischen Anchorage und Nome war auch Iditarod durch das Gold entstanden. Weit abgelegen war es im Winter ausschließlich mit Hundeschlitten er-

reich- und versorgbar. Heute lebt in der Geisterstadt noch eine einzige Familie.

Im März beginnt im hohen Norden der Sommer mit ›nur‹ noch –40 °C. Mit dem erwachenden Leben in der Natur kommt auch unter den Menschen ein Sportgeist auf, er nach dem langen Winter zum Messen der Kräfte herausfordert.

Begeisterte Schlittenführer verwirklichten schließlich die anfangs allenthalben mit Kopfschütteln bedachte Idee, ein Rennen von Anchorage nach Nome zu veranstalten. Es galt, eine Strecke von 1200 Meilen, das sind knapp 2000 km, quer durch Alaska zurückzulegen über zugefrorene Flüsse, durch steinhart vereiste Hochmoore, hinauf in die Alaska-Kette mit ihren Drei- bis Fünftausendern, wo dann und wann die Felsen beben, und durch ein unendlich subarktisches Waldgebiet, in dem Nebel und Schneestürme jegliche Sicht versperren. Niemand glaubte, dass ein solcher Trail von der größten Stadt im Süden bis hin nach Nome im Norden zu bewältigen sei. Zu vieles war zu bedenken. So warf sich die Frage auf, wie man sich und die Hunde unterwegs versorgen könne und was mit verletzten Mushern und Hunden geschehen solle. Aber es fanden sich nicht nur Skeptiker, sondern auch Helfer. Das Militär plante ein Wintermanöver als Überlebenstraining, um auch die Strecke zu markieren. Ärzte und Tierärzte stellten sich in den Dienst des geplanten Vorhabens und Fluggesellschaften übernahmen die Versorgung von Verpflegungsdepots und auch den Abtransport möglicher Verletzter.

So konnte nach langen Vorbereitungen 1967 zunächst eine erste Etappe über zweimal 40 km in Angriff genommen werden. Am 3. März 1973 war es schließlich so weit. ›Iditarod‹ war zum Schlachtruf von Barrow bis Kodiak, von Wales bis Eagle geworden. 34 Teams mit insgesamt 600 Hunden gingen an den Start. 50 000 Dollar konnten als Gesamtsiegesprämie ausgesetzt werden, wovon der Sieger allein 13 000 Dollar erhielt. Die Musher führten Proviant für mindestens zwei Tage mit, und die Schlitten wurden mit Schlafsack, Parka, Axt, Schneeschuhen und Kochgeschirr sowie Hundeschuhen, den Booties, beladen. An 24 Checkpoints mussten sich die Musher melden und die Hunde auf Vollzähligkeit sowie Gesundheits- und Kräftezustand überprüfen lassen. Von den mindestens 7 Hunden eines Gespanns am Start durfte unterwegs keiner ausgetauscht bzw. ersetzt werden. Wer mit weniger als 5 Hunden schließlich das Ziel erreichte, schied bei der Plazierung aus.

Zum Start am Mulcahy Park in Anchorage fanden sich viele Zuschauer ein, um die Schlittenhundeführer auf den endlosen Trail zu schicken. Aber bald schon war jeder einzelne Musher allein – allein in Eis und Schnee, klirrender Kälte, und nur das Hecheln seiner Hunde konnte er hören.

Nach 20 Tagen, 12 Stunden, 49 Minuten und 41 Sekunden erreichte damals der Sieger mit nur noch 7 Hunden seines anfangs 16 Hunde zählenden Gespannes das Ziel. Dieser Mann soll den wartenden Reportern geantwortet haben: ›Iditarod, Gentlemen, ist eine Selbsterkenntnis, du schaust tief in dich hinein, es macht einen anderen Menschen aus dir‹. Oder die Worte eines anderen Teilnehmers: ›Das größte Rennen Alaskas! Es ist wie eine Droge, die Schmerzen und Freude bereitet‹.

22 Gespanne – von 34 gestarteten – erreichten das Ziel. Die längste Zeit waren 35 Tage, 5 Stunden, 9 Minuten und 1 Sekunde. Aber jeder, der bis Nome durchkommt, wird als Sieger gefeiert.

Seit diesem ersten ›Iditarod‹ findet alljährlich am 1. Samstag im März dieses härteste aller Rennen voller Abenteuer für Musher und Hunde statt. Obwohl ein Sport für harte Männer, beteiligten sich in den letzten Jahren auch Frauen, einige belegten sogar vordere Plätze. Die sogenannte Trailkönigin hat mit zwei anderen Mushern gemeinsam den 6200 m hohen Mount Mc Kinley per Hundeschlitten erklommen – eine beachtliche Leistung. Die Mehrzahl der Teilnehmer kommt außer aus Alaska von den übrigen Staaten Amerikas; Kanadier, aber auch ein Norweger, ein Tscheche und ein Schweizer waren schon vertreten auf dem Kurs Nord-Nord-West durch Alaska.

An diesem 1. Märzsamstag wimmelt es in Anchorage nur so von Hunden; sibirische Huskies, Alaskan Malamutes – reinrassig oder als Kreuzung – sind in der Überzahl. Mit allen möglichen Transportmitteln werden sie herangeschafft, und ihr Heulen ist weithin zu hören. Sie scheinen nicht abwarten zu können, bis es endlich auf den Trail geht. Jeder Teilnehmer schwört natürlich auf ›seine‹ Hunde, ebenso wie er glaubt, den besten Schlitten für dieses Rennen zu besitzen. Manch ein Gefährt sieht schon sehr nach Marke Eigenbau aus, aber das ist nicht wichtig. Hauptsache, der Schlitten ist stabil, hat eine gut funktionierende Bremse und kann eine Ladung von ungefähr 70 cm Breite, 70 cm Höhe und 160 cm Länge aufnehmen.

Alle zwei Minuten geht ein Gespann auf den Trail. Nach etwas über zwei Stunden verschwindet auch der letzte Teilnehmer in der Wildnis. Erster Checkpoint ist Eagle River. Von dort erfolgt am anderen Tag der Re-Start. Der Trail führt über steinhart gefrorene Hochmoore bis Skwentna.

Nach einer kleinen Pause wird Tag und Nacht durchgefahren. Das Feld ist schon mächtig auseinandergezogen, als eine Kopflampe nach der anderen den Skwentna River herauf aufleuchtet. Ruhig legen sich die Hunde hin, nachdem der Musher den Anker eingerammt hat. Mancher Hund liegt im Schlitten, unfähig weiterzulaufen, denn ohne Booties zerschneidet der Harschschnee die Pfoten wie mit Glasscherben. Zuerst werden die Hunde versorgt, nötigenfalls ausgeflogen. Erst dann kann der Musher an seine eigene Stärkung denken. Am frühen Morgen starten die ersten Gespanne Richtung Finger Lake. Andere müssen noch ausruhen, und dichter Schnee hüllt die schlafenden Hunde ein. Aber Schlaf wird auf dem Iditarod-Trail kleingeschrieben. 2 Stunden Schlaf in 24 Stunden sind die Norm. Manch schlauer Musher soll sich schon in seinem Schlitten festgebunden haben, um während der Fahrt zu schlafen in der Hoffnung, die Hunde fänden den Weg alleine. Welch böses Erwachen, wenn das Team auf und davon war. Ein anderer Musher sagt: ›Erst wenn die Hunde satt sind und schlafen, darf der Musher die Augen schließen‹.

Nach dem Fingersee muss der Rainy Pass bezwungen werden. Er ist die Hölle, denn Nebel und Schneestürme verbieten oft die Weiterfahrt. Wer den Pass verfehlt, gerät in eine schier hoffnungslose Lage. Die Ungewissheit, noch auf dem richtigen Weg zu sein, zehrt an den Nerven. Nach Rohn Roadhouse – der Passmitte – beginnt der Abstieg durch eine Schlucht. Weitere Strecken sind nur über blanken Fels zu bewältigen, – eine kalte Wüste –, dann wieder über Eisflächen mit tückischen Eisspalten. Manch ein Schlitten geht auf dieser gefährlichen Strecke zu Bruch. Wer da den nächsten Checkpoint in Farewell am Nordwestrand der Alaska-Kette, 250 Meilen nordwestlich von Anchorage und auf halbem Wege zwischen Rainy Pass und Mc Grath, erreicht, darf sich glücklich schätzen. An einem beliebigen Kontrollpunkt muss jedes Gespann eine Zwangspause von einem Tag und einer Nacht einlegen, was viele Musher nach der Strapaze über den Rainy Pass in Farewell nutzen.

Aber nicht nur Blizzards und Nebelwänden begegnen die Musher mit Respekt. Berechtigte Angst verursacht auch ein Elch auf dem Trail, vor allem dann, wenn er das Gespann angreift. Der Alaska-Elch ist der größte der Welt, und ein ausgewachsener Bulle kann eine Schulterhöhe bis zu 2 Metern erreichen, gut 800 kg wiegen und allein sein Geweih wiegt ca. 22 kg, dessen Stangen an den Enden über 2 m auseinanderliegen. Da ist es verständlich, wenn manche Musher sagen, dass sie ›ein Rudel Timberwölfe oder ein paar verrückte Grizzlies‹ einem angriffslustigen Elch vorziehen. Für all diese Fälle gehört deshalb ein Gewehr in das Reisegepäck.

Von Farewell führt der Trail – ein schwerer 76 Meilen-Teil – auf dem Eis des South-Fork-Flusses zum Indianer-Dorf Nikolai, bekannt durch seine Zucht guter Malamutes. Ein Züchter mit einem Bestand von etwa 50 Malamutes gibt nachdenkenswerte Züchterweisheiten von sich: ›Hunde sind wie Menschen, du kannst sie mit der Stimme beherrschen. ... Wichtig ist, dass es ihnen gut geht, dass sie richtig gefüttert und hart trainiert werden. Dann sind sie treue Kameraden, egal was passiert‹.

Südlich des Kuskokwim-Flusses geht es weiter durch dichten Wald nach McGrath. Manchmal treten plötzlich Temperaturanstiege ein, die den Hunden arg zusetzen. Dann müssen öfters Pausen eingelegt werden. Die nächste Ortschaft ist Takotna am Fluss gleichen Namens. Am nächsten Checkpoint – Ophir – teilt sich der Trail. Abwechselnd führt das Rennen einmal südwestlich nach Iditarod und weiter nach Anvik, die nördliche Route geht über Cripple und Ruby nach Galena, um beide in Kaltag wieder zusammenzutreffen. In Cripple Creek ist die Hälfte des Gesamttrails erreicht.

Ruby liegt am Yukon, der 3700 km lang ist, in Kanada entspringt und mit tausend Windungen quer durch Alaska fließt, d. h. wenn er nicht zugefroren ist; dann weist er eine Eisschicht von gut 2 m auf. Nun bildet er den Trail, und die 150 Meilen des nicht endenwollenden Eisschlauchs zermürben die Nerven der Musher bis hin zu seltsamen Vorstellungen – Halluzinationen. Tag und Nacht im Gegenwind von mindestens 60 Meilen pro Stunde nagen auch an der stärksten Widerstandskraft. Der Kontrollposten Galena ist zu passieren, bevor später in Kaltag, dem letzten Flussdorf auf dem Trail das Yukon-Flussbett verlassen werden kann. In westlicher Richtung wendet sich die Strecke dem Norton Sound der Bering-See zu. Zuvor muss der Old-Woman-Pass genommen werden. Dieser Pass galt lange Zeit als Grenze zwischen Eskimos und Indianern; es ist eine Landschaft, die

nur aus Schnee, Einsamkeit und Kälte besteht. Wer hier seine Handschuhe verliert, ist auch seine Finger los.

Der nächste Checkpoint ist Unalakleet, was bei den Eingeborenen soviel wie ›Ort des ewigen Windes‹ heißt. An zerklüfteter Küste nach Norden führt der Weg in eine Zone, wo selbst im Sommer der Boden kaum ein wenig auftaut. Die Vegetation wird immer spärlicher, und eine riesige weiße Öde taucht auf: die Tundra. 250 Meilen führen nun zwischen Festland und Beringsee entlang. Wenn die Packeisschollen in der Beringsee bersten, kracht es gewaltig. Ein scharfer Wind bläst auf dem Küstentrail, der volle Konzentration erfordert, da er häufig von klaffenden Spalten durchzogen ist.

Der Eskimoort Shaktoolik wird angelaufen und der Weg nach Koyuk fortgesetzt. 170 Meilen trennen Nome von Koyuk. Elim und White Mountain sind noch zu passieren. Die Strecke wird immer schwieriger. Die Hunde sind müde und der Musher muss tüchtig mithelfen, den Schlitten durch Dickicht und Krüppelkiefern zu schieben. Die ›Weißen Berge‹, teils bewaldet, teils kahl, geben der Eskimo-Siedlung, die an einem Bergrücken mit Blick auf den Norton-Sound liegt, ihren Namen. Nach Solomon schließlich und Safety Roadhouse ist Nome bis auf 20 Meilen herangerückt, noch drei bis vier Stunden bis zum Ziel. Wer dann die Ziellinie, ein Holzportal mit den eingebrannten Worten »End of Iditarod Dog Race« erblickt und schließlich unter dem Jubel der Zuschauer durchfährt, die sich in Nome, das zum Volksfest des Jahres gerüstet hat, eingefunden haben, der darf sich als Bezwinger des mörderischsten Trails der Welt fühlen.

# Schlittenhunde und die großen Polarexpeditionen

›Die Arktis stellt einen von großen Landmassen umgebenen Ozean dar, die Antarktis hingegen eine von Meer umgebene Landmasse‹. An Gemeinsamkeiten haben beide eine extreme Kälte, riesige Schnee- und Eismassen und lange, dunkle Winter. Die Erforschungen arktischer Gebiete und die Erreichung der beiden Pole dürfen als sensationelle Ruhmestaten gewertet werden.

Namen wie Roald Amundsen, Fridtjof Nansen, Robert Edwin Peary, Frederick A. Cook, Robert Falcon Scott u. a. gingen in die Geschichte und Literatur ein. ›Was zählt, ist allein der Mann‹, schrieb Nansen. Sicher gebührt ihm höchstes Lob und Anerkennung. Darüber darf aber nicht vergessen werden, dass viele Schlittenhunde ›dem Mann‹ die Durchführung der Polarexpeditionen überhaupt erst ermöglichten.

Vom Mittelalter bis in späte 18. Jahrhundert galt der hohe Norden als Region, die im Winter zu meiden war. Die Polargebiete wurden ausschließlich im Sommer erkundet, soweit dies vom Schiff aus möglich war. Diese Zeit kann als erste Phase der Polarforschung betrachtet werden.

In der zweiten Phase, Anfang des 19. Jahrhunderts, bewies William Edward Parry, dass der arktische Winter zu bewältigen und zu überstehen war, und danach begannen die Forscher, von ihren Schiffen auf Schlitten umzusteigen, um das Land weiter zu erkunden.

Im Zeitalter Pearys – der dritten Phase – werden in der Arktis große Fortschritte in den Überlebenstechniken erzielt. Peary hielt schließlich das Reisen auf dem hartgefrorenen Wintereis für weniger gefährlich als auf der trügerischen Eisdecke des Sommers. Auch in der Antarktis verbesserten sich die Techniken des Überlandreisens.

Schließlich konnte bald nach dem Nordpol auch der Südpol als ›erobert‹ gelten. Bis dahin hatten sich viele Forscher aller Länder um die Erforschung von Arktis und Antarktis bemüht, wobei der Einsatz von Schlittenhunden eine bedeutende Rolle spielte.

Nordenskjöld erzwang die sogenannte Nordostpassage und versuchte, den Pol mit Rentierschlitten zu erreichen, die sich aber als ungeeignet erwiesen. Schlittenhunde waren die Tiere der Wahl.

Nansen überquerte die grönländische Eiskappe, und Koldewey konnte 150 Meilen der gefährlichen Nordostküste Grönlands kartographisch aufnehmen.

▬ 1879 lief die „Jeannette" in San Francisco aus und nahm in Alaska die für die geplante Expedition benötigten Hunde an Bord. Man hoffte, nördlich der Wrangel-Insel eine große Landmasse zu finden, aber schon bald verhinderte das Eis ein Weiterkommen. Die Mannschaft hatte die „Jeannette" verlassen, nachdem sie zwei Jahre im Eis der Neusibirischen Inseln festlag und dann unterging. Nach der Beschreibung eines Überlebenden, der in einem sibirischen Dorf – östlich des Lena-Deltas – Aufnahmen fand, entstand das Gemälde: Die Mannschaft versucht, sich mit den Hunden zum Festland durchzukämpfen.

Umberto Cagni gewann mit 9 Mann, 13 Schlitten und 100 Hunden für Italien kurzfristig den Rekord, am weitesten nach Norden vorgestoßen zu sein.

Nach seiner Rückkehr von Grönland schmiedete Nansen Pläne für eine Expedition zum Pol und machte sich dabei die Erfahrungen aus den bisher misslungenen Versuchen zunutze. Er ließ ein geeignetes Schiff, die ›Fram‹, bauen und war zur Neujahrszeit 1894 dem Pol um weniger als einen Breitengrad nähergekommen. Die Fram hatte 30 sibirische Hunde an Bord und Nansen erwog eine Fortsetzung der Reise mit Schlitten. Ein Jahr später versuchten er und Hjalmar Johansen mit

Schlitten und Hunden den Pol anzusteuern. Es war vorgesehen, 50 Tage lang nordwärts zu gehen, da nur ein begrenzter Futtervorrat für die Hunde mitgenommen werden konnte. Die Eisfläche war uneben und hatte viele Grate, so dass die Schlitten langsamer vorankamen als ursprünglich erwartet. Die schwächeren Hunde wurden getötet und an die anderen verfüttert.

Später sagte Nansen selbst über die Behandlung, die sie den Hunden zuteil werden ließen: ›Es ist einfach eine Grausamkeit... und man kann nicht anders als mit Schrecken daran zurückdenken. Noch jetzt schaudert mich bei der Erinnerung daran, wie wir mit dicken Eschenknüppeln auf sie einschlugen, wenn sie, kaum noch fähig zu laufen... anhielten. Das Herz blutete einem bei ihrem Anblick, und wir wandten die Augen ab, um nicht weich zu werden. Es war notwendig, wir mussten vorwärts, und daran durfte uns nichts hindern. Es ist das Traurige an solchen Reisen, dass man seine besseren Empfindungen systematisch abtötet, bis nur noch eiskalter Egoismus übrig bleibt‹.

Nansen erreichte 86° 13′ und damit 160 Meilen weiter gen Norden als alle bisherigen Expeditionen. Dann entschloss er sich zur Umkehr. Auf der gefährlichen Rückreise mit dem Kajak traf Nansen auf Franz-Joseph-Land den Engländer Jackson, der ihn und Johanson auf der ›Windward‹ zurück nach Norwegen brachte. Die ›Fram‹ war unterdessen 35 Monate lang über das Nordpolarmeer gedriftet.

Die ›Fram‹ erregte aber später nochmals Aufsehen. Nansen stellte sie Amundsen für eine Expedition in den Norden zur Verfügung. Wider Erwarten segelte Amundsen jedoch gen Süden.

Mit der ›Discovery‹ wollte auch Scott 1902 so weit wie möglich in die Antarktis vorstossen. Südlich der Ross-Insel fand man ein sicheres Winterquartier. Im Frühjahr traf Scott Vorbereitungen für eine größere Exkursion nach Süden. Dr. Edward Wilson und Ernest Shackleton begleiteten ihn. Am 2. November 1902 traten sie ihre Reise mit 3 Schlitten und 19 Hunden über das Ross-Schelfeis an. An manchen Tagen konnten sie 15 Meilen und mehr zurücklegen, in tiefem Schnee oder unebenem Eis aber nur acht. Als die Kräfte der Hunde nachließen, spannten sie alle Tiere vor einen Schlitten und mussten so ein Stück des Weges drei-

mal zurücklegen. Am letzten Tag des Jahres kehrten sie bei 82° 15′, 200 Meilen, südlicher als alle vor ihnen, um. Von den Hunden lebte keiner mehr.

Shackleton gelang 1907 ein weiteres Vordringen bis 100 Meilen vor dem Südpol bei 88° 23′. Er glaubte, dass Ponys bessere Leistungen als Hunde erbringen könnten; seine Erwartungen wurden aber enttäuscht. Zum einen mussten für die Ponys grössere Futtermengen mitgenommen werden, aber auch sonst erwiesen sie sich als ungeeignet.

Auf Gletschern besteht immer die Gefahr unerwarteter Spalten, die manchmal 100 m und tiefer sind. Spätere Schneefälle decken sie zu und machen sie unsichtbar. Oftmals haben Schlittenhunde instinktiv solche Gletscherspalten wahrgenommen und sich entsprechend verhalten. Das war bei den Ponys nicht der Fall und das letzte Shackleton verbliebene Pony stürzte in eine Gletscherspalte. Obwohl es sibirische Ponys waren, vertrugen sie das Klima der Antarktis nicht so gut wie Hunde.

Als klassisches Ereignis in der Erforschung der Arktis gilt Robert Edwin Pearys Bezwingung des Weges zum Nordpol. Er wollte in einer kleinen Gruppe reisen und sich weitgehend auf die Mitwirkung von Eingeborenen stützen. So lud er denn auch Eskimos in sein Lager ein, die ihm das Lenken der Hundegespanne beibrachten. Er reiste dann mit Skiern und mit Eskimo-Hunden vor leichten Schlitten und verringerte nach jeder Etappe den Umfang der weiterziehenden Gruppe. Im ersten Anlauf gelang allerdings die volle Durchführung des Planes noch nicht. Peary kehrte zurück und beschaffte sich durch Vorträge Geld. Eine besondere Attraktion während dieser

Vortragsreisen war sein Auftreten in Pelz-kleidung, mit Arktisausrüstung und sechs Huskies (Eskimo-Hunden). Peary startete noch mehrere vergebliche Anläufe, um den Pol zu erreichen.

Im August 1905 stieß Pearys Schiff, die ›Roosevelt‹, durch den Smith-Sound vor. Anfang September ankerte sie bei Kap Sheridan an der Nordostküste der Elles-mere-Insel. Diesmal fielen 80 von Pearys Hunden einer Nahrungsmittelvergiftung zum Opfer. Die alles entscheidende Reise unternahm Peary 1909. Nach vielen Wi-drigkeiten, die es zu überwinden galt, passierten Peary und sein Gefährte Hen-son am 5. April den 80. Breitengrad mit 4 Eskimos, 5 Schlitten und 40 der besten Hunde. Einen Tag später erreichten sie den Pol. Zugleich meldete Frederick A. Cook Ansprüche an, vor Peary den Nord-pol erobert zu haben.

Im August 1910 brach Scott mit der ›Terra Nova‹ von England auf, um den Südpol zu erobern. Zur gleichen Zeit steu-erte Amundsen mit der ›Fram‹ gen Süden. Am 5. Januar 1911 landete Scott bei Kap Evens auf der Ross-Insel. In der Walfisch-Bai ankerte unterdessen die ›Fram‹ und nicht weit davon hatte Amundsen sein Lager aufgeschlagen.

Scotts Marsch zum Pol begann am 1. November 1911 mit 10 Ponys und 23 Hunden. Amundsen war am 19. Okto-ber mit 5 Mann, 4 Schlitten und 52 Hun-den aufgebrochen. Die Hunde wurden unterwegs nacheinander getötet, um als Nahrung zu dienen. Amundsen gewann das Rennen und pflanzte als erster die Flagge auf den geographischen Südpol. Am 17. Dezember begann er mit dem Rückmarsch. Scott indessen hoffte, am 17. Januar den Pol zu erreichen. Als sie

Peary in Pelzkleidung mit Eskimo-Hunden.

*Bei dem Anblick eines derart beladenen Expeditionsschlittens kann man sich unschwer vorstellen, welche enorme Leistung die Schlittenhunde vollbringen.*

die Hundespuren von Amundsens Gruppe sahen und alsbald die Flagge Norwegens erkannten, waren die Männer zutiefst enttäuscht. Der Rückzug Scotts endete mit einer Tragödie. Später fand ein Suchtrupp Scott und seine Männer in ihrem beinahe ganz unter Schnee begrabenen Zelt des letzten Lagers, das sie total erschöpft noch erreicht hatten.

Amundsen machte Scott später zum Vorwurf, dass er den Einsatz von Hundegespannen ablehnte und Ponys vorzog. Amundsen hielt Hundeschlitten sowohl in der Arktis als auch in der Antarktis für das beste Transportmittel.

Große Gebiete der Arktis sind im Sommer schneefrei, und Touristen, die nach Alaska kommen, machen auf ihren 24-Stunden-Ausflügen eine obligate Hundeschlittenfahrt, wobei die Schlitten nicht auf Kufen, sondern auf Räder montiert sind – für Touristen eine abenteuerliche Attraktion.

Auch im Zeitalter von Motorschlitten, Schneetraktoren usw. ist auf die Verwendung von Hundeschlitten nicht ganz zu verzichten. 1968/69 gelang einer britischen Expedition mit Hundeschlitten in einem Zeitraum von 16 Monaten die Überquerung des Nordpolarmeeres über den Pol.

# Organe – Organisationen

Der Deutsche Club für Nordische Hunde (DCNH) als alleinvertretender Rassehunde-Zuchtverein für Nordische Hunde in der Bundesrepublik betreut alle nordischen Hunderassen und führt auch das Zuchtbuch.

Seine Zielsetzungen sind:

- Förderung und Überwachung der Zucht der betreuten Hunderassen nach den Rassestandards der FCI
- Unterstützung der allgemeinen Zucht-, Vererbungs- und Verhaltensforschung, der veterinärmedizinischen Krankheitsbekämpfung und des Tierschutzes
- Erhaltung und Festigung der Wesenseigenschaften der nordischen Rassen als Gebrauchs-, Jagd- und Schlittenhunde
- Beratung und Belehrung der Mitglieder in Zucht-, Aufzucht-, Haltungs- und Ausbildungsfragen
- Sportliche Betätigung und dadurch körperliche Ertüchtigung der Mitglieder durch Förderung eines leistungsbezogenen Schlittenhundesports
- Pflege der Kameradschaft und Geselligkeit der Vereinsmitglieder untereinander
- Zusammenarbeit mit außerdeutschen Vereinen und Züchtern der vom Club betreuten Rassen.

Zur besseren Betreuung der Mitglieder ist der DCNH in Landesverbände untergliedert. Die einmal im Jahr stattfindende Hauptversammlung, zu der die Landesverbände Delegierte entsenden, ist das oberste Beschlussgremium des DCNH.

Als übergeordnetes Organ des DCNH fungiert der VDH (Verband für das Deutsche Hundewesen) mit Sitz in Dortmund, der wiederum der FCI (Fédération Cynologique Internationale) in Brüssel angehört. Bei der FCI sind z. B. alle Standards hinterlegt und Änderungen können nur mit deren Zustimmung erfolgen ebenso wie neue Anerkennungen.

In den letzten Jahren haben sich neben dem DCNH folgende Zuchtverbände gegründet:

- Siberian Husky Club Deutschland – VDH-anerkannt
- Akita Inu Club – VDH-anerkannt
- Club Nordischer Rassehunde (bislang nicht VDH-anerkannt)

sowie für den sportlichen Besitzer eines Schlittenhundes neben dem AGSD e.V. und dem DSSV e.V. der Trail Club of Europe (TCE), der 1995 gegründete Deutsche Schlittenhundesportclub für Langstreckenrennen und Touren e.V. (DSLT) und andere.

Das Schlittenhund-Sled Dog Magazine berichtet vereinsunabhängig in acht Ausgaben über alle Ereignisse der Schlittenhund-Szene (Goldrausch Verlag, Max Planck Straße, D-66271 Kleinblittersdorf).

# Glossar

| | |
|---|---|
| AKC | American Kennel Club |
| All Alaskan Sweepstakes | Rennen über 408 Meilen von Nome nach Candle und zurück; wurde von 1908 bis 1917 jährlich durchgeführt |
| Basket | Ladefläche |
| Booties | Hundeschuhe |
| Brake | amerikanisch auch ›Hook‹ = Bremse des Schlittens |
| Brakebord | Bremsbrett |
| Bridle | Zugseile |
| Brush Bow | Auch ›Bumper‹, vorderer Holzbogen eines Rennschlittens, der verhindert, dass die Hunde bei plötzlichem Anhalten unter die Kufen geraten; er verhindert auch bei einem Anprall gegen Bäume o. ä. das Auseinanderbrechen des Schlittens |
| Come Gee! Come Haw! | 180°-Wendung des Gespanns nach rechts oder links, die von sehr guten Leithunden ausgefüht werden kann. |
| DCNH | Deutscher Club für Nordische Hunde, 1968 gegründet |
| Dog Pack | Satteltaschen für Schlittenhunde |
| Double Hitch | Doppelgespann, auch Gang-hitch genannt; Hunde werden paarweise hintereinander angespannt |
| DSSV | Deutscher Schlittenhunde-Sportverband |
| ESDRA | Europäische Sled Dog Racing Association |
| Fan Hitch | Fächergespann, wobei jeder Hund durch einen Zugstrang direkt mit dem Schlitten verbunden ist und sich selbst den besten Weg suchen kann; gebräuchliche Anspannungsart bei den Eskimos |
| FCI | Fédération Cynologique Internationale |
| Gang Hitch | s. Double-hitch |
| Gangline | Zentraleine, am Schlitten befestigt; die Hunde sind daran mit Zug- und Halsleine verbunden |
| Gee | Kommando für rechts |
| Go | Kommando für vorwärts; auch ›hike‹ oder ›allez‹ |
| Good Mushing | ›Hals- und Beinbruch‹ für den Musher und sein Gespann |
| Handelbar | Handgriff |
| Harness | Geschirr der Hunde |
| Haw | Kommando für links |
| Hook | Bremse, auch ›Brake‹ |
| Hook up | anschirren |
| Husky | amerikanisch = heiser; ursprünglich als Schimpfwort für die Eskimos gebräuchlich, dann gleichbedeutend mit ›Eskimohund‹; fälschlicherweise für alle Schlittenhunde benutzt, nur der Siberian Husky führt die Bezeichnung ›Husky‹ im Namen |
| Iditarod | Härtestes Schlittenhunderennen der Welt (von Anchorage nach Nome/Alaska) |
| International Sled Dog Racing Association (ISDRA) | 1966 in den USA gegründet, widmet sich der Förderung des Schlittenhundesportes auf weltweiter Ebene |

| | |
|---|---|
| Lake Placid 1932 | Schlittenhundesport war olympische Disziplin |
| Lead Dog | Leithund, an der Spitze des Gespannes allein laufend; mitunter sind auch zwei Leithunde vorne eingespannt |
| Mush | kommt vom französischen Verb ›marcher‹ = gehen; wird als Startkommando benutzt |
| Musher | Schlittenhundeführer |
| Neckline | Halsleine; Verbindung von der Zentralleine zum Halsband des Hundes |
| New England Sled Dog Club | Erster amerikanischer Schlittenhundeclub, gegr. 1924 |
| Nome Kennel Club | Club in Nome/Alaska |
| North American Championship Sled Dog Races | Rennen in Fairbanks, USA, über 70 Meilen in 3 Tagen (zwei Etappen à 20 Meilen, eine Etappe à 30 Meilen) |
| Panicsnap | Karabiner, der sich durch Zug schnellstens öffnet |
| Point Dogs | Spitzenhunde, direkt hinter dem Leithund eingespannt, gehören zu den schnellsten des Gespanns |
| Pulka | bootsförmiger Schlitten aus Holz oder Polyester |
| Racing Dog | Gute Renner, die u. U. auf Ausstellungen nicht gut bewertet werden |
| Runner | Kufen |
| Show Dog | Ausstellungshund; im Ring oftmals gut beurteilt, aber schlechte Sporthunde |
| Skijoring | (skandinavisch: Skijøring) sich auf Skiern von einem Hund ziehen lassen |
| SKNH | Schweizer Klub für nordische Hunde, 1959 gegründet |
| Stake out | Stahlkette zum Anbinden der Hunde im Freien, beispielsweise vor dem Rennen oder Training; von einer starken Zentralkette führen einzelne kürzere Ketten in gleichmäßigen Abständen zu den Hunden |
| Swing Dog | Mittelhund des Gespanns, auch Team-dog genannt |
| Team Dog | s. Swing Dog |
| Tower | Turm des Schlittens, auch Brake Tower genannt |
| Trail | Strecke |
| Tugline | Zugleine, Verbindung von der Zentralleine zum Geschirr des Hundes |
| VDH | Verband für das Deutsche Hundewesen e. V. |
| Wheel Dog | Deichselhund, direkt vor dem Schlitten, meist stärkster und kräftigster Hund im Gespann bzw. Deichselhunde |
| Whoa | (sprich: Hua) Kommando für Anhalten |
| World Championship Sled | Höhepunkt der Rennsaison Dezember bis März in New Hampshire und Massachusetts, stattfindend in Laconia |

# Literaturverzeichnis

Althaus, Th.: Unsere nordischen Hunderassen in Wort und Bild. Schweiz. Klub für nordische Hunde, 1981.

Benig, G.: Vererbung. Lehrmeister Bücherei Nr. 590. Albrecht Philler Verlag, Minden 1980.

Brem, H.: Hundekrankheiten. Franckh-Kosmos, Stuttgart 1995.

Brown, D.: Alaska. Time Life-Bücher, Amsterdam 1974.

Cropp, W.-U.: Hetzjagd durch Alaska. Co-press-Verlag, München 1981.

Demidoff, L. B., Jennings, M.: The complete Siberian Husky. New York 1992.

Deutscher Club für Nordische Hunde: Unsere Hunde. Kleines Informationsheft, versch. Jg.

Deutscher Club für Nordische Hunde: Clubnachrichten, versch. Jg.

Ellenberger/Baum: Handbuch der vergleichenden Anatomie der Haustiere. Springer-Verlag, Berlin/Heidelberg 1974.

Freudiger, U., Grünbaum, E.-G., Schimke, E. (Hrsg.): Klinik der Hundekrankheiten, 2. überarb. Auflage. F. Enke Verlag, Stuttgart 1997.

Meyer, H., Zentek, J.: Hunde richtig füttern. Verlag E. Ulmer, Stuttgart 1997.

Mountfield, D.: Die grossen Polarexpeditionen. Ebeling, Wiesbaden 1978.

Räber, H.: Enzyklopädie der Rassehunde, Band 1 und 2. Franckh-Kosmos, Stuttgart 1995.

Riddle, M., Seeley, E. B.: The complete Alaskan Malamute. New York 1976.

Riddle, M., Harris, B.J.: The complete Alaskan Malamute. New York 1990.

Time-Life-Bücher: Jäger des hohen Nordens. Die Eskimo. Amsterdam 1981.

Wallo, O.: The complete Norwegian Elkhound, New York 1977.

# Bildquellen

Alexander, R., Schwetzingen: Abb. S. 153.

Backes, H., Dormagen: Abb. S. 58.

Bacchella, A., I-Turin: Abb. S. 29 r., 72, 116, 148.

Baumann, D., Bad Urach: Abb. S. 3, 10, 29 li., 40, 46, 49, 66, 68, 74, 75, 82, 152, 162, 166, 169, 170, 171.

BBC Hulton Picture Library, GB-London: Abb. S. 186, 188, 189.

Dröge, H., Remseck: Abb. S.8, 80, 87

Krämer, E.-M., Neunkirchen-Seelscheid: Abb. S. 20, 22, 23, 26, 28, 33, 36, 38, 39, 53, 57, 59.

Langhart, L., CH-Nussbaumen: Abb. S. 31.

Müller, R., Olstykke: Abb. S. 84.

Pfingsttag, H., CH-Schleitheim: Abb. S. 61.

Roberto, Fotostudio, Gronau-Epe: Abb. S. 42, 44, 48, 51, 52, 94.

Schön, W., Wesel: Titel, Abb. S. 13, 14, 17, 18 re. und li., 67, 90, 99, 102, 113, 190.

Stubendorff, U. Bartelsbusch: Abb. S. 55.

Stuewer, S., Darmstadt: Abb. S. 64.

Wagner, R., Elbtal-Hangenmailingen: Abb. S. 173.

Wintzell, A., Täby: Abb. S. 32.

Die Zeichnungen fertigte G. Baumann, Bad Urach.

# Register

Abzieher 94
Afterkralle 93
Aggressivität 81
Ahnentafel 139, 177
Akklimatisation 81
Aktivitätsbedürfnis 16
Alaska 11, 63, 73, 79
Alaska Dog Mushers Association 178
Alaskan Husky 176
Alleinsein 113
Alëuten 79
Allele 134
Allrounder 43
Amurschlittenhund 88
Anadyrschlittenhund 88
Anchorage 178, 182
Anrufen 109
Anschirren 166
Anspannung 158
Anspringen 112
Aufbaumen 16
Aus 112
Ausbalancieren 95
Ausrüstung 172
Ausschlag 130

Backenzähne 100
Baden 107
Bänder 95
Baffin-Land 79
Bandhund 16
Bandwurm 127
Bei Fuß 111
Begleithundprüfung 18
Bellstil 155, 157
Bemuskelung 97
Beringmeer 63
Beringstraße 78
Besitzerwechsel 103

Beuger 94
Bewegungsablauf 95
Bindegewebe 94
Bodenbelag 105
Bordon-Cup-Marathon-
   Rennen 178
Bringprüfung 17
Brustbein 91, 96
Brustkorb 91
Brustwirbel 91
Bürsten 107

Canini 100
Charakteristik 19
Checkpoint 183
Chromosomen 134
Chukhotsk-Schlittenhund 88

Deichselhunde 158
Diarthrosen 94
Disqualifizierung 19
Domestikation 9
Dominanz 134
Doppelgespann 158

Eckzahn 100
Einfetten 172
Eingewöhnung 103
Einlauf 175
Einmannhund 15, 103
Einsatzbereitschaft 21
Einspannen 166
Einstreu 108
Einzäunung 106
Einzelhund 103
Eiweiß 115
Ektoparasiten 125
Ektropium 130
Elch 16, 21, 27

Stöbern 21
Stop 22
Strecker 94
Stubenreinheit 110
Sucharbeit 155
Suomenpystykorva 29
Synarthrosen 94

Taiga 9
Tandemgespann 158
Tempo 159
Thorax 96
Thule-Kultur 92
Torfhund 9
Trab 97
Transport 171
Trockensubstanz 115
Tuglines 166

Überholen 175
Umweltfaktoren 134
Umweltbedingungen 10
Unalakleet 73
Unfälle 120
Unterkiefer 100
Ural 70
Ursprungsland 10
Ursprünglichkeit 18
Urtyp 13

Vallhund 54
Vererbungslehre 133
Verhaltensinventar 81
Verletzungen 120
Verlorenbringprüfung 17
Verlorensuchprüfung 17
Verwandtschaftszucht 136
Verwendung 11
Virusinfektionen 122

Vitamine 117
Vogelhund 32
Vorbiss 101
Vordergliedmaßen 19
Vorstart 172
Vortritt 175

Wachhundeigenschaften 12
wachsen 170
Wesensbeschreibung 19
Widerrist 91
Widerstandsfähigkeit 11
Wildrein 12
Wildspurprüfung 17
Winkelung 97
Windfang 104
Wirbelkörper 92
Wirbelsäule 91
Wolf 9
World Championship Sled Dog Race 178
Wunden 120
Wundstarrkrampf 120
Wurflager 145

X-Chromosom 134
Y-Chromosom 134

Zahnformel 100
Zahnwechsel 101
Zangengebiss 101
Zecken 107
Zehenglieder 92
Zentralleine 159
Ziehen 18
Zuchtbuch 137
Zuchtmethoden 136
Zugstangen 161
Zwinger 104
Zwischenwirbelscheiben 91